MARIA BORUCKA-ARCTOWA

Die gesellschaftliche Wirkung des Rechts

Schriftenreihe zur
Rechtssoziologie und Rechtstatsachenforschung

Herausgegeben von Ernst E. Hirsch und Manfred Rehbinder

Band 35

Die gesellschaftliche Wirkung des Rechts

Von

Prof. Dr. Maria Borucka-Arctowa

DUNCKER & HUMBLOT / BERLIN

Aus dem Polnischen übertragen von Michał Miedziński

Gedruckt 1975 bei Buchdruckerei A. Sayffaerth - E. L. Krohn, Berlin 61
Printed in Germany

ISBN 3 428 03488 0

Vorwort

Die Volksrepublik Polen gehört innerhalb des sozialistischen Rechtskreises zu denjenigen Ländern, in denen die Rechtssoziologie eine anerkannte Rolle im Bereich der Rechtswissenschaften spielt und auch in beachtlichen empirischen Untersuchungen ihren Niederschlag findet. Ihr Aufschwung setzte nach dem letzten Weltkrieg ein, als der Petrazycki-Schüler J. Lande in Krakau Seminare hielt, aus denen die gegenwärtig bedeutendsten polnischen Rechtssoziologen, nämlich Maria Borucka-Arctowa, Jan Górecki und Adam Podgórecki hervorgingen. Während Górecki, der vor allem durch seine Studie über die Scheidung bekannt wurde, heute in den USA arbeitet, bekleidet Maria Borucka-Arctowa den Lehrstuhl für Rechtstheorie und Rechtssoziologie an der juristischen Fakultät der Jagiellonen-Universität Krakau. Podgórecki ist an der Universität Warschau tätig. Ferner verdient Z. Zimbinski von der Universität Poznan Erwähnung, der mit Arbeiten über Familienrecht (insbesondere Adoption und Unterhaltsverpflichtung) hervorgetreten ist.

Neben ihrer Lehr- und Forschungstätigkeit an der Jagiellonen-Universität Krakau ist Frau Borucka-Arctowa maßgeblich an den Arbeiten des Instituts für Rechtswissenschaften der polnischen Akademie der Wissenschaften in Warschau beteiligt. Dort hat sie in den Jahren 1964 bis 1968 eine Arbeitsgruppe geleitet, die empirische Untersuchungen über die Beteiligung von Laienrichtern in der Rechtspflege durchgeführt hat. Darüber berichtet die einzige bisher von ihr in deutscher Sprache vorliegende Veröffentlichung, die aus einem Vortrag in Österreich hervorgegangen ist (Die Funktion der Laienrichter in der polnischen Gerichtsbarkeit. Schriftenreihe des Instituts für Soziologie der Universität Graz, 1970). Im Anschluß an diese Untersuchungen leitete sie eine groß angelegte empirische Erhebung über das Rechtsbewußtsein in der sich wandelnden polnischen Gesellschaft. Diese hat in einer umfangreichen Arbeit über Rechtskenntnis und Rechtsbewußtsein des polnischen Arbeiters ihren Niederschlag gefunden, die Frau Borucka-Arctowa herausgegeben und mitverfaßt hat. Kleinere Arbeiten von ihr in englischer Sprache über Themen aus der Rechtssoziologie, der Rechtstheorie, der juristischen Methodenlehre und der Geschichte juristischer und politischer Lehrmeinungen sind in der uns leider schwer zugänglichen polnischen Zeitschrift „Staat und Recht“ sowie im Jahrbuch der polnischen politik-wissenschaftlichen Vereinigung „Der runde Tisch“ veröffentlicht. Beide Organe zählen sie zum Kreise der Mitherausgeber. Das übrige Werk ist nur in polnischer Sprache erschienen.

Es ist daher besonders zu begrüßen, daß im Zusammenwirken mit der Jagiellonen-Universität Krakau eine deutsche Fassung ihres Buches „O Społecznym Działaniu Prawa“ erarbeitet werden konnte, das im Jahre 1967 in Warschau erschienen ist. Eine erste deutsche Fassung wurde von Herrn Dipl.-Ing. Michał Miedziński erstellt. Eine Vortragseinladung des Krakauer Instituts für politische Wissenschaften gab mir dann Gelegenheit, diese Fassung im Dezember 1972 im Zusammenwirken mit dem Übersetzer zu präzisieren. Darauf wurde diese neue Fassung von Herrn Dr. Bernd Rebe (Bielefeld) und Herrn lic. iur. Paul Christ (Zürich) sprachlich überarbeitet. Auch wenn infolge der dadurch eingetretenen Verzögerungen die Arbeit nicht mehr dem neuesten Stand entspricht, so bietet sie doch einen ausgezeichneten Einblick in die polnische Rechtssoziologie auf einem Gebiete, das auch für uns von großem Interesse ist.

Zürich, im Juli 1975

Manfred Rehbinder

Inhaltsverzeichnis

Einleitung

Eine der grundsätzlichen Konsequenzen, die sich aus der Veränderung des Charakters des modernen Staates und des Gesellschaftssystems ergeben, ist die ungemein wachsende Bedeutung der Gesetzgebungstätigkeit, die eine bewußte Gestaltung der gesellschaftlichen Verhältnisse und die Verhinderung eines Gleichgewichtsverlustes des Gesellschaftssystems bezweckt. Das moderne Gesellschaftssystem ist zu kompliziert und zu spezialisiert und die gegenwärtigen Abhängigkeitsverhältnisse sind zu stark, um weiterhin Hoffnung auf einen langsamen und „natürlichen" Anpassungsprozeß zu setzen. Das Recht — zur Zeit des Liberalismus als eine Art Spielregel behandelt —, wurde zum Mittelpunkt des Interesses. Man sah im Recht eines der wirksamsten Werkzeuge gesellschaftlicher Veränderung auf staatspolitischer Ebene. Der Prozeß der Industrialisierung, Mechanisierung und Urbanisierung prägt die sogenannte „Massengesellschaft", in der die Mehrzahl der Menschen in großen Städten lebt und von anderen Personen bzw. von der Daseinsvorsorge des Staates abhängig ist, dessen Wirksamkeit damit einen unmittelbaren Einfluß auf die individuellen Lebensbedingungen hat, und zwar sowohl im Bereich des Verkehrs, des Gesundheitswesens als auch der Bildung und der Kultur. Gleichzeitig wächst die Kompliziertheit der zentral zu regelnden Probleme, die Notwendigkeit schneller Lösungen, wobei die Methode des trial and error immer kostspieliger wird.

Das Problem der Gesellschaftsplanung mit seinen sozialen Konsequenzen wird so zum zentralen Gegenstand des Interesses der gegenwärtigen Gesellschaftswissenschaften[1]. Sowohl die auf einzelne Gebiete beschränkte Planung des gesellschaftlichen Lebens, wie sie uns in kapitalistischen Ländern begegnet, als auch die vollkommene und zentralisierte Planung der sozialistischen Länder zwingt zu einer Ergänzung und oft auch zu einer Änderung der Problemstellung auf vielen Gebieten der Gesell-

[1] Besonders nachdrücklich trat das während des IV. Soziologischen Welt-Kongresses in Mailand (1959) in Erscheinung, wo die Analyse soziologischer Aspekte der gesellschaftlichen Planung (drei Plenarberichte) und besonders der Bericht von S. Ossowski: Społeczne warunki i konsekwencje planowania społecznego (Gesellschaftliche Bedingungenund Konsequenzen der gesellschaftlichen Planung) im Mittelpunkt des Interesses der Kongreßberatungen standen. Vgl. J. Wiatr, Z problematyki IV Światowego Kongresu Socjologicznego (Aus der Problematik des IV. Soziologischen Welt-Kongresses), Studia Socjologiczno-Polityczne 6/1960, S. 175 ff.; Z. Baumann, Socjologia w Mediolanie (Soziologie in Mailand), Nowa Kultura 39/1959, S. 3.

schaftswissenschaften, einschließlich der Rechtswissenschaft, sie zwingt also zu einem Ausbau jenes Teiles der Rechtstheorie, der in Verbindung mit den neuesten Forschungsergebnissen anderer Gesellschaftswissenschaften die theoretische Grundlage für angewandte Wissenschaft bildet und der für gewöhnlich als Rechtspolitik bezeichnet wird. Ihr Gegenstand ist die Erarbeitung bestimmter Diagnosen und die Prognose gesellschaftlicher Folgen geplanter Rechtsnormen, die als Werkzeug zur Erreichung gestellter Ziele behandelt werden; damit zwingt sie zur Durchführung aktueller Forschungen über die Wirkung bereits geltender Normen.

Besonders nützlich für die Darstellung der Einwirkungsmodalitäten einer Rechtsnorm, ihres Einbringens in verschiedene Gesellschaftsgruppen sowie des Prozesses ihrer Annahme oder Ablehnung durch das einzelne Individuum ist die Konzentration des Interesses auf die Einwirkung einer neuen Norm oder einer novellierten Norm. Die Beobachtung des Mechanismus der Rechtsmotivierung ist nämlich auf dem Hintergrund der Konfrontation neuer Verhaltensmuster mit den bisherigen bedeutend leichter als bei einem statistischen Vergleich. Von hier aus wird das Problem der Rechtswirkung zu einem Teil der umfassenden Thematik „gesellschaftlichen Wandels“, und zwar eines beabsichtigten, „geplanten Wandels“[2].

Auf der Ebene soziologischer Erwägungen schenkte S. Ossowski[3] diesen Fragen große Aufmerksamkeit. Er betonte, daß die Verbindung einer zentralen, einheitlichen Planung — die er als „Monozentrismus“ bezeichnet — mit dem pluralistischen Planungssystem des „Polyzentrismus“ zu einem Problem von grundsätzlicher Bedeutung geworden ist. Dabei versteht Ossowski unter Polyzentrismus eine Ordnung, die sich auf die Einwirkung verschiedener — individueller oder gemeinschaftlicher — Entscheidungszentren stützt, die ihrerseits Bestandteile des analysierten, zentralgeplanten Kollektivs sind.

Die Methode der Prognose — schreibt Ossowski — wird in den Gesellschaftswissenschaften zu einer überragend wichtigen Frage für die gesellschaftliche Planung, denn das Voraussehen ist ein Element der rationalen Planung. Die gesellschaftliche Planung betrifft — auf diese oder

[2] Der Versuch der Betrachtung des Rechts als sehr wirksames Mittel zur Verwirklichung bestimmter Wandlungen oder deren Sicherung und Festigung bedeutet nicht, daß das Recht keine Garantie für gewisse, bereits bestehende Verhältnisse, Situationen und Zustände sein sollte. Es handelt sich hier um den Hinweis auf eine neue Problematik, die sich auf dem Hintergrund „geplanter Intervention“ abzeichnet. Eine solche Problematik und damit eine gänzlich veränderte Situation schafft, z. B. „schneller Wandel“, ein Problem der wirtschaftlich unterentwickelten Länder.

[3] S. Ossowski, O osobliwościach nauk społecznych (Über die Besonderheiten der Gesellschaftswissenschaften), Warszawa 1962, S. 11 ff.

jene Weise — das Kollektivverhalten der Menschen. Aber das Problem der Prognose wird auf diesem Gebiete zu abstrakt gestellt. Die Soziotechnik muß unterschiedlich sein, abhängig von der Form der gesellschaftlichen Ordnung und abhängig von dem vorherrschenden Typus des Kollektivverhaltens, mit dem wir es zu tun haben[4].

Das Streben nach einem Zusammenwirken des gesellschaftlichen Wissens mit der bewußten Umgestaltung der Gesellschaft zu beiderseitigem Nutzen, wie es seinen Ausdruck in den ökonomischen und soziologischen Arbeiten findet, ist eine der unvermeidlichen Entwicklungslinien einerseits der Rechtswissenschaft, insbesondere der Staats- und Rechtstheorie, sowie andererseits der praktischen Anwendung ihrer Erkenntnisse auf dem Gebiet der Rechtspolitik.

Hat diese Behauptung nun nur den Charakter eines Postulats oder aber eines Programms, vergleichbar mit den in der Staats- und Rechtstheorie auftretenden und immer wieder neuen Anschauungen darüber, womit sich diese Disziplin denn „befassen soll"? Aufgabe der vorliegenden Abhandlung ist die Darstellung des gegenwärtigen Forschungsstandes der Rechtstheorie auf diesem Gebiet sowie die Analyse der bisherigen Ergebnisse anderer gesellschaftswissenschaftlicher Disziplinen im Bereich von Problemen, die im Interessengebiet der Rechtstheorie liegen. Im gleichen Ausmaß nämlich, wie die Änderungen des Charakters des modernen Staates und der Gesellschaft der Rechtswissenschaft neue Aufgaben stellten, hat auch die Entwicklung der Gesellschaftswissenschaften, insbesondere die Vervollkommnung einer Reihe von Forschungsmethoden und die verstärkte interdisziplinäre Arbeit, die genauere Bezeichnung von Forschungszielen ermöglicht. Das erlaubt die Erforschung von neuen, bisher nicht behandelten Problemen oder einen neuen Blick auf schon bearbeitete Probleme zu werfen, jedoch unter Anwendung eines gänzlich neuen Forschungsapparates.

Aufgabe der Rechtstheorie im Bereich dieser Problematik ist nicht die mechanische Übernahme aller neuen Konzeptionen aus dem Bereich anderer Gesellschaftswissenschaften in die Rechtswissenschaft, sondern die bewußte und begründete Auswahl solcher Konstruktionen, die für die Anwendung auf die Rechtsproblematik besonders brauchbar sind und die entweder einen neuen Blick auf bestimmte „alte" Probleme gestatten, indem sie bisher nicht erkannte Gesichtspunkte aufzeigen, oder aber die Aufnahme neuer Untersuchungen erlauben, die aus Mangel an Forschungsmitteln, Unvollkommenheit der Methoden oder aus Mangel an Material bisher nicht verwirklicht werden konnten.

---

[4] Ebd., S. 97 ff.; ferner A. Podgórecki, Zasady socjotechniki (Grundsätze der Soziotechnik), Warszawa 1965.

Ein zentrales Problem der Rechtstheorie und der Rechtspolitik ist die *Wirksamkeit des Rechts*. Unter Wirksamkeit des Rechts in einem weiteren Sinne verstehe ich die Übereinstimmung der gesellschaftlichen Ergebnisse einer bestimmten Rechtsnorm mit den Absichten des Gesetzgebers, in einem engeren Sinne die Übereinstimmung der tatsächlichen Handlungsweise des Adressaten der Rechtsnorm mit dem in der Norm enthaltenen Leitbild der Handlungsweise. Es können nämlich Situationen entstehen, in denen der Gesetzgeber, obwohl der Adressat der Norm die in ihr enthaltenen Handlungsanweisungen befolgt, die Ziele nicht erreicht, zu deren Verwirklichung die gegebene Norm aufgestellt wurde.

Die Erarbeitung der theoretischen Grundlagen für eine praktische Rechtspolitik erstreckt sich auf viele Probleme. Allgemein könnte man sie als Analyse eines sozialen Prozesses begreifen, der eine kausale Verknüpfung einer Rechtsnorm mit dem Verhalten von Menschen bewirkt. Diese Thematik, als Forschung über die gesellschaftliche Wirkung des Rechts aufgefaßt, erscheint in vielen modernen Abhandlungen aus dem Bereich der Rechtstheorie, insbesondere in verschiedenen Arten soziologisierender Richtungen[5]. Die bisher in diesem Bereich aufgenommenen Forschungen konzentrieren sich jedoch hauptsächlich auf Probleme der Rechtsanwendung durch Richter oder Verwaltungsbeamte; die Diskussion des traditionellen Auslegungsproblems erschöpfte sich auf diese Weise in einer Analyse des Prozesses der Entscheidungsfindung durch die Organe der Rechtspflege und durch die Beamten (judicial process und administrative process). Untersuchungen über die Rechtswirkung beschränkten sich auf die Funktion der formalen und institutionalisierten Kontrolle durch den Apparat der Rechtspflege.

Das wachsende Interesse an dem Verhalten der Bürger beschränkte sich auf Fälle von Rechtsverletzungen: auf eine Handlungsweise, welche mit dem in der Rechtsnorm enthaltenen Vorbild im Widerspruch stand und infolgedessen die betroffenen Personen vor Gericht brachte[6]. Gegenstand der Forschung im Bereich des Verhaltens von einzelnen Bürgern

[5] A. Podgórecki, Prestiż prawa (Das Prestige des Rechts), Warszawa 1966, S. 11, nimmt an, daß auf diese Art festgestellte Regelmäßigkeiten nicht in den Bereich der Theorie, sondern in den der Soziologie des Rechts gehören. Sie würden nämlich die Abhängigkeit zwischen verschiedenen gesellschaftlichen Erscheinungen betreffen, unter welchen Rechtsfaktoren auftreten. Ich bin der Meinung, daß erkenntnismäßig die Zuordnung einer gewissen Gruppe von Regelmäßigkeiten zu einer Disziplin mit diesem oder anderem Namen (zumal bei einer sehr diskutierbaren und ungenauen Bezeichnung des Gegenstandes dieser Disziplinen) keine wesentliche Bedeutung hat. Interessant wäre dagegen unzweifelhaft ein Vergleich der von Juristen und Soziologen behandelten rechtssoziologischen Thematik sowie der Versuch einer Feststellung eventueller Unterschiede ihrer Konzeptionen der „Soziologie des Rechts“. Vgl. auch S. Zawadzki, Z problematyki badań empirycznych w naukach prawnych (Aus der Problematik empirischer Forschungen in den Rechtswissenschaften), Państwo i prawo 3/1966, S. 564 - 565.

— den Adressaten der Rechtsnorm — waren daher fast ausschließlich Verhaltensbereiche bzw. Situationen, in denen die Rechtsnorm als Faktor, der das Verhalten regeln oder das Auftreten von Streitfragen verhindern sollte, versagte. Dagegen wurde der *positiven* Rechtswirkung nur geringe Aufmerksamkeit geschenkt. Damit ist die Wirksamkeit des Rechts im engeren Sinne gemeint, also die motivierende Rolle von Rechtsnormen beim Verhalten der Gesamtheit der Bürger in Übereinstimmung mit dem Inhalt der bestehenden Vorschriften. Ferner geht es um den Versuch einer Bestimmung des Grades der Übereinstimmung des Verhaltens mit den Leitbildern, die in den Rechtsnormen — unabhängig von Streitfragen und Gerichtshandlungen — enthalten sind, weil eine bedeutende Mehrheit der Bürger mit dem Gericht überhaupt nichts zu tun hat.

Schon Petrażycki und nach ihm Lande haben unterstrichen, daß die traditionelle Rechtswissenschaft, soweit es um die Rechtswirkung gehe, diese hauptsächlich in der Rechtsprechung der Gerichte sehe, während doch „diese Tätigkeit einen sekundären und gesellschaftlich eher pathologischen Charakter hat, weil es sich hier um die Beseitigung von Konflikten handelt, die deshalb entstehen, weil das Recht in den gegebenen Fällen nicht genügend wirksam war; tatsächlich beruht eine gesunde Rechtswirkung dagegen auf einer Determinierung des geordneten Verhaltens von Menschen; hier entstehen überhaupt kein Konflikte". Die Rechtswirkung ist — nach Petrażycki — motivierend, weil sie auf die Erweckung von Motivationen zu einem bestimmten Verhalten beruht, und erziehend, weil sie der menschlichen Psyche dauerhafte Dispositionsgewohnheiten einprägt[7].

---

[6] Ein deutliches Anwachsen des Interesses zeigen die heute schon in Polen zahlreichen empirischen Forschungen auf dem Gebiete der Kriminologie (Soziologie des Strafrechts), insbesondere der Jugendkriminalität (Arbeitsgemeinschaften von Prof. St. Batawia und Prof. W. Świda) und der Wirtschaftskriminalität(J. Majchrzak, Pracownicze przestepstwo gospodarcze i jego sprawca: Durch Arbeitnehmer begangene Wirtschaftsvergehen und ihr Täter, Warszawa 1956).

[7] J. Lande, Studia z filozofii prawa (Studien aus der Rechtsphilosophie), Warszawa 1959, S. 872. In Übereinstimmung mit der von ihnen vertretenen Rechtskonzeption überschreiten Petrazycki und Lande die Grenzen des „offiziellen" Rechts (Rechtsvorschriften, die im „positivistischen" Sinn verpflichtend sind), indem sie auch die Einwirkung einer ganzen Reihe anderer „Rechtssysteme" berücksichtigen („Recht der Kinderstube", „Recht der Pferdediebe" usw.). Sie unterstreichen jedoch die besondere Rolle, die das „offizielle" Recht auf dem Wirkungsgebiet von „Motivation" und „Erziehung" spielt. Der Standpunkt Petrażyckis wird von A. Podgórecki unterstützt (FN 5, S. 12), indem er jedoch fälschlich diese Arten von „juristischen Subsystemen" (er nennt sie „juristische Subkulturen") mit dem Ausdruck „intuitives Recht" verbindet, welcher bei Petrażycki: O pobudkach postępowania i o istocie moralnósci i prawa (Über die Beweggründe des Verhaltens und vom Wesen der Moral und des Rechts), Warszawa 1959, S. 28 ganz einfach Rechtserlebnis, gestützt auf grundsätzliche Motivation und nicht auf „normative Tatsache" bedeutet, wäh-

E. Patterson ist um eine Analyse der Ursachen bemüht, die bewirkten, daß das Problem der Rechtsanwendung durch Laien bisher nicht entsprechend bearbeitet wurde, obwohl, wie er selbst sagt, das Recht hauptsächlich für die Bürger existiert und nicht „zu einem intellektuellen Vergnügen oder aus Erwerbsgründen für Rechtsanwälte, Beamte und Professoren“[8]. Auf die doppelte Funktion des Rechts, die nicht nur in der Lösung von Konflikten, sondern auch in der Zusicherung von Konformität beruhen soll — im Sinne eines einheitlichen Verhaltens in Übereinstimmung mit den Rechtsvorschriften — weisen W. Aubert und A. Podgórecki hin[9].

Obgleich ich die Notwendigkeit von Forschungen über das Verhalten der Bürger, das mit den in den Rechtsnormen enthaltenen Verhaltensvorbildern nicht übereinstimmt, nicht negiere und auch auf die Verwertung der Ergebnisse dieser Forschungen erforderlichenfalls nicht verzichte, will ich mich in meiner Arbeit aber auf die bisher am meisten vernachlässigte Thematik konzentrieren — die *positive* Wirkung des Rechts.

Man kann sich die Frage stellen, ob es bei dem heutigen Entwicklungsstand der Gesellschaftswissenschaften möglich ist, die *Gesamtheit* der Faktoren zu analysieren, die die Rechtsnorm zum tatsächlichen Regler der vom Recht erfaßten Gesellschaftsverhältnisse machen kann. Aber selbst wenn man der Ansicht ist, daß diese Aufgabe die Möglichkeit soziologischer Rechtsforschung überschreitet, so ist das nicht gleichbedeutend mit dem Verzicht auf die Erforschung der dominierenden Faktoren, die Feststellung gewisser Wechselbeziehungen, die Konstruktion von Teilhypothesen und Forschungsmodellen, die in größerem und kleinerem Maße unser Wissen um die positive Rechtswirkung erweitern. Deshalb geht es auch in der vorliegenden Arbeit um die Analyse des Wirkungsprozesses, der durch die Verhaltensausrichtung von Einzelnen oder Gruppen nach normativ vorformulierten Verhaltensmustern gekennzeichnet ist. Dagegen wurde aus den oben angestellten Erwägungen *grundsätzlich* sowohl die ganze Sphäre jenes Verhaltens ausgeschlossen, das mit dem Recht nicht in Einklang steht, wie auch die Tätigkeit des Apparates der verfahrensmäßig formalisierten Kontrolle im Falle der Verletzung von Rechtsnormen. Der ganze Prozeß formaler Kontrolle interessiert uns hier hauptsächlich nur wegen seines Einflusses auf die Motivierung des Individuums sowie wegen der Vermittlung von Kennt-

---

rend sich die normativen Systeme verschiedener Subkulturen meistenteils auf gerade solche „normativen Tatsachen“ stützen (Befehl des Führers, ungeschriebenes Recht der Gruppe usw.).

[8] E. W. Patterson, Jurisprudence. Men and Ideas of the Law, Brooklyn 1953, S. 181, 189 ff.

[9] V. Aubert, Sociology of Law, Oslo 1964, S. 23 (vervielfältigter Text); A. Podgórecki, FN 5, S. 166.

nissen über die Norm, also im Hinblick auf den Einfluß von Ergebnissen der Kontrolltätigkeit auf das Verhalten der Bürger und nicht im Hinblick auf das Verhalten der amtlichen Kontrolleure als solches.

Falls die Rechtswirkung sich nur auf ein Eingreifen zur Streitschlichtung oder auf die Folgen einer unbestrittenen Verletzung von bestehenden Verhaltensvorschriften beschränkt, sich also nicht auf das ganze gesellschaftliche Leben als vorbeugenden Faktor erstreckt, der das Verhalten in Richtung auf bestimmte Verhaltensvorbilder lenkt, so zeugt das davon, daß das Recht seine in einem weiteren Sinne begriffenen Funktionen nicht erfüllt und daß die „Kanäle" der Einwirkung auf das Verhalten der Mitglieder der analysierten Gesellschaftsgruppe durch andere Normen als Rechtsnormen besetzt sind. Der Kampf um die Beherrschung dieser Kanäle gehört zu den Hauptaufgaben des Rechts.

Die bloße Feststellung der Tatsache einer Übereinstimmung des Verhaltens mit dem Inhalt der Rechtsnorm informiert uns noch nicht darüber, ob das betreffende Verhalten ein Ergebnis der Einwirkung der von uns erwogenen Norm ist oder ob es Folge einer Motivationsbestimmung durch andere, außerrechtliche Faktoren ist (was keine gleichgültige Tatsache ist, weil ein Fehlen von Kontrolle über diese Faktoren uns der Gefahr einer unerwarteten Änderung des Verhaltens aussetzt); sie informiert uns gleichfalls nicht darüber, ob das mit dem Inhalt der Rechtsnorm übereinstimmende Verhalten einzig auf der Furcht vor einer drohenden Strafe und stark wirkenden Zwangsmitteln beruht oder aber im Rechtsbewußtsein, also im Bewertungssystem des gegebenen Individuums Anerkennung findet.

Bei der Analyse des Entscheidungsprozesses beim Adressaten der Norm, des Wählens zwischen den Alternativen, die er vor sich sieht, ist es nicht möglich, die ganze Sphäre beiseite zu lassen, die ein mit der Norm unvereinbares Verhalten betrifft, und zwar nicht nur mit Rücksicht auf den bereits hervorgehobenen Einfluß, den eine vorgesehene oder tatsächlich durch die Organe der Rechtspflege oder der Verwaltung durchgeführte Kontrolle auf den Adressaten der Norm hat, sondern auch mit Rücksicht auf die unerläßliche Berücksichtigung von Faktoren, die die Unwirksamkeit der erwogenen Norm bewirkten.

Die Nichtbeachtung einer bestimmten Norm kann von Fehlern im Bereich ihrer „kommunikativen Seite" zeugen, sie kann gleichfalls das Ergebnis einer Divergenz der Bewertungen zwischen dem Rechtsbewußtsein des Normgebers und dem des Adressaten der Norm sein. In diesem Falle muß das Ausmaß dieser Divergenz näher umschrieben werden: beschränkt sie sich nur auf einige, vereinzelt auftretende Fälle oder umfaßt sie bestimmte gesellschaftliche Gruppen oder örtlich begrenzte Regionen? Es kann schließlich auch vorkommen, daß die Verletzung einer bestimmten Norm das Ergebnis einer Reihe von außerrechtlichen Faktoren ist, die das Anpassen an diese Norm erschweren oder unmöglich machen.

Der Grad der Übereinstimmung oder der Divergenz der Bewertungen zwischen dem Normgeber und dem Adressaten der Norm ist das Ergebnis von verschiedenen Faktoren. Erstens die gesellschaftliche Zusammensetzung dieser Gruppe, die zur Normgebung berufen ist, zweitens der Grad, in welchem die Allgemeinheit Einfluß auf diese Zusammensetzung hat, und drittens die faktischen Erkenntnismöglichkeiten der Anschauungen der Allgemeinheit und das Bestehen der Überzeugung, daß die Meinungen gewisser Menschengruppen oder auch der Allgemeinheit in Betracht gezogen werden sollten.

Diese weitgespannte Problematik der positiven Wirkung des Rechts ist Gegenstand der Erarbeitung theoretischer Grundlagen für das angewandte Wissen um das Recht, wie es in der Rechtspolitik geschieht. Deshalb ist diese Arbeit, die eine möglichst umfassende Analyse des gesellschaftlichen Prozesses bezweckt, welcher zu einer kausalen Verknüpfung der Rechtsnorm mit dem Verhalten der Bürger führt, in drei Teile aufgeteilt. Den Ausgang bildet das Wirken des Gesetzgebers, und zwar sein Wirken als Rechtspolitiker, welches die Rechtsnorm einerseits als Werkzeug zur Erreichung gewisser gesellschaftlicher Ziele benutzt und andererseits auf ein zukünftiges Verhalten der Adressaten hin gestaltet. Die Probleme der Rechtspolitik, der gesellschaftlichen Diagnosen und Prognosen werden als unerläßliche Elemente der gesellschaftlichen Planung betrachtet. Der zweite Teil meiner Arbeit ist dem Prozeß der Entgegennahme der Entscheidung des Gesetzgebers durch den Adressaten der Rechtsnorm gewidmet und analysiert daher die Einwirkung einer bereits erlassenen Norm. Für Forschungszwecke ist dieser Prozeß in solche Etappen eingeteilt wie: der Prozeß der Übermittlung des Inhalts der Rechtsnorm, der Prozeß der motivierenden Einwirkung der Norm sowie der Prozeß der Kontrolle (aus Rücksicht auf die Rechtsnorm mit dem Bewertungsprozeß verbunden). Der dritte Teil analysiert die bedingte Wirksamkeit des Rechts und seine gesellschaftliche Anerkennung, indem er einerseits die Rolle der Gesellschaftsgruppen im Prozeß der Rechtseinwirkung und andererseits Probleme der öffentlichen Meinung und Mittel der Massenübertragung von Informationen untersucht.

Die Arbeit behandelt verschiedene Gebiete: eine Analyse des empirischen Materials, das aufgrund schon abgeschlossener oder gegenwärtig durchgeführter Forschungen im Bereich der gesellschaftlichen Rechtswirkung gewonnen wurde; eine kritische Darstellung von Konzeptionen, die andere Gesellschaftswissenschaften entwickelt haben und für die Problematik der Arbeit nützlich sind; eine Begriffsanalyse und einen

Versuch der Systematisierung von Fachausdrücken oder stereotyp angewandter Wendungen wie „motivierende Rechtswirkung“, „Legalismus“, „Konformismus“, „Rechtskontrolle“ und andere, die in sehr verschiedener Bedeutung benutzt werden.

Bei dem gegenwärtigen Stand der Ergebnisse der Forschungen über die gesellschaftliche Wirkung des Rechts und dem verhältnismäßig bescheidenen Material empirischer Untersuchungen müssen zwei Punkte nachdrücklich hervorgehoben werden: erstens, daß das hier dargestellte Schema der positiven Rechtswirkung (als ausgewähltes Problem einer weiteren Thematik, wie es die gesellschaftliche Rechtswirkung ist) seine Brauchbarkeit für die Präzisierung ausführlicher Forschungen auf diesem Gebiet erweisen soll, und zweitens, daß hier noch sehr vorsichtig formulierte Hypothesen sich für eine Verifikation eignen sollen. „Empirische Forschungen in den Rechtswissenschaften — wie S. Zawadzki[10] schreibt — müssen ständig von einer theoretischen Reflexion begleitet werden, die zu einer immer treffenderen Festlegung der Forschungsrichtungen führt und zu einer ständigen Vervollkommnung der Forschungsmethoden.“

Die vorliegende Arbeit ist ein Versuch der Systematisierung der allgemeinen Problematik und der Darstellung eines Schemas der behandelten Probleme. Dieses Schema könnte bei der Präzisierung konkreter, ausführlicher Forschungen auf dem Gebiete der gesellschaftlichen Wirkung des Rechts behilflich sein.

---

[10] S. Zawadski, FN 5, S. 568.

ERSTER TEIL

Probleme der Rechtspolitik

Erster Abschnitt

Die Gestaltung der modernen Konzeption der Rechtspolitik

Über den durch die Rechtspolitik angesprochenen Fragenkreis, nämlich das Verhältnis der Rechtspolitik zu anderen juristischen Disziplinen und Problemen sowie zu anderen Sozialwissenschaften bestehen noch ebenso viele Unklarheiten und Mißverständnisse wie über den praktischen Nutzen rechtspolitischer Ergebnisse.

Die Forderung nach Berücksichtigung der Rechtspolitik erscheint immer öfter in der modernen juristischen Literatur. Wie wir schon sagten, hängt das einerseits mit den Konsequenzen zusammen, die aus der Veränderung des modernen Staats- und Gesellschaftssystems folgen, wobei als wichtigste Konsequenz die Notwendigkeit gesellschaftlicher Planung genannt werden muß. Andererseits schuf das zunehmende Wissen um den gesellschaftlichen Wandel, um das Verhalten von Gruppen, um die gesellschaftliche Rolle rechtlich-politischer Institutionen, um die Gestaltung des Bewertungssystems sowie um die Entwicklung immer genauerer Methoden reale Möglichkeiten der Prognose, der Regelung von gesellschaftlichen Prozessen sowie der Bearbeitung von Problemen der Rechtspolitik. Damit treten wissenschaftlich bewiesene Kriterien der Zweckmäßigkeit und Wirksamkeit anstelle der früheren metaphysischen Konzeptionen des absolut Guten, der ewigen Gerechtigkeit.

Im Rahmen der Rechtswissenschaft hat das Problem der Rechtspolitik in Polen zusätzliche Bedeutung. Erstens wurden in der Rechtspolitik von der Schule Petrazyckis und Landes Traditionen von hohem Erkenntniswert geschaffen. Zweitens sind in Polen alle Konzeptionen, die sich systematisch mit dem Problem der Wirksamkeit der Gesetzgebung befassen, besonders aktuell, denn wir sind ein Land großer Umwandlungen, die sich im hohen Grade durch die Vermittlung des Rechts vollziehen, so daß Unwirksamkeit oder auch nur der Eintritt unbeabsichtigter Folgen oft weitreichende gesellschaftliche Konsequenzen hat[1]. Gleichzeitig sind wir auf Grund unserer Vergangenheit eine Gemeinschaft mit einer sehr geringen Überlieferung an kontinuierlichen Rechtssystemen, an Bewußtsein nationaler Übereinstimmung mit dem Schöpfer der Rechtsregeln und an rechtskonformem Verhalten. Dies alles führt zu Unbeständigkeit des Bewertungssystems maßgeblicher Gruppen. Wir sind also eine Gemeinschaft mit einem besonderen Mangel an jenen Voraussetzungen, die unerläßlich sind für eine gemeinsame gesellschaftliche Grundeinstellung und für den Druck der öffentlichen Meinung auf Achtung und Beachtung von Rechtsvorschriften.

Daraus entsteht die Notwendigkeit der Analyse jener Entwicklungen, aus denen die moderne Konzeption der Rechtspolitik entstanden ist. Untersucht werden müssen auch Rang und Rolle der Rechtspolitik in der modernen Rechtswissenschaft, und zwar vor dem Hintergrund moderner Forschungstendenzen anderer Gesellschaftswissenschaften, insbesondere der Vereinheitlichungstendenzen im Bereich der Forschungen über menschliches Verhalten.

1. Die Entwicklung der Anschauungen über die Rolle des Gesetzgebers und der Prozeß der Entstehung des Rechts

In der historischen Entwicklung der Rechtswissenschaft beschränkten sich die Probleme der Rechtspolitik sehr lange Zeit hindurch ausschließlich auf Erwägungen de lege ferenda, auf Postulate also, welche darauf hinweisen, wie das Recht sein sollte. Hinter Erwägungen dieser Art verbirgt sich jedoch gewöhnlich irgendein Erkenntniswert, denn die Postulate eines idealen Rechts stützen sich auf eine kritische Analyse des geltenden Rechts und weisen seine schwachen Stellen oder seine völlige Divergenz mit den gesellschaftlichen Bedürfnissen nach. Im Falle der Forderung nach Aufrechterhaltung des Status quo sucht das Modell des idealen Rechts oft die Begründung in der Autorität, dem Brauch und der Tradition und führt zu historischen Forschungen über den bisherigen Prozeß der Rechtsgestaltung.

Das Interesse und das Verständnis für den Wert von Forschungen über das Recht als ein wesentliches Motivationselement menschlichen Verhaltens erwachte zum einen erst im Laufe der Entwicklung des Wissens über Prozesse des Soziallebens, über den Mechanismus menschlicher Motivation, über die historische Entstehung und die gesellschaftliche Rolle des Rechts sowie zum andern in Zeiten großen Wandels des geltenden Rechts. Zugleich wurde das Recht als Faktor sozialer Kontrolle erkannt, ein Faktor, der ein bewußtes Einwirken auf die Wirklichkeit und die Realisierung bestimmter gesellschaftlicher Ziele ermöglicht.

[1] Das Problem unbeabsichtigter Folgen des Wirkens des Gesetzgebers behandelt A. Podgórecki in dem Werk Założenia polityki prawa (Voraussetzungen der Rechtspolitik), Warszawa 1957, das der Methodologie legislativer und kodifizierender Arbeiten gewidmet ist.

Das Problem, bisher auf der Ebene von Erwägungen über das ideale Recht behandelt, das sich seinerseits auf wissenschaftlich nicht bewiesene Vorstellungen über Pflichten beruft, beginnt man jetzt im Hinblick auf die Möglichkeit der Verwertung gesellschaftswissenschaftlicher Erkenntnisse zu untersuchen, um

a) die Ziele zu bestimmen, zu deren Verwirklichung das Recht dienen soll,

b) die Mittel zu bestimmen, welche zur wirksamsten Realisierung dieser Ziele führen.

Eine Frage von besonderer Bedeutung für die Gestaltung der Rechtspolitik ist das Problem, in welchem Grade das Recht ein Gebilde des „Willens des Gesetzgebers" ist und in welchem Grade es durch Prozesse bedingt ist, die durch den Gesetzgeber nicht beeinflußt werden können. Der Begriff „Wille" wird hier nicht in der metaphysischen Bedeutung des „freien Willens" verstanden, sondern als ein Ausdruck rationaler Erwägungen und Argumente des Gesetzgebers. Die hier dargestellte Problematik tritt am deutlichsten bei der Analyse der Entwicklung von Anschauungen über die Rolle des Gesetzgebers und bei der Untersuchung des Prozesses der Entstehung des Rechts hervor.

Das Konzept der Rechtspolitik, das als ein Spezialzweig der Rechtswissenschaften (mit eigenem Gegenstand und eigenen Forschungsmethoden) erst in unserem Jahrhundert auftritt, entwickelte sich auf dem Boden der geschilderten Problematik des Gesetzgebers, der Ziele des Rechts sowie der Mittel zu deren Verwirklichung. Im Rahmen dieser Arbeit ist keine Analyse der historischen Entwicklung der untereinander strittigen Anschauungen auf dem Hintergrund einzelner Epochen möglich. Deshalb müssen wir uns im wesentlichen auf jene Positionen beschränken, die bei der Gestaltung der modernen Konzeption der Rechtspolitik eine besondere Rolle spielten.

Zu den hauptsächlichsten Antinomien in der Geschichte der Anschauungen über das Recht gehört das Problem, ob der Gesetzgeber das Recht „entdeckt" oder aber, ob er es „erschafft". Bei einer eingehenden Analyse erweist sich jedoch, daß der Versuch die Grenze zu erkennen, welche die zwei diametral verschiedenen Standpunkte in ihrer historischen Entwicklung voneinander trennt, auf Schwierigkeiten stößt, die sich in dem Grade vergrößern, in welchem man sich neueren Anschauungen nähert. Auch verliert dieses Problem auf dem Boden moderner Anschauungen an Relevanz.

Der erste Standpunkt findet seinen Ausdruck in allen naturrechtlichen Konzeptionen, die zur Anerkennung bestimmter unveränderlicher Normen höheren Ranges führen, die Ausdruck absoluter Gerechtigkeit oder einer „natürlichen" Ordnung sind. Zu deren Erkenntnis („Entdeckung") gelangt man entweder auf dem Wege der Offenbarung durch eine dem Menschen angeborene Intuition oder mit Hilfe rationaler Erkenntnis.

Naturrechtliche Konzeptionen können entweder zur Anerkennung des bindenden Charakters überpositiver Normen höheren Ranges führen, die der Gesetzgeber nur „deklariert" und mit entsprechenden Sanktionen versieht, oder aber zur Anerkennung dieser naturrechtlichen Normen als ein Ideal, nach welchem der Gesetzgeber streben soll. Damit liegt aber lediglich ein recht unbestimmter Maßstab für die Versuche zur Verwirklichung dieses Ideals vor. Spätere Konzeptionen des Naturrechts, die anfangs des 20. Jahrhunderts auftreten, weichen ziemlich weit von diesem klassischen Modell ab und verkünden die Konzeption des „Naturrechts mit veränderlichem Inhalt", das ein Ausdruck der in einer bestimmten Gesellschaft und zu einer bestimmten Zeit vorherrschenden Ideen und Werte ist (Stammler, Gény, Del Vecchio, Radbruch, Jerusalem). Die klassische Version des Naturrechts läßt sich immer schwerer mit der Entwicklung des Wissens der Gesellschaftswissenschaften in Einklang bringen, insbesondere mit den Erkenntnissen der Soziologie, Psychologie und Geschichte. Die Konzeption des Naturrechts mit veränderlichem Inhalt steht jedoch vor der Notwendigkeit, die Art der Feststellung dieser Regel anzugeben, die für die gegebene Epoche und den gegebenen Ort adäquat ist. Die allgemeinen und unklaren Empfehlungen von Stammler und Kohler reichen nicht mehr aus. Immer öfter erfolgen die Bemühungen in Form eines Rückgriffs auf die Soziologie oder auch durch die Verwertung der von der Soziologie ausgearbeiteten Forschungstechnik[2].

Es ist charakteristisch, daß die naturrechtlichen Doktrinen französischer Aufklärer neben dem „deklarativen" Charakter der Rechtsregeln, die ein Ausdruck der „natürlichen Ordnung" sind, im positiven Recht einen unerläßlichn Koeffizienten der gesellschaftlichen Umgestaltung und der Entwicklung der kapitalistischen Gesellschaft sehen[3]. Die Konzeption der bewußten Rechtsschöpfung und der bewußten Steuerung menschlichen Verhaltens durch eine entsprechende Konstruktion der Gesetze tritt am deutlichsten hervor in den Werken von Helvetius, der als

---

[2] M. Borucka - Arctowa, Socjologia a współczesne koncepcje prawnonaturalne (Die Soziologie und moderne naturrechtliche Konzeptionen), in: Państwo i Prawo 10/1964; F. W. Jerusalem, Kritik der Rechtswissenschaft, Frankfurt 1948, S. 5. Auf Tendenzen dieser Art in modernen naturrechtlichen Konzeptionen lenkt M. Sololewski die Aufmerksamkeit in dem Artikel Problematyka prawa natury w prawie konstytucyjnym NRF (Problematik des Naturrechts im Verfassungsrecht der BRD), in: Państwo i Prawo 4/1958, S. 594.

[3] Dieses Problem wird von mir ausführlich behandelt in meiner Arbeit Prawo natury jako ideologia antyfeudalna (Das Naturrecht als antifeudale Ideologie), Warszawa 1957, V. Abschnitt.

Grundlage der Gesetzgebung den Grundsatz des sozialen Utilitarismus annimmt. Dieser Grundsatz verkündet als höchstes Ziel der Gesellschaft das Glück der größten Anzahl von Menschen. Durch die Beobachtung des Menschen können die Motive seines Verhaltens erkannt werden. Inhalt dieser Motive, die jede menschliche Handlung bestimmen, ist das Streben nach Vergnügen und die Flucht vor Leiden. Die Verwertung des Wissens über den Mechanismus menschlicher Motivation durch einen intelligenten Gesetzgeber eröffnet — nach Helvetius — unbegrenzte Möglichkeiten für gesellschaftlichen Wandel und menschlichen Fortschritt. Dabei legt Helvetius den größten Nachdruck auf die Erziehung, worunter er auch das Einwirken des Rechts auf die Menschen versteht.

Der Grundsatz vom „größtmöglichen Glück der größtmöglichen Zahl von Menschen" wurde zur grundlegenden Voraussetzung für J. Bentham, den Hauptvertreter des englischen Utilitarismus, der sehr deutlich in Fragen der Gesetzgebung an die Anschauungen von Helvetius anknüpft. Die ganze utilitaristische Strömung im Recht, hinsichtlich der Rechtsschöpfung ist sehr eng verbunden mit den Entwicklungsmöglichkeiten und der Ideologie der kapitalistischen Gesellschaft, betont die Probleme der Motivation im Recht, die aktive Rolle der Rechtsnormen und die Frage des Zwecks im Recht. Es ist dies der erste Versuch, das Recht von seinen aktuellen Erfolgen her zu betrachten, im Gegensatz zum Naturrecht, das das positive Recht vom Standpunkt seiner Übereinstimmung mit unveränderlichen Idealen bewertete[4]. Ein solcher Standpunkt ist der Ausgangspunkt für eine neuzeitliche Sicht der Rechtspolitik und ebnet den Boden für weitere, präzisere Forschungen über dieses Problem. Ein Fehler Benthams ist seine Überzeugung, daß das rechtliche und moralische Bewußtsein durch ein Prinzip bestimmt sei, das bei der Bewertung der Wirkungsursachen zu einer mathematischen Berechnung der Fälle von Annehmlichkeiten und Unannehmlichkeiten führe. Ferner scheitert der Versuch Benthams, die Ziele des Rechts auf rein empirische Voraussetzungen zu stützen. Das Postulat des „größtmöglichen Glücks" kann nicht durch Erfahrung begründet werden, sondern ist lediglich ein intuitives Postulat[5]. Daher führt bei Bentham — ähnlich wie im Naturrecht — die Rechtspolitik zu Prinzipien, denen das Recht zu gehorchen hat, um ein wahres Recht zu sein und fordert vom Gesetzgeber, nach diesen Prinzipien zu handeln.

Benthams Utilitarismus, von Mill in England noch weiter entwickelt, kehrt wieder auf den Boden kontinentaler Wissenschaft zurück in der

---

[4] A. Ross, On Law and Justice, London 1958; der XII. Abschnitt ist dem Vergleich zwischen Naturrecht und Utilitarismus gewidmet.

[5] Eine Besprechung der in bezug auf diese prinzipielle Voraussetzung der Philosophie Benthams geäußerte Kritik gibt M. Ossowska im Artikel Główne modele systemów etycznych (Hauptsächliche Modelle ethischer Systeme), in: Studia Filozoficzne 4/1959, S. 5.

etwas modifizierten Form der „Interessentheorie", deren hauptsächlichster Vertreter Ihering ist (Zweck im Recht). Sie übte einen sehr deutlichen Einfluß auf die moderne amerikanische Konzeption der sociological jurisprudence aus, insbesondere auf die Konstruktion des „gesellschaftlichen Interesses" und des „social engineering" in der Auffassung von Pound. Benthams Philosophie, insbesondere seine kodifikatorische Tätigkeit, trugen im hohen Grade zur Reform einiger Teile des englischen Rechts bei und beeinflußten die Tätigkeit des englischen Parlaments[6].

Als entschiedener Anhänger rational durchgeführter Rechtsreformen widmete Bentham einen bedeutenden Teil seines Lebens der Vorbereitung von Gesetzbüchern, und das nicht nur für England, sondern auch für viele andere Länder, angefangen von Rußland bis zu den neu entstehenden Republiken Süd-Amerikas (einem bedeutenden Teil seiner Bemühungen blieb der Erfolg versagt)[7]. Die Aussage Benthams, „er könnte mit der gleichen Leichtigkeit Gesetze für Indien schaffen wie für den Kirchsprengel, in dem er wohnte", zeugt schon hinreichend von gänzlichem Unhistorismus in seiner Vorstellung von den Aufgaben eines Gesetzgebers[8].

Im Gegensatz zum abstrakten Rationalismus des Naturrechts und zu Benthams Utilitarismus im Bereich der Rechtsschöpfung vertraten Savigny und die deutsche historische Schule eine ganz andere Ansicht. Aufgabe des Gesetzgebers wird hier die historische Analyse der Vergangenheit und das Formulieren bestehender Rechtsgebräuche. Die Gegenwart wird als organisches Gebilde der Vergangenheit behandelt. Deshalb treffen auch jegliche Versuche gesetzgeberischer Eingriffe in den Prozeß der Rechtsschöpfung auf starken Widerstand. Praktisch greift man die Versuche der Kodifikation der deutschen Gesetzgebung, die Gesetzgebung des revolutionären Frankreich oder auch den Code Napoléon an. Die historische Schule trug zu einer jahrzehntelangen Verschleppung der erforderlichen Änderung des deutschen Rechts bei und wurde dadurch zu einem hemmenden Faktor der an sich verhältnismäßig schwachen kapitalistischen Ordnung[9]. Andererseits wieder trugen die methodologischen Postulate dieser Richtung zu einer Vertiefung der bisherigen Forschungen über die Entstehung des Rechts bei sowie zum Sammeln von reichen,

---

[6] Eine interessante Analyse dieses Zeitabschnitts und der Rolle, welche die Konzeption Benthams in ihm spielte, finden wir in der Arbeit von A. V. Dicey, Law and Public Opinion in England in XIX Century, London 1948.

[7] J. Bentham, Works, Published by J. Bouring, 1843, Bd. X, S. 433, 457 - 458.

[8] Ebd., S. 292.

[9] K. Opałek, J. Wróblewski, Niemiecka szkoła historyczna w teorii prawa (Die deutsche historische Schule in der Rechtstheorie), Łódź 1955.

historisch-vergleichenden Materialien und bereiteten so den Boden für die späteren soziologischen und psychologischen Richtungen im Recht.

Die Konzeption der kausalen Bedingtheit des Rechts durch objektive Faktoren steht dem unentwickelten Historismus von Montesquieu und seiner Konzeption vom „Geist der Gesetze“ näher als der metaphysischen Auffassung vom „Geist der Nation“ in der deutschen historischen Schule. Schon zur Zeit der Aufklärung kommt es zu Versuchen, Richtungen und Gesetze gesellschaftlicher Entwicklung sowie aufeinander folgende Etappen von Verfassung und Recht zu formulieren (Vico, Hugo, Staszic, Kołłątaj). Diese Tendenzen treten im historischen Materialismus prägnant hervor.

Der historische Materialismus bestreitet sowohl die radikale Auffassung, daß das Recht nur ein „Reflex“ überpositiver Rechte oder auch der historischen Vergangenheit, ihrer Traditionen und Gebräuche sei, als auch den radikal entgegengesetzten Standpunkt, der das Recht ausschließlich auf Akte der Staatsgewalt zurückführt und damit objektive Prozesse des gesellschaftlichen Lebens völlig außer acht läßt. Die marxistische Auffassung des Rechts betrachtet dieses als Ergebnis des menschlichen Willens, jedoch nicht des subjektiven Willens des Individuums, sondern des vom Klasseninteresse bezeichneten und von objektiven gesellschaftlichen Verhältnissen und den aus ihnen hervorgehenden Erfordernissen bedingten Willens. Marxisten betonen die Wichtigkeit der Rolle des Rechts als Gestaltungsfaktor der Wirklichkeit. Sie heben ferner die Abhängigkeit der Wirksamkeit des Rechts von Erkenntnisfaktoren hervor, vom Grade des Wissens um eine geregelte Sphäre menschlicher Verhältnisse sowie vom Grade der Kenntnis allgemeiner Gesetze gesellschaftlicher Entwicklung. Schwächen der Erkenntnis, ihre Lückenhaftigkeit oder auch völlige Unrichtigkeit, sind in hohem Grade die Ursache für die Unwirksamkeit des Rechts. Vom Standpunkt der Rechtspolitik aus hat das Problem des Rechtsbewußtseins große Bedeutung. Es wird nicht mehr als Gebilde nur eines rationalen „Prinzips“ aufgefaßt (Bentham), sondern als Ergebnis sehr komplizierter äußerer Faktoren, unter denen das ökonomische Interesse eine entscheidende Rolle spielt. Hervorgehoben werden muß die Abhängigkeit der Gesetzgebungstätigkeit einerseits von der Verteilung gesellschaftlicher Kräfte, die seiner formal souveränen Gewalt Beschränkungen auferlegen, und andererseits vom Rechtsbewußtsein der Bürger, das in hohem Maße über die Wirksamkeit des Rechts entscheidet und das gleichzeitig ein Produkt des Rechts ist und durch eine entsprechende Politik der Gesetzgebung gestaltet werden kann. Dies alles übte auf den weiteren Verlauf der Forschungen über den Prozeß rechtlicher Entscheidungstätigkeit großen Einfluß aus.

2. Der Einfluß psychologischer und soziologischer Richtungen im Recht auf die Konzeption der Rechtspolitik

Die weiteren Geschicke der Rechtspolitik sind mit der Entwicklung soziologischer und psychologischer Richtungen im Recht verbunden, die durch die Betonung der gesellschaftlichen Wirkung des Rechts, seiner psychologischen Bedingtheit sowie des Mechanismus der Rechtsmotivation zum endgültigen Verständnis der Rechtspolitik beitragen.

Sehr viel interessantes Material für die Probleme der Rechtspolitik bieten die rechtssoziologischen Arbeiten von Max Weber[10]. Seiner Meinung nach sind Gegenstand der rein juristischen Betrachtung die normativen Bedeutungen, die den geltenden Rechtsvorschriften beigemessen werden. Gegenstand der rechtssoziologischen Sicht des Rechts hingegen ist das menschliche Verhalten, das ein Ergebnis der Tatsache ist, daß ein bestimmtes Individuum bestimmte Anordnungen als verpflichtend anerkennt. Von Bedeutung sind ferner die Situationen, die zwar durch Rechtsnormen bestimmt sind, in welchen aber die „Orientierung" des Individuums nach einer bestimmten rechtlichen Anordnung fehlt. Hier interessieren dann in hohem Grade die Ursachen für das Fehlen einer solchen „Orientierung".

Das Fehlen der Rechtspolitik nimmt in der psychologischen Theorie Petrazyckis viel Platz ein, denn eben dieses Gebiet betrachtet er als eine Krönung der ganzen Rechtswissenschaft[11]. Petrazycki sieht die Rechtspolitik als eine selbständige Disziplin der Rechtswissenschaft. Gleichzeitig jedoch werden die untrennbaren Bande zwischen Politik und Theorie betont. Denn die Rechtspolitik ist als praktische Anwendung der Rechtstheorie völlig abhängig vom Niveau der Entwicklung der Rechtstheorie.

Petrazycki weist darauf hin, daß man auf wissenschaftliche Art Pflichtnormen von absolutem Charakter nicht begründen kann, sondern daß man zu ihrer Begründung sich lediglich auf Normen immer höheren Ranges berufen kann. Nur der Versuch der Bewertung des bestehenden Rechts vom Gesichtspunkt seiner Zweckmäßigkeit und Wirksamkeit her kann zu Erwägungen auf wissenschaftlicher Ebene führen, denn nur praktisch-zweckmäßige Beurteilungen sind — im Unterschied zu den verpflichtenden — durch ihren engen Zusammenhang mit theoretischen Aussagen wissenschaftlich verifizierbar.

---

[10] M. Weber, Rechtssoziologie — Grundriß der Sozialökonomie, Tübingen, 1925, Bd. III.

[11] Bei Petrażycki treten Probleme der Rechtspolitik in fast allen seinen Arbeiten auf, insbesondere jedoch in Die Lehre vom Einkommen (1893 - 1896), O ideale społecznym (Über das gesellschaftliche Ideal, 1925, Wstęp do teorii prawa i moralności (Einführung zur Theorie des Rechts und der Moral), Warszawa 1930.

Die Aufgabe der Rechtspolitik ist die Verwertung des theoretischen Wissens zu Forschungen darüber, ob bestimmte Rechtsvorschriften adäquate Mittel zur Erreichung eines bestimmten gesellschaftlichen Zieles sind. Deshalb also soll das nachprüfbare Kriterium der Wirksamkeit die unfaßbaren und unklaren Kriterien der Gerechtigkeit oder Billigkeit ersetzen, „... so wie die Medizin Heilmittel empfiehlt, genauso empfiehlt die Rechtspolitik die Einführung bestimmter Rechtsvorschriften oder die Beibehaltung von bisherigen Vorschriften, um damit gesellschaftliche Wirkungen zu erzielen"[12].

Woher soll die Rechtspolitik theoretisches Wissen schöpfen, auf das sie praktische Beurteilungen stützen kann?: Aus der Rechtsthorie. In Frage kommt aber nur diejenige Rechtsbetrachtung, die das Recht als realen Faktor begreift, und zwar gemäß den Grundannahmen der psychologischen Theorie Petrazyckis als psychologischen Faktor. Das Ziel dieser Rechtsauffassung ist, menschliches Verhalten dadurch zu verändern, daß man das Recht als Beweggrund sozialen Verhaltens auffaßt, dies sowohl auf individual- wie auf massenpsychologischer Ebene. Derartige Voraussetzungen ermöglichen der Rechtspolitik die Prognose derjenigen Änderungen, die durch den Erlaß neuer Vorschriften eintreten. Die prinzipielle Aufgabe dieser Disziplin ist also nach Petrazycki die wissenschaftlich begründete Prognose der Wirkungen, die man nach dem Inkrafttreten bestimmter Rechtsvorschriften erwarten kann. Die Rechtspolitik soll also ein Wissensbereich sein, aus dem der Gesetzgeber oder weitere Personen, die für ihn zum Sammeln und Vorbereiten von Material berufen sind, Nutzen ziehen sollen.

In seine Erwägungen über Rechtspolitik schließt Petrazycki auch das Ziel ein, dem das Recht dient. Dabei ist er bemüht, sich auf seine Theorie der gesellschaftlichen Entwicklung des Rechts zu stützen und zu zeigen, daß die Möglichkeit einer objektiven Formulierung dieses Zieles besteht. Ein „gesellschaftliches Ideal" ist nach Petrazycki die Reinigung der menschlichen Psyche von antigesellschaftlichen Neigungen und die Sicherung „völliger Herrschaft tätiger Liebe im Menschen"[13]. Diesem ziemlich unklar dargestellten Ideal fügt Petrazycki jedoch die Erklärung hinzu, daß die konkrete Rechtspolitik eines bestimmten Staates vom tatsächlichen Zustand der gegebenen Gesellschaft ausgehen und Ziele stellen müsse, die mit Rücksicht auf die Entwicklung der bestimmten Gesellschaft verwirklicht werden könnten. Im Recht vollzieht sich nämlich ohne irgendeine bewußte Einwirkung eine fortschrittliche Evolution, die sich bisher unbewußt im Wege gesellschaftlicher Anpassung vollzog und ihren Ausdruck in einem Wandel der wirtschaftlichen und gesellschaftlichen

---

[12] J. Lande, Studia z filozofii prawa (Studien über Rechtsphilosophie), Warszawa 1959, S. 391.

[13] L. Petrażycki, O ideale społecznym, FN 11, S. 22.

Ordnungen, der Staatsformen und der Rechtssysteme findet. Hat man den Mechanismus dieser Evolution kennengelernt, ist ein bewußtes Einwirken auf die von ihr eingeschlagene Richtung möglich.

Sehr große Aufmerksamkeit widmet Petrazycki ferner dem Problem der erzieherischen Rolle des Rechts, jener Rolle also, die das Recht auf dem Gebiet allmählichen Wandels gesellschaftlicher Bewertungen und der auf diese Bewertungen gestützten Wahl des Verhaltens spielt.

Der größte Beitrag Petrazyckis für die Entwicklung der Rechtspolitik liegt zum einen in der überaus klaren Präzisierung des Charakters dieser Disziplin als praktischer Wissenschaft, sowie zum anderen darin, daß er für die Rechtsnormenforschung die Möglichkeit betont, theoretisches Wissen über den menschlichen Motivationsprozeß als Mittel der Verwirklichung von durch den Gesetzgeber bezeichneten Zielen zu verwerten.

Eine ganze Reihe der von Petrazycki aufgestellten Hypothesen fällt durch ihre Treffsicherheit und die Kühnheit ihrer Formulierungen auf. Besonders interessant ist ihre Konvergenz mit den Richtungen und der Problematik moderner Forschungen über das menschliche Verhalten und dessen Motive, über die rechtliche Bewertung dieses Verhaltens und über die gesellschaftliche Funktion des Rechts. Die Theorie Petrazyckis bildet immer noch eine Fundgrube von befruchtenden Konstruktionen und Hypothesen, die jedoch eine Übertragung in die Sprache der modernen Wissenschaft benötigen, um dem heutigen Stand der Gesellschaftswissenschaft zu entsprechen. Insbesondere muß die Methode der Introspektion als prinzipielle Verifikationsmethode der von Petrazycki aufgestellten Verallgemeinerungen in psychologischen Forschungen über das Recht durch bedeutend präzisere Methoden ergänzt werden, wie sie von der zeitgenössischen Psychologie und Soziologie erarbeitet wurden. Das Postulat von der Konzentration des Interesses auf die Wirksamkeit der Rechtsnorm als Mittel zur Verwirklichung bestimmter Ziele stimmt überein mit den prinzipiellen Annahmen funktionalistischer Richtungen. Es entstehen also neue Möglichkeiten der Verwertung von Methoden, die durch andere als die Gesellschaftswissenschaften erarbeitet wurden. Erfaßt werden auch die weit ausgelegten Forschungen über gesellschaftliche Wirkungen der Rechtsnorm, ihren Einfluß auf das menschliche Verhalten sowie über die Gestaltung des Rechtsbewußtseins; d. h. untersucht wird ein Wertsystem, das bezogen auf die geltenden Regeln und Rechtsinstitutionen von großer Bedeutung ist für die endgültige Wahl des Verhaltens in den von Rechtsregeln erfaßten gesellschaftlichen Verhältnissen.

Eine weitere Entwicklung rechtssoziologischer Richtungen, vor allem in den Vereinigten Staaten, weist entschieden funktionalistische Tendenzen auf, die darauf gerichtet sind, theoretisch-abstrakte Forschungen über die Rechtsnorm und über die politischen Institutionen auf eine konkrete Analyse ihrer gesellschaftlichen Folgen umzustellen[14]. Vom Standpunkt des uns hier interessierenden Problems der Rechtspolitik her führen diese Tendenzen zu einer Reihe konkreter Forschungsvorhaben über das tatsächliche Wirken von Rechtsnormen. Es ist bezeichnend, daß die Vertreter dieser Richtungen sich sehr selten des Begriffs „Rechtspolitik" bedienen, dagegen aber andere Bezeichnungen verwenden, wie „social engineering" oder „Technologie des Rechts". Schöpfer der ersten Bezeichnung ist R. Pound, einer der Schöpfer der sog. sociological jurisprudence und der hauptsächlichste Repräsentant der Konzeption des „gesellschaftlichen Interesses"[15]. Nach Pound ist das Ziel des Rechts die Beibehaltung des Gleichgewichts (balance) und das Erzielen eines Konpromisses angesichts des bestehenden Widerspruchs der Interessen. „Social engineering" ist ein angewandtes, praktisches Wissensgebiet im Bereich der Rechtswissenschaft, dessen Aufgabe die Verwirklichung eben dieser Aufgaben des Rechts ist. Die alte und für die Doktrin des Kapitalismus typische Auffassung des „Gleichgewichts" zeigt Pound in einer Analyse all der Mittel, welche das Postulat, aus dem Recht ein wirksames Instrument zur Regelung gesellschaftlicher Verhältnisse zu machen, verwirklichen sollen.

Die gegenwärtig in den Gesellschaftswissenschaften verwendete Bezeichnung „social engineering" wird gewöhnlich in der Bedeutung „Soziotechnik" verwendet — bezeichnet also die Auswahl der wirksamsten Mittel zur Verwirklichung bestimmter gesellschaftlicher Ziele, während sie in der Auffassung von Pound, dem Schöpfer dieser Bezeichnung, noch etwas mehr bedeutete, nämlich die Gestaltung gesellschaftlicher Verhältnisse durch Hierarchisierung der Interessen. Damit war sie zugleich eine Richtlinie für die höchsten Rechtsziele (also eine ursprüngliche Bewertung.

Die Aufgabe „soziologischer Rechtsschöpfung" ist nicht nur die Beschreibung von Interessen, die in der Gesellschaft und in einer bestimmten Zivilisation auftreten und dann ihren Ausdruck in Rechtsvorschrif-

[14] Eine ausführliche Besprechung und Literaturnachweise in den Arbeiten von: M. Arctowa, G. L. Seidler, Funkcjonalizm w burżuazyjnej nauce prawa (Funkionalismus in der bourgeoisen Rechtswissenschaft), in: Państwo i Prawo 7/1950; M. Borucka, Inżynieria spoleczna poprzez prawo (Social Engineering durch das Recht), Życia Nauki, 27 - 28/1948; J. Kowalski, Funkcjonalizm w prawie amerykańskim (Funktionalismus im amerikanischen Recht), Warszawa 1960; K. Opałek und J. Wróblewski, Współczesna teoria i soziologia prawa w Stanach Zjednocznonych (Moderne Theorie und Soziologie des Rechts in den Vereinigten Staaten), Warszawa 1963.

[15] R. Pound, Law in Books and Law in Action, American Law Review 44/1910; The Scope and Purpose of Sociological Jurisprudence, Harvard Law Review 25/1912; Law and Morals, 1924; Interpretation of Legal History, New York 1923; Contemporary Juristic Theory, Claremont 1940; Social Control Through Law, New Haven 1942.

ten finden, sondern diese Rechtsschöpfung beschreibt zugleich auch deren „Steuerungsfunktion". Zum Recht gehört nämlich die Klassifizierung und Hierarchisierung, d. h. auch die Beschränkung oder der Schutz von Interessen. Das Recht, als ein Mittel der Praxis, kann nicht auf die Lösung der Probleme durch die Philosophie warten, sondern muß eine Bewertung und Regelung jener Werte durchführen, die in Form einander widersprechender Interessen miteinander konkurrieren. Darauf beruht die Steuerungsfunktion des Rechts und der Juristen, die neue gesellschaftliche Verhältnisse schaffen, ähnlich wie Ingenieure technische Anlagen bauen[16].

Eine der Hauptursachen, die den Abgrund zwischen dem Rechtsdenken und den allgemeinen Bestrebungen unseres Jahrhunderts vertieften, ist — nach Pound — die Absonderung der Rechtstheorie von anderen Sozialwissenschaften und die Rückständigkeit der von den Juristen angewandten Methoden. Eine neue Aufgabe für die Rechtswissenschaft ist daher — unter Zuhilfenahme moderner Methoden — die Erforschung aktueller Folgen bestehender Verhaltensvorschriften sowie ihrer Wirksamkeit im Hinblick auf die Ziele, zu deren Erreichung sie erlassen wurden. Das Postulat der Erforschung des law in action — Recht in seinem Wirken — welches in den Werken Pounds nur den Charakter eines Programms hat, übte einen sehr starken Einfluß auf die weitere Entwicklung der amerikanischen Rechtswissenschaft aus.

Eine zweite, in ihren Forschungspostulaten radikalere, funktionalistische Richtung, die gewöhnlich als „amerikanischer Realismus" bezeichnet wird[17], vertritt eine rein „technologische" Auffassung der Rechtsnorm sowie das Postulat der völligen Eliminierung des Problems endgültiger Ziele aus der rechtssoziologischen Problematik.

Maßstab für die Bewertung jeder Rechtsinstitution und jeder Vorschrift können einzig ihre aktuellen Folgen sein. Nutzen und Wirkung entscheiden allein über die Beibehaltung dieser Normen und Institutionen. Die Feststellung negativer Folgen soll nicht nur zur Grundlage der Änderung der konkreten Norm werden, sondern auch prinzipielle Erkenntnisse ermöglichen, auf die sich Gesetzgeber und Politiker bei ihrem weiteren, auf eine immer bewußtere Regelung des gesellschaftlichen Lebens gerichteten Wirken stützen sollten. Die Norm wird als Instrument behandelt und vom Gesichtspunkt ihrer gesellschaftlichen Wirksamkeit geprüft oder mit anderen, konkurrierenden Instrumenten verglichen. Voraussetzung dafür, diese Art Wissen zu erlangen, ist die Durchführung einer möglichst großen Anzahl von Teilforschungen, einer Art von „Stichpro-

[16] Contemporary Juristic Theory, S. 54; Interpretation of Legal History, S. 152.

[17] K. N. Llewellyn, Some Realism about Realism, Harvard Law Review 44/1931. In dieser Arbeit charakterisiert Llewellyn die ganze Richtung und zählt Verfasser auf, die er für „Realisten" hält. Eine ausführliche Biographie des Realismus bietet A. Garlan, Legal Realism and Justice, New York 1941.

ben" konkreter Situationen und der Vergleich der Erwartungen des Rechtsschöpfers mit den tatsächlichen gesellschaftlichen Konsequenzen.

Der Gebrauch von Bezeichnungen wie „Technologie des Rechts" oder „angewandte Rechtswissenschaft" (applied jurisprudence) beruht auf der Tendenz, eine gewisse Analogie zu den Naturwissenschaften hervorzuheben und auf der Notwendigkeit einer unaufhörlichen Ergänzung der Theorie durch die Praxis. Zugleich werden damit alle Erwägungen über die Möglichkeit der Bestimmung des höchsten, allgemeinen Zieles, zu dessen Verwirklichung das Recht dienen soll, ausgeschlossen.

„Ich sehe keine Gründe" — schreibt Llewellyn in der schon zitierten Abhandlung —, „warum Rechts-Theoretiker oder -Praktiker einen größeren Einfluß auf die Gesellschaftspolitik haben müßten als andere Bürger von ähnlicher Intelligenz und Erfahrung ... Aber in Sachen der Technik, der Verwirklichung dieser Politik, bei Anwendung gewisser Aktionen zwecks Gestaltung menschlichen Verhaltens — in allen diesen Problemen kann der Rechtswissenschaftler zu einem außergewöhnlichen Experten werden."

Die funktionale Analyse soll nur den Weg zur Entscheidung vorbereiten, die der Gesetzgeber nach der Festlegung auf ein bestimmtes Ziel — das „gesellschaftliche Ideal" — treffen muß. Hier wird wieder die Technologie des Rechts entscheidend, die die Treffsicherheit der Entscheidung zur Verwirklichung des gesetzten Zieles sichern soll.

3. Die maximalistische und minimalistische Konzeption

Die Konzeptionen der Rechtspolitik streben also deutlich in zwei Richtungen: eine von ihnen könnte man „maximalistisch" nennen. Sie umfaßt nämlich die Bezeichnung der Ziele, nach denen der Gesetzgeber streben sollte, sowie die Auswahl entsprechender Mittel zu ihrer Verwirklichung. Die zweite — „minimalistische" — Richtung führt die wissenschaftliche Rechtspolitik eher auf die Technologie des Rechts zurück. Das Problem der Ziele wird dabei nicht behandelt.

Die Divergenz der Anschauungen über die Möglichkeiten der Rechtspolitik bezieht sich hauptsächlich auf die höchsten Ziele, die eine bestimmte Bewertung benötigen. Man kann dazu unmittelbare Ziele begründen, die ausgerichtet sind auf die Erreichung hierarchisch höher stehender Ziele und mit diesen in Einklang stehen. Diese unmittelbaren Ziele in der Gestalt nachprüfbarer, zweckmäßiger Aufgaben formuliert, sind auf das theoretisch fundierte Verhältnis der Ursache zur Wirkung, der Prämisse zur Folgerung gestützt[18].

---

[18] J. Lande, O ocenach (Über Bewertungen), Kraków 1948, S. 310; H. Kelsen, What is Justice? Berkeley 1957, S. 353. Es muß gleichfalls hervorgehoben werden, daß die maximalistische Konzeption der Rechtspolitik nicht nur nicht zu

Das Postulat des Einschlusses der höchsten Ziele in den Bereich der Rechtspolitik verlangt also eine Standortbestimmung im Rahmen des weiteren philosophischen Problems, ob Werturteile wissenschaftlich begründet werden können[19]. Daher strebt auch die „maximalistische" Konzeption der Rechtspolitik die höchsten Ziele entweder mit Hilfe der Gesetze gesellschaftlicher Entwicklung zu begründen, dies verbunden mit der Prämisse, daß nur Ziele, die im Einklang mit der Richtung dieser Entwicklung stehen, verwirklicht werden sollten; oder es werden Kriterien beigezogen, denen man möglichst den Charakter empirischer Verallgemeinerungen geben möchte, die sich jedoch auf intuitive Kriterien zurückführen lassen.

Die Konzeption, Rechtsziele auf der Grundlage der Gesetze gesellschaftlicher Entwicklung zu bestimmen, ergibt sich konsequent aus den Voraussetzungen des historischen Materialismus. Das Wissen um die Richtung der Entwicklung der Gesellschaft erlaubt eine Bestimmung der Ziele rechtsschöpfender Akte. Auch Petrazycki stützt das Problem der Rechtsziele in der hier dargestellten Konzeption der Rechtspolitik auf seine Theorie gesellschaftlicher Entwicklung (welche sich jedoch vom historischen Materialismus wesentlich unterscheidet).

Beispiele für die Versuche, bestimmte empirische Verallgemeinerungen anzuwenden, die sich gleichzeitig auf intuitive Wertkriterien zurückführen lassen, sind Benthams Konzeption des „größtmöglichen Glücks der größtmöglichen Zahl von Menschen", die Hierarchisierung gesellschaftlicher Interessen bei Pound, „clarification of values", d. h. Bestimmung von Zielen (Werten) bei Lasswell and McDougal und die Äußerungen von G. Gurvitch über die notwendige Verbindung von Rechtstechnik mit Rechtsphilosophie[20].

Die zweite Richtung, welche die Rechtspolitik auf „Technologie des Rechts" reduziert, ist mit dem philosophischen Standpunkt verknüpft, der nach einer Beseitigung aller bewertenden Ansichten aus dem Bereich wissenschaftlicher Arbeit strebt und die Möglichkeit der wissenschaftlichen Begründung der Wahl dieser und keiner anderen Politik verneint. Unzweifelhaft ist sie auch mit der allgemeinen minimalistischen Tendenz verbunden, die die Gesellschaftswissenschaften insbesondere in den Vereinigten Staaten auszeichnet und teilweise auch in der europäischen Wissenschaft zu finden ist. Diese Tendenz ist durch eine Beschränkung ihrer Forschung auf vertiefte Analysen eng begrenzter Probleme gekennzeichnet. Eine Ursache des wachsenden Interesses an technologisch-juristischen

---

einem Ausschluß von Rechtstechnologie führen muß, sondern auch nicht führen kann, weil sie zur Erreichung ihrer auf längere Zeitdauer berechneten Endziele sich der etappenweisen Verwirklichung der mittleren Ziele bedienen muß.

[19] J. Wróblewski: K. Beutel, Some Potentialities of Experimental Jurisprudence, Rezension in: Państwo i Prawo 8 - 9/1958, S. 412.

[20] G. Gurvitch, Sociology of Law, London 1947.

Problemen muß man gleichfalls in den neuen Möglichkeiten im Bereich der Forschungen über das Recht als ein Werkzeug gesellschaftlicher Einwirkungen suchen, die sich infolge der Verbesserung der Forschungsmethoden durch Einbeziehen anderer Gesellschaftswissenschaften ergaben[21].

Die rigorose Verwirklichung des Postulats, im Rahmen der Technologie des Rechts müsse jede Bewertung ausgeschlossen werden, trifft freilich auf einige Vorbehalte. Die Annahme der höchsten Ziele als bestimmte, von oben kommende Empfehlungen, beseitigt nämlich nicht die Möglichkeit, daß sich die Notwendigkeit einer Wahl ergibt zwischen den sich durch die Verwirklichung ergebenden Konsequenzen (ähnliche Probleme treffen wir in den technischen Wissenschaften — bei der Konstruktion eines bestimmten Rundfunkgerätes können wir nicht gleichzeitig maximale Trennschärfen mit einer maximalen Anzahl der empfangenen Sender sowie einer maximalen Größe erreichen). J. Wróblewski weist gleichfalls auf eine — seiner Meinung nach prinzipielle — Schwierigkeit bei der Feststellung der Ziele des Gesetzgebers hin, was in der Folge zur Notwendigkeit einer gewissen Bewertung führe. Er beruft sich auf verschiedene Theorien der Rechtsauslegung, die das Bestehen irgendeiner einheitlichen Intention der modernen Gesetzgebung sowie die Richtigkeit des gesetzgeberischen Rechtsverständnisses in Zweifel ziehen[22].

Es muß gleichfalls hervorgehoben werden, daß sogar der völlige Verzicht auf die Möglichkeit wissenschaftlicher Begründung der Wahl eines der möglichen Ziele nicht zum Skeptizismus führen muß gegenüber der Brauchbarkeit der Wissenschaft bei der Festsetzung von Zielen und der mit diesen verbundenen Politik. Wissenschaftliche Errungenschaften können eine sehr bedeutende Rolle spielen beim Ausschluß einer bestimmten Politik, weil diese unter den bestehenden Verhältnissen zur Verwirklichung nicht geeignet oder mit zu hohen gesellschaftlichen Kosten verbunden ist. Jede Art von Politik (rechtliche, ökonomische, kul-

---

21 Die Betrachtung der Rechtspolitik als eines Zweiges der Soziotechnik wird in unserer Literatur von A. Podgórecki vertreten: Zasady socjotechniki (Grundsätze der Soziotechnik), Warszawa 1966, S. 61. Er ist jedoch der Meinung, daß die Lehre der Rechtspolitik immer noch nicht genügend entwickelt ist und daß auf ihr folgende traditionelle Haltungen lasten: a) die „retrospektive Haltung“, die auf „Neigungen zur Umwandlung irgendeines aus dem Gleichgewicht geratenen gesellschafts-wirtschafts-rechtlichen Zustands in den vorherbestehenden Zustand des Gleichgewichts beruht“, b) die „retrospektiv-zufällige Haltung“, die auf die Methode von „trial and error“ gestützt ist und auf das Tätigwerden ad hoc, oder auf das Streben nach Umwandlung des bestehenden Zustands fehlenden Gleichgewichts in einen neuen Zustand des Gleichgewichts, welcher, wie es scheint, für die Zukunft erwünscht ist. Die Kritik dieser beiden Haltungen führt Podgórecki zur Beschreibung einer „praktisch-rationellen Haltung“, die zur Eliminierung gesellschaftlicher Schäden neigt, die als Folge des gegebenen legislativen Aktes vorausgesehen werden.

22 J. Wróblewski, FN 19, S. 414.

turelle) muß sich auf einen gewissen Vorrat von Wissen und Erfahrung stützen. Daß wir imstande sind, viele mögliche Wege zur Erlangung eines bestimmten gesellschaftlichen Zieles zu weisen, daß wir erklären können, welche unausbleiblichen Konsequenzen mit jedem dieser Wege verbunden sind, daß wir aus Forschungen über unbeabsichtigte Folgen Lehren für die Zukunft ziehen und daß wir aus den Errungenschaften anderer Gesellschaftswissenschaften und oft auch der Naturwissenschaften für uns wichtige Erfolge aussuchen und für unseren Bedarf anwenden können, zeugt von dem Wert unserer Arbeit, die bei dem Entschluß für eine bestimmte Politik eine Reihe unbeabsichtigter Konsequenzen ausschließt und die Verwirklichung unserer Pläne auf eine bewußtere und rationellere Art erlaubt.

Erwägungen, die die höchsten gesellschaftlichen Ziele betreffen, umfassen eine weit größere Problematik als nur die für die Rechtspolitik wesentliche und sie berühren gleichzeitig Probleme, die bereits im Bereich gesellschaftlicher und philosophischer Theorien liegen. Da die höchsten Ziele nicht nur mit Hilfe der Rechtspolitik, sondern auch mit Hilfe anderer Zweige gesellschaftlicher Politik verwirklicht werden (wie die Wirtschafts-, Agrar- oder Kulturpolitik), kann man sich die Frage stellen, worin der Unterschied zwischen der Rechtspolitik und anderen Gebieten angewandter Gesellschaftswissenschaften liegt. So ruft z. B. der Unterschied zwischen Wirtschafts- und Kulturpolitik keinen Zweifel hervor. Er betrifft nämlich verschiedene Gebiete des gesellschaftlichen Lebens. Ist aber aufgrund eines ähnlichen Kriteriums die Unterscheidung von der Rechtspolitik möglich? Die durch gesellschaftliche Ziele gestellten Aufgaben der Rechtspolitik berühren so unterschiedliche Gebiete wie Familienverhältnisse, ökonomische Probleme, gesellschaftliche Fürsorge, Ordnungs- und Verkehrsvorschriften und viele andere. Daher liegt also der Unterschied der Rechtspolitik von anderen praktischen Disziplinen, welche sich mit der Regelung des gesellschaftlichen Lebens befassen, nicht in den Zielen, die sie verwirklicht, und auch nicht darin, daß sie nicht an besondere Gebiete des gesellschaftlichen Lebens gebunden ist, sondern in der *Verschiedenheit der Einwirkungsmittel*, in der Art der Technik, die zur Lösung vielfältiger gesellschaftlicher Probleme angewendet wird[23].

„Die Gesetzgebungswissenschaft — schreibt K. Opałek — kann sich nicht nur auf das Verstehen gesellschaftlich-ökonomischen und politischen Wandels beschränken und auf Gewandtheit im technischen Formulieren des Rechts ... sie muß gleichzeitig eine Wissenschaft über die Motive des Verhaltens von Menschen in der Gesellschaft sein, eine Wissenschaft über wirksames, motivierendes Einwirken des Rechts, über Arten der Beseiti-

[23] Dieses Problem wird von A. Ross in der zitierten Arbeit On Law and Justice, S. 327 ff. ausführlich behandelt.

gung von Motiven, die auf ein Überschreiten von Rechtsvorschriften hinwirken und über Arten der Steigerung oder auch der Gestaltung solcher Motive, die auf ein mit dem Recht im Einklang stehendes Verhalten hinwirken[24]."

Die Betonung der Vielfältigkeit der Bereiche des gesellschaftlichen Lebens, in welche die Rechtspolitik einwirkt, führt als Konsequenz zur Notwendigkeit des Zusammenwirkens mit Experten jeder dieser Bereiche. Eine solche Folgerung, welche zumindest in der Theorie auf keinen prinzipiellen Widerstand stößt, schafft jedoch sehr ernste praktisch-organisatorische Schwierigkeiten. Unter den modernen Gesellschaftsordnungen, wo der Gesetzgeber zu den repräsentativen Organen gehört, muß sich die Rolle der Experten auf eine gutachtende Funktion und die Bearbeitung von Entwürfen beschränken, die von dieser Repräsentation beschlossen werden. Dem Problem, den Einfluß der Experten nach dem Gewicht ihrer Aufgaben zu vergrößern, wird in den Arbeiten rechtspolitisch interessierter Juristen große Aufmerksamkeit geschenkt.

Die Rechtspolitik muß daher als eine praktische Disziplin bezeichnet werden, deren Aufgabe die effektivste Verwirklichung gesellschaftlicher Ziele mit Hilfe von Rechtsnormen und die Prognose derjenigen gesellschaftlichen Folgen ist, die durch den Erlaß von Rechtsnormen hervorgerufen werden. Als praktische, angewandte Wissenschaft muß sie sich auf ein theoretisches Fundament stützen, dessen Basis die Gesamtheit der Kenntnisse aus dem Bereich der Rechtswissenschaft und anderer Gesellschaftswissenschaften über die kausale Verknüpfung zwischen der Rechtsnorm und dem Verhalten von Menschen bildet. Rechtspolitik sucht also die Kenntnisse von den Möglichkeiten und Grenzen der Ausübung eines Einflusses auf das Verhalten von Menschen mit Hilfe von Rechtsnormen zu erlangen.

Zweiter Abschnitt

Entwicklungsaussichten der Rechtspolitik

1. Das Problem einer Integration der Gesellschaftswissenschaften

Die Ansicht, daß ein Rechtspolitiker eine besonders kompetente Person im Bereich der praktischen Verwertung des Wissens über den gesellschaftlichen Mechanismus der Wirkung des Rechts und der Wirksamkeit von Rechtsnormen sei, bedeutet ganz und gar nicht die verdienstvolle Feststellung, daß ein Rechtspolitiker sich in diesem Bereich auf schon endgültig ausgearbeitete theoretische Kenntnisse berufen könnte oder daß

[24] K. Opałek, W. Zakrzewski, Z zagadnień praworządności socjalistycznej (Über Probleme sozialistischer Rechtsstaatlichkeit).

er über ein erschöpfendes Tatsachenmaterial über die Wirksamkeit der aktuell in Kraft stehenden Normen des positiven Rechts verfügen würde.

Ein besonderer Abschnitt der Rechtspolitik, und zwar einer von großer Wichtigkeit, ist das Problem der Gesetzgebungstechnik, der Direktiven zur Konstruktion von Gesetzgebungsakten, ihrer Sprache und der Art ihrer Bekanntmachung. Dieses Problem, das oft als eine technisch-juristische Frage behandelt wurde, war unabhängig von der weitläufigeren Problematik der Rechtspolitik von Interesse[1].

Versuche einer mehr theoretischen Auffassung der Probleme der Gesetzgebungspolitik sowie einer Übertragung und Anwendung weitreichender Theorien auf Forschungen über das Recht, insbesondere über seine Wirksamkeit, sind die Arbeiten von A. Podgórecki — als Anwendung der allgemeinen Praxeologie von T. Kotarbiński zur Methodologie der Gesetzgebungs- und Kodifikationsarbeit — sowie die Arbeiten von F. Studnicki — als Verwertung der allgemeinen Informationstheorie bei Forschungen über die Rechtsnorm als „Relais" dessen, was die Gesetzgeber dem Adressaten mitteilen will[2].

Einige mit dem Problem der Gesetzgebungstechnik — insbesondere mit dem Prozeß der Information über die Rechtsnormen — verbundenen Fragen sind im zweiten Teil der Arbeit besprochen worden. In Übereinstimmung mit der in der Einleitung erwähnten Beschränkung der Arbeitsthematik auf die positive Wirkung des Rechts sind sie lediglich als Faktoren des allgemeinen Prozesses der Beeinflussung des Verhaltens der Bürger als Adressaten der Rechtsnorm von Interesse. Ein zentrales Problem im Rahmen der Rechtspolitik ist — vom Gesichtspunkt der positiven Rechtswirkung aus die Treffsicherheit gesellschaftlicher Diagnosen und der darauf gestützten Prognose des Verhaltens des Adressaten der Norm. Besonders interessant ist eine Analyse des Prozesses der Entscheidung des Adressaten angesichts der durch Rechtsvorschriften geregelten Wahl seiner Handlungsweise.

Erwägungen, die die Entwicklungsaussichten sowohl der allgemeinen Thematik der Rechtspolitik als auch ihrer einzelnen Probleme betreffen,

---

[1] A. Podgórecki gibt in seiner Arbeit Załotenia polityki prawa (Voraussetzungen der Rechtspolitik), Warszawa 1957, auf S. 8 - 9 die in der Zeit zwischen den Kriegen erschienene und Probleme der Gesetzgebungstechnik betreffende Literatur an. Organisatorische Bemühungen, Effektuierung und Vereinheitlichung der Gesetzgebungstechnik finden ihren Ausdruck in solchen Akten wie Zbiór zasad i form techniki legislacyjnej (Dz. Urz. MSW 7/1929) (Sammlung von Grundlagen und Formen der Gesetzgebung), die Verordnung des Ministerpräsidenten Nr. 55 - 63/4 vom 13. 5. 1939 betr. die Grundlagen der Gesetzgebung.

[2] A. Podgórecki ebd. sowie Zasady socjotechniki (Grundlagen der Soziotechnik), Warszawa 1965; F. Studnicki, Z teorii promulgacji (Über die Promulgationstheorie) in: Z zagadnień prawa karnego i teorii prawa (Über Probleme des Strafrechts und der Rechtstheorie), Kraków 1959 sowie Przepływ wiadomości o normach prawa (Die Übermittlung von Nachrichten über Rechtsnormen), Kraków 1965.

können sich nicht auf gegenwärtig durchgeführte Forschungen im Bereich der Rechtswissenschaften beschränken (die übrigens nicht zahlreich sind), sondern müssen auch ihre besondere Aufmerksamkeit auf sich im Bereich anderer Gesellschaftswissenschaften abzeichnende Tendenzen lenken, die sich mit der Motivation menschlichen Verhaltens befassen. Gleichzeitig müssen die neuen Möglichkeiten der Zusammenarbeit, der Erfahrungsaustausch im Rahmen der Integration der Gesellschaftswissenschaften, die begonnenen institutionellen Forschungen sowie die Versuche im Bereich der Vereinheitlichung der Gesellschaftswissenschaften berücksichtigt werden.

Das Problem der Integration der Gesellschaftswissenschaften erscheint in Abhandlungen, die den Charakter von Programmen und Postulaten haben, in theoretischen Arbeiten vom Modelltypus, die gemeinsame Auffassungen und eine gemeinsame Sprache für die Gesamtheit der Gesellschaftswissenschaften erstreben, wie auch in konkreten, begonnenen Forschungen.

Die Vertreter der sozialistischen Wissenschaft nehmen zum Ausgangspunkt für die Verwirklichung dieser Aufgabe die marxistische Methodologie, wobei sie „die mit der Entwicklung der Arbeiten im Bereich neuer Theorien verbundene große Hoffnung auf Erkenntnis“[3] hervorheben wie z. B. semantische Forschungen, die Informations-Theorie, Kybernetik, Ökonomie, Psychometrie u. a. Besonders interessant für das weitgehend auf gesellschaftliche Planung gestützte sozialistische System ist das Gebiet der Umgestaltung des gesellschaftlichen Bewußtseins, welche sich unter dem Einfluß einer bewußten, planungsmäßigen und im hohen Grade institutionalisierten Steuerung vollzieht[4]. In einem übergeordneten Sinne, nämlich im Hinblick auf die Umwandlung der ganzen Kultur, ist das Wissen um Prozesse der Gestaltung von Normen, um ihre Werte, ihre Beeinflussungskraft sowie um strittige Situationen, welche mit ihrer Wahl verbunden sind, eine Thematik, die nur in Zusammenarbeit verschiedener Gesellschaftswissenschaften und in gemeinsamer Verwertung von Forschungsergebnissen bearbeitet werden kann.

Die Rechtstheorie (gemeinsam mit der Rechtspolitik) muß bei Disziplinen Hilfe suchen wie Soziologie, Psychologie und insbesondere Sozialpsychologie, Ökonomie und Statistik. Vorgebracht wird immer öfter das Postulat der Empirisierung der Rechtstheorie durch einen Bruch mit dem spekulativen Charakter, der in den bisherigen Forschungen vorherr-

[3] H. Jabłoński, Nauki humanistyczne w nowej roli PAN (Die Geisteswissenschaften in der neuen Rolle der Pol. Akad. der Wissenschaften), Kultura i Społeczénstwo, 1 - 2 1960, S. 280.

[4] S. Żółkiewski, Integracja nauk społecznych i uwspółcześnienie ich problematyki (Die Integration der Gesellschaftswissenschaften und die Modernisierung ihrer Probleme), Kultura i Społeczeństwo 1 - 2/1960, S. 7.

schend ist. Auch wird eine Unterordnung der Rechtstheorie unter die allgemeinen Prinzipien wissenschaftlicher Methoden verlangt, insbesondere unter das Prinzip der grundsätzlich empirischen Verifikation der aufgestellten Hypothesen, wobei die Verifikation in einem hohen Grade auf die von anderen Gebieten der Gesellschaftswissenschaften angewandten und approbierten Methoden zurückgreifen muß (ähnlich wie übrigens früher die spekulative Rechtsphilosophie auf philosophische Theorien, Strömungen und Konzeptionen zurückgriff). Diese Methoden sind jedoch oft so spezialisiert, daß sie im Prinzip durch Fachleute der gegebenen Forschungstechnik angewendet werden sollten, jedenfalls aber unter ihrer Mitarbeit, wobei dem Rechtstheoretiker die besondere Rolle der Problemstellung und der Bearbeitung des erhaltenen Materials zufällt (was in der angelsächsischen Wissenschaft mit „content analysis" bezeichnet wird). Der Rechtstheoretiker sollte also jene Problematik ans Licht bringen, die den Gegenstand der Interessen von Rechtstheorie und Rechtspolitik bildet.

Die Verwertung von Forschungsergebnissen anderer Wissenschaften kann verschiedene Formen annehmen und verschiedene Interpretationsstufen erreichen[5]. So kann sie zu einer Verwertung der „Dienstleistungen" anderer Disziplinen führen, also zur Entgegennahme von Hilfe, sei es durch Anwendung irgendeiner Forschungstechnik, durch Erledigung zeitraubender und verwickelter statistischer Berechnungen oder auch durch Erteilung von Informationen über einen bestimmten Ausschnitt der gesellschaftlichen Wirklichkeit. Die Verwertung von Forschungsergebnissen anderer Wissenszweige kann aber auch auf der Verwendung von Kenntnissen eines Repräsentanten einer bestimmten Disziplin beruhen. (In Frage kommen auch ziemlich entfernte Wissenschaftszweige, deren Berücksichtigung aber aus methodologischen Gründen für die Verwirklichung eines bestimmten Forschungsprogramms oder zwecks theoretischer Erwägungen unerläßlich ist.) Dies bedeutet nicht, daß die Vertreter anderer Richtungen in jener Disziplin deshalb übergangen werden müßten. Es verlangt aber eine genaue Kenntnis der Problematik des jeweiligen Wissenszweiges und seiner problemadäquaten Arbeitsmethoden. Das wiederum verlangt eine eingehende Analyse sowohl der Ähnlichkeit oder Gemeinsamkeit der Problemstellung, wie auch der Unterschiede zu der den Ausgangspunkt bildenden Disziplin. Diese besondere Weise der Integration durch eine Person hat bestimmt viele positive Seiten, verlangt aber eine ungemein große Anstrengung, die mit dem Prozeß des „Ler-

[5] M. Borucka - Arctowa, Eksperymentalne badania nad prawem w ramach integracji nauk społecznych (Experimentelle Untersuchungen über das Recht im Rahmen der Integration der Gesellschaftswissenschaften), Prawo i Zycie 14/1962; K. Opałek, Swoistość prawoznawstna a problem integracji (Die Besonderheiten der Rechtswissenschaft und das Problem der Integration), Państwo i Prawo, 4 - 5/1966, S. 628 ff.

nens" der zusätzlichen Disziplin verbunden ist, und in der Praxis oft zu einem nur oberflächlichen Erarbeiten der neuen Problematik führt, zu einer mechanischen und oberflächlichen Übertragung von Konstruktionen und Methoden und zu einer Täuschung durch nur scheinbare Analogien. Sie erlaubt keine Konfrontation und kein gegenseitiges Anpassen gegensätzlicher Gesichtspunkte durch Vertreter verschiedener Disziplinen.

Wissenschaftlich am fruchtbarsten ist daher die Zusammenarbeit verschiedener Disziplinen auf der Grundlage gegenseitigen Nutzens und gleichen Interesses an ähnlichen Problemen. Dabei liegt der Schwerpunkt für die einzelnen Disziplinen auf ganz verschiedenen Aspekten der erforschten Probleme (was jedoch nicht von der gründlichen Kenntnis der anderen Disziplinen entbindet). Solche Forschungen ermöglichen einen Erfahrungsaustausch, eine gegenseitige Ergänzung der durchgeführten Forschungen, ein Brechen mit der Einseitigkeit bisheriger Auffassungen sowie ein Ausscheiden vieler Vereinfachungen und Mißverständnisse. Sie können auch zum Ausgangspunkt für die Schaffung eines gemeinsamen Begriffsapparates werden, mit welchem die Ergebnisse in Modellkonstruktionen und Hypothesen über einen weiteren Anwendungsbereich zusammengefaßt werden. Eine solche Zusammenarbeit bildet auch die besten Bedingungen für die Integration von Wissenschaften auf einer höheren Stufe — also für die Schaffung von Theorien, die den durch die einzelnen Disziplinen erarbeiteten Theorien übergeordnet sind (z. B. der Verhaltenstheorie, der Entscheidungstheorie, der Verwaltung und der Organisation).

Eine grundsätzliche Bedingung für interdisziplinäre Forschungen ist die Überzeugung von den gemeinsamen Vorteilen, die aus interdisziplinärer Zusammenarbeit hervorgehen, und die Bereitschaft zu deren Aufnahme. In der Praxis kommt es nämlich vor, daß diejenige Disziplin, die bestimmte Forschungen anregt, nicht immer bei den vorgesehenen Partnern Anklang findet und daher zu einfachen Integrationsformen Zuflucht nehmen muß. Dieses Mißtrauen beim vorgesehenen Partner gegenüber interdisziplinärer Arbeit ist besonders groß, wenn die die Zusammenarbeit anregende Seite für „hermetisch" angesehen wird oder es auch tatsächlich ist, d. h. wenn sie sehr spezialisiert im Bereich der Methoden, Problematik und Sprache ist. Der gleiche Mechanismus spielt bei Disziplinen, die in den aktuell gestellten methodologischen Ansprüchen etwas zurückgeblieben sind (z. B. in bezug auf die Stufe der Formalisierung oder der Übertragung auf den Quantitätsindex). Manchmal kommt eine solche Reserve auch aus einem gewissen Traditionalismus hervor und dem Fehlen jener wissenschaftlichen Phantasie, die unerläßlich ist, um ein Forschungsprogramm abzustecken, das den Rahmen einer einzigen Disziplin sprengt.

Die bisher geführte literarische Diskussion über Probleme der Integration des Rechts mit anderen Gesellschaftswissenschaften kann sich in ihrer gegenwärtigen Phase schon auf einige Erfahrungen bei der konkreten Verwirklichung früherer Postulate stützen. Es werden Stimmen der Kritik einer zu einseitig vorgenommenen Integration laut[6], die zu einer Deformation der untersuchten Probleme, zu einer Verwischung der „Besonderheit des Rechts" und zu methodologischen Fehlern führe, sowie insbesondere zu Zufälligkeiten in der Verwertung von unterschiedlichem Material und von Theorien über verschiedene, miteinander inkommensurable Methoden und Methodologien. K. Opałek weist darauf hin, daß die Ursache einer interdisziplinären Zusammenarbeit der Rechtswissenschaft mit anderen Gesellschaftswissenschaften dazu führt, daß der Partner ausschließlich in der Soziologie gesucht und andere Disziplinen wie Psychologie, Ökonomie oder auch Ethik, Ästhetik, Literaturtheorie und Sprachwissenschaft übergangen werden. Diese Probleme stehen in einem engen Zusammenhang mit dem bereits oben berührten Problem interdisziplinärer Forschungen über das Recht. Solche Forschungen müssen zu einer Integration einer ganzen Reihe von Disziplinen führen, und zum Versuch der Synthese und Integration auf höherer Stufe. Nur so wird die gemeinsame Verbindung aller dieser Forschungen und Analysen in übergeordneten Theorien ermöglicht. Eine Vorbereitungsarbeit zur Erzielung weiterer Integrationsetappen sollten Studien der vergleichenden Methodologie sein, nicht nur in den Gesellschaftswissenschaften, sondern auch in den exakten Wissenschaften, als den methodologisch am fortgeschrittensten Disziplinen[7].

Wir stehen hier einerseits vor dem Problem der Einheit wissenschaftlicher Methoden, andererseits vor weiteren Etappen wissenschaftlicher Erkenntnis, vor Grenzen der Anwendbarkeit von Forschungsmethoden, die oft nach dem Vorbild sog. empirischer Wissenschaften gebildet sind, sowie vor der Wahl spezieller Methoden für bestimmte Arten von Forschungen, nämlich von Forschungen über die gesellschaftliche Wirkung des Rechts[8].

---

[6] K. Opałek, ebd.

[7] Ebd., S. 639.

[8] Über die Anwendbarkeit soziologischer Methoden bei Untersuchungen über das Recht in der polnischen Literatur siehe: M. Borucka-Arctowa, Znaczenie badań socjologiczno-prawnych dla teorii państwa i prawa (Die Bedeutung rechtssoziologischer Untersuchungen für die Staats- und Rechtstheorie), Państwo i Prawo, 4-5/1957, S. 706 ff.; J. Jakubowski, Dyskusja o wartości metod socjologicznych dla nauk prawnych (Diskussion über den Wert soziologischer Methoden für die Rechtswissenschaften), Państwo i Prawo, 11/59, S. 799 ff.; K. Opałek und J. Wróblewski, Wspólczesna tęoria i socjologia prawa w Stanach Zjednoczonych (Moderne Rechtstheorie und -soziologie in den Vereinigten Staaten), Warszawa 1963, IV. Abschn.; A. Podgórecki, Socjologia prawa (Soziologie des Rechts), Warszawa 1962, S. 33 ff.; S. Zawadzki, Z problematyki badań empirycznych w naukach prawnych (Über die Problematik empirischer Unter-

In der westlichen Wissenschaft, insbesondere in den Vereinigten Staaten, die zum Mittelpunkt umfassendster Forschungen der Gesellschaftswissenschaften wurden und wo verhältnismäßig am meisten Forschungen über die gesellschaftliche Wirkung des Rechts durchgeführt wurden, besteht eine ähnliche Tendenz zur Darstellung der Problematik bei Forschungen über das Recht und bei der Modifizierung der Forschungsmethoden, wie sie sich in den Gesellschaftswissenschaften abzeichnet, nämlich Anerkennung als „sciences" („Wissenschaft") nach den allgemein geltenden Kriterien zu erlangen. Das zeigt sich im Streben nach Erforschung der „Realität" der untersuchten Erscheinungen und Prozesse und im Streben nach Fachausdrücken, die zu einer Art Schlüssel werden, der den Eintritt in diesen Kreis „wissenschaftlicher Forschungen" ermöglicht: behavioral und empirical. Der Schwerpunkt des Interesses verlagert sich von Forschungen über die formale Struktur der Institution und der Regeln gesellschaftlichen Verhaltens auf zwischenmenschliche Verhältnisse, menschliches Verhalten und den Prozeß ihres Wandels. Diese Periode eines ziemlich rigoros aufgefaßten und angewandten Behaviorismus führt schließlich zu Ermüdung und sogar Enttäuschung. Zuvor wurden andauernd eng begrenzte Probleme partiell erforscht und die Forschung restlos mit dem Fortentwickeln neuer Forschungsmethoden beansprucht. Diese neuen Methoden entschieden oft über die Wahl der Forschungsproblematik (also nicht das, was wichtig und bedeutend ist, sondern das, was Erfolg verspricht, wobei man auf überzeugende Art eine aktuell lancierte und auf ihre Art „moderne" Forschungsmethode anwenden kann). Immer deutlicher zeichnen sich Versuche einer Rückkehr zu theoretischem Denken ab, jedenfalls wenigstens der Rückkehr zu einer Vereinheitlichung in den Gesellschaftswissenschaften.

Ohne mich hier auf eine Bewertung der dargestellten Vereinheitlichungstendenzen und auf eine ausführliche Analyse der durch sie erlangten Ergebnisse einzulassen, die eine besondere Abhandlung benötigten, beschränke ich mich lediglich auf eine Besprechung ihrer hauptsächlichen und meiner Meinung nach interessantesten Symptome. Diese könnten eine Bereicherung des Wissens der Rechtspolitik bringen und für die Ergebnisse von Forschungsarbeiten über die gesellschaftliche Wirkung des Rechts keinen geringeren Wert besitzen als die Ergebnisse anderer Gesellschaftswissenschaften. Rechtspolitik und die Rechtstheorie würden damit etwa die gleiche Bedeutung erlangen wie die Gesellschaftswissenschaften (Ökonomie, Psychologie und Soziologie).

Eine der vielleicht charakteristischsten Vereinheitlichungstendenzen in den Vereinigten Staaten ist die Konzeption der „behavioral science", der Wissenschaft vom menschlichen Verhalten, die alle jene Disziplinen um-

suchungen in den Rechtswissenschaften), Państwo i Prawo, 3/1966 (dort ist auch die sowjetische Literatur über dieses Thema angegeben).

faßt, die sich mit dem Verhalten befassen, also die Soziologie, Psychologie, Sozialpsychologie, Ökonomie, Physiologie sowie Gebiete der Geographie und Geschichte. In ihren anfänglichen Voraussetzungen sah diese Bewegung keine Zusammenarbeit mit juristischen und politischen Wissenschaften vor. Das ergab sich teilweise aus der spezifischen Organisation der juristischen Studien sowie des Platzes und der Rolle, die die Rechtsschulen in der allgemeinen Struktur der amerikanischen Universitäten einnehmen. In einem noch höheren Maße jedoch war dafür eine eigenartige Reserve in der Beurteilung der Brauchbarkeit der bisherigen Ergebnisse dieser Disziplinen bei den übrigen Gesellschaftswissenschaften maßgebend. Dies betrifft vor allem Wissenschaften, die zur Durchführung konkreter Forschungen empirisch orientiert sind oder sich wenigstens teilweise quantitativer Forschungsmethoden bedienen und bemüht sind, die Ergebnisse durchgeführter Forschungen auf eine den exakten Wissenschaften möglichst nahe Art darzustellen.

Die Konzeption der „Verhaltensforschung" überschritt bereits die Grenzen ihres Ursprungslandes, d. h. die Vereinigten Staaten, und umfaßte auf europäischem Boden auch Politikwissenschaft und Rechtswissenschaft. Die in Oslo herausgegebene Zeitschrift „Inquiry, An Interdisciplinary Journal of Philosophy and the Social Sciences" schreibt in ihrem, ihr Programm umreißenden Leitartikel vom „Schaffen einer gemeinsamen Verständigungsebene für Philosophen, Psychologen, Anthropologen, Soziologen, Wirtschaftswissenschaftler und Vertreter der politischen Wissenschaften und der Juristen"[9]. In Polen waren an der Verhaltensforschung insbesondere die Soziologen interessiert[10].

In ihren praktischen Konsequenzen übte diese Bewegung auch in den Vereinigten Staaten einen starken Einfluß auf die Forschungen auf dem Gebiet der politischen und der Rechtswissenschaften aus.

[9] Inquiry, An Interdisciplinary Journal of Philosophy and the Social Sciences, Oslo, 1, 1958, An Editorial Statement.

[10] A. Malewski, Z zagadnień ogólnej teorii zachowania (Über Probleme der allgemeinen Verhaltenstheorie), Studia Socjologiczne, 4/1962; O zastosowaniach teorii zachowania (Über Anwendungen der Verhaltenstheorie), Warszawa 1964; S. Ossowski, O osobliwośćiach nauk społecznych (Über Besonderheiten der Gesellschaftswissenschaften), Warszawa 1962, S. 9, 17, 27; Z. Baumann, Dwa typy inrynierii społecznej (Zwei Typen sozialer Steuerung), Studia Filozoficzne, 2/1963, S. 72, verbindet die „Wissenschaft vom Verhalten" mit der „sozialen Steuerung durch Handhabung" (vor allem zum Zwecke „sozialer Steuerung durch Rationalisierung"). Indem er ihre Brauchbarkeit zur Erlangung einer rationaleren Gestaltung des gesellschaftlichen Lebens hervorhebt, weist er auf gewisse ethische Probleme hin, die mit der Möglichkeit der Anwendung dieser Wissenschaft zu Zielen, welche dem Freiheitsprinzip des Individuums widersprechen, im Zusammenhang stehen. Ohne mich auf eine weitere Diskussion über das von ihm berührte Problem einzulassen, möchte ich lediglich unterstreichen, daß man diese Art von Zweifel völlig unbegründet auch im Verhältnis zu der ganzen Soziotechnik vorbringen kann. Aber das ist schon ein Problem, welches mit der Festlegung höchster Ziele und der grundlegenden Bewertung verbunden ist.

Besonders deutlich zeichnet sich das am Beispiel der Politikwissenschaft und der mit ihr verbundenen politischen Soziologie ab[11]. Das Interesse der Forscher konzentriert sich entschieden auf die Formen politischen Verhaltens (political behavior), und das sowohl bei formalen Organisationen, organisierten politischen Parteien, als auch bei allen anderen Formen des gesellschaftlichen Lebens in nicht formalen und spontanen Gruppen. Untersuchungen über die Mitbestimmung suchen nach der Erklärung, welche Faktoren auf die Teilnahme von Bürgern an politischen Handlungen und auf das Interesse am politischen Leben Einfluß haben, was für gesellschaftliche Gruppen sich bei der unterschiedlichen Teilnahme an politischen Handlungen bilden und was für Systeme politischer Wirkung bestehen. Es handelt sich hier um die Feststellung der Abhängigkeit des politischen Lebens von der Klassenstruktur der Gesellschaft, vom Niveau der allgemeinen Kultur, von der Bildung, dem Vermögen, der beruflichen Fertigkeit, dem Bewußtsein der Möglichkeit einer Einflußnahme auf den Verlauf der Politik im Lande usw. In den Vordergrund der Untersuchungen treten Organisationsprobleme verschiedener Gruppen, die einen Einfluß auf das politische Leben ausüben, eine Analyse der in der Politik dominierenden Gruppen und Versuche, bis zu den Ursachen vorzudringen, die für eine aktivere Anteilnahme einzelner Gruppen entscheidend sind. Verglichen wird auch die Rolle von freiwilligen Vereinigungen mit formal aufgenötigten Organisationen.

Die behavioristische Auffassung hat ihren stärksten Einfluß auf die Erforschung von Problemen wie: öffentliche Meinungen, Wahlen, politische Parteien und Gruppen, die einen Druck ausüben, öffentliche Verwaltung sowie Probleme der Bürokraten.

Die hier dargestellte Problematik der Gesellschaftswissenschaften überschreitet bei weitem den unmittelbaren Interessenbereich der Rechtstheorie und der Rechtspolitik, sie ist jedoch nicht ohne Bedeutung für diese Disziplinen. Das gilt insbesondere für die Forschungen über die Wirksamkeit des Rechts. Gerade diese Untersuchungen erkennen die Analyse des Entscheidungsprozesses in den durch Normen geregelten Situationen als ein Schlüsselproblem und zwar auch dann, wenn dieser Entscheidungsprozeß nicht als Frage der Entscheidung eines isolierten Individuums geprüft wird, sondern als Entscheidung des Individuums als Mitglied einer bestimmten gesellschaftlichen Gruppe, wobei man sich darüber im klaren sein muß, daß Bewertung, Streben und Konflikte bedingt sind durch den Einfluß dieser Gruppen und die Zugehörigkeit zu ihnen.

[11] D. Walde, Political Science in the United States of America, A trend report, UNESCO, Paris 1956; S. M. Lipset, Political Sociology, in: Sociology in the United States of America, UNESCO, Paris 1956, S. 43 ff.; J. Wiatr, Zachowanie polityczne: eksperyment a rzeczywistość (Politisches Verhalten: Experiment und Wirklichkeit), Studia Socjologiczne, 4/1962, S. 117 ff.

In den Forschungen über das Recht fanden die Voraussetzungen der behavioral science ihren deutlichsten Ausdruck im sog. „Research in Law and Behavioral Science", durchgeführt an der Universität Chicago unter Mitarbeit von Vertretern der Rechtswissenschaft und anderer Gesellschaftswissenschaften, insbesondere der Sozialpsychologie, Soziologie und Statistik[12]. Bei der Forschungsplanung achtete man darauf, daß die angewandte Forschungstechnik und das erlangte Material für alle Forschungsgruppen von Interesse und Bedeutung sein sollten und daß die Mitglieder dieser Gruppe gegenseitig voneinander lernen konnten. Zum Ausgangspunkt wurde die Feststellung, daß weder das Recht noch andere Gesellschaftswissenschaften eine genügend bearbeitete Sprache besitzen, noch über eine genügende Anzahl selbständig bearbeiteten Materials verfügten, als daß eine Erfassung der Rechtsprobleme mit den Kategorien der behavioral science möglich wäre.

Im Rahmen des allgemeinen Forschungsplanes wurden drei getrennte Themen aufgestellt: das erste — „jury project" — betrifft Geschworenengerichte; das zweite — „arbitration project" — ist der Analyse der Tätigkeit der Handels-Schiedsgerichte gewidmet, also der Entscheidung von Streitigkeiten auf dem Gebiet des Handelsrechts durch besonders zu diesem Zweck berufene Schiedsrichter; das dritte — „tax project" — sollte sich mit der Stellungnahme der Allgemeinheit zum Steuersystem befassen, insbesondere mit der Bewertung des geltenden Einkommensteuersystems. Dieses Thema wurde nicht verwirklicht, denn gleich zu Beginn der Forschungen, die mit Hilfe von Meinungsforschungen durchgeführt wurden, traf man auf prinzipielle Schwierigkeiten, die aus der Tatsache hervorgingen, daß die große Mehrheit der Bevölkerung der Vereinigten Staaten die Grundsätze nicht versteht, die zur Festsetzung der Einkommensteuer angewandt werden, und deshalb die durch sie geäußerten Meinungen nicht auf das tatsächlich bestehende System bezogen werden konnten.

Alle drei Themen verband ein gemeinsames Problem — der Unterschied in den Anschauungen und Meinungen zwischen „Laien" und Berufsjuristen. Die zwei ersten Themen schafften die Möglichkeit, Forschun-

[12] H. Kalven, Report on the Jury Project, Conference on Aims and Methods of Legal Research, Ann Abor 1957, S. 155 ff.; derselbe, The Jury, the Law and Personal Inquiry Award, Ohio State Law Journal 2/1958, S. 19 ff.; R. M. James, Assessment of Criminal Responsability, Social Problems 1/1959, S. 58 ff.; F. L. Strodtbeck, R. M. James, Ch. Chawkins, Social Status in Jury Delibrations, in: Sociology, The progress of a decade, ed. S. M. Lipset, N. J. Smelser, New York 1961, S. 457 ff.; S. Mentschikoff, The Significance of Arbitration — Preliminary Inquiry, in: Law and Contemporary Problems, Durhams 1952; E. A. Haggard und S. Mentschikoff, Responsible Decision-Concensus: An Experimental Analysis of a case in Commercial Arbitration, Chicago (vervielfältigter Text). Eine genaue Besprechung der Untersuchungen in: K. Opałek und J. Wróblewski, Teoria i sociologia prawa w Stanach Zjednoczonych (Theorie und Soziologie des Rechts in den VereinigtenStaaten), S. 207 ff.

gen mit präzisen Forschungsmethoden durchzuführen und eine Situation zu schaffen, die der „natürlichen" fast glich. Hinzu kam die Möglichkeit experimentell zu arbeiten, und die Forschungen durch die Untersuchung des Entscheidungsprozesses durch Techniken der Kleingruppenforschung zu fördern.

Während der letzten Phase der Materialbearbeitung wurde das Forschergremium vor ein sehr schweres Problem gestellt, das für interdisziplinäre Forschungen typisch ist, und zwar das Problem der Form, in welcher die Forschungsergebnisse dargestellt werden sollten. Es erwies sich nämlich, daß die von Spezialisten auf dem Gebiet einer bestimmten Disziplin abgefaßten Berichte unzweifelhaft einen großen Informationswert für Vertreter der gegebenen Disziplin besaßen, dagegen für andere nicht im gleichen Grade verständlich waren. Die Unterschiedlichkeit der Empfänger zwingt daher zu einer Umformulierung der spezialistischen Sprache der Systeme, zum Entschlüsseln der Tabellen und Diagramme sowie zum Suchen aussagefähiger Formen[13].

Ein Eindruck ähnlicher Vereinheitlichungstendenzen auf dem Gebiete der Gesellschaftswissenschaften ist ferner das von T. Parson und E. Shils veröffentlichte Werk „Towards a General Theory of Action" (1945), das nach einer Systematisierung des Begriffsapparates und einem Modell menschlichen Handelns strebt, das den Ausgangspunkt zum Aufbau einer allgemeinen Handlungstheorie bilden soll. Nach Aussagen der Verfasser benutzt das Werk Konzeptionen, die von den bisher fortgeschrittensten Zweigen der Gesellschaftswissenschaften erarbeitet wurden. Die Verfasser bezeichnen das Handeln als eine Art der Wahl des Gegenstandes, der Situation und der Personen mit Rücksicht auf die unmittelbar daraus hervorgehende Zufriedenheit und Zustimmung oder ihr Fehlen. Das Handeln kann auch in der Orientierung, die nicht mehr auf das Sofortige, sondern auf die Zukunft eingestellt ist, gründen. Das Orientierungssystem wird von ihnen auf drei Ebenen untersucht. Die erste stützt sich auf den der Psychoanalyse entnommenen Begriff cathexes — das Begehren oder die Abneigung gegenüber Gegenständen oder Personen. Die zweite Ebene ist der Erkenntnisprozeß, die dritte der Bewertungsprozeß. In ihrer Auffassung des Bewertungsprozesses, welcher sich aus einem Erkenntnisprozeß in einen Motivationsprozeß umwandelt und zu einer Wahl zwischen Alternativen führt und in der Definition des Lernens als nicht nur dem Erwerb von Wissen über die uns umgebende Welt dienend, sondern auch der Annahme neuer „Vorbilder" der Orientierung, neuer Arten des Sehens, Begehrens, der Bewertung, in der Herausarbeitung der Theorie der „Rolle"[14], insbesondere des Problems der Institutionali-

[13] S. Mentschikoff, Memorandum on The Arbitration Project (vervielfältigter Text).

[14] Eine ausführliche Besprechung der Theorie der Rolle siehe VIII. Abschnitt vorliegender Arbeit.

sierung der „Rolle“, fällt einerseits die Übereinstimmung mit der Formulierung von Problemen durch Vertreter der Rechtstheorie und Rechtspolitik auf sowie andererseits die Möglichkeit der Anwendung und die Brauchbarkeit dieser Formulierungen bei Forschungen über das Recht.

Der Thematik der Rechtspolitik am nächsten steht jedoch der Versuch einer Integration der Gesellschaftswissenschaften in die Konzeption der „policy sciences“, der Disziplinen also, die mit dem Prozeß des Entwurfs und der Verwirklichung von Politik verbunden sind. Ebenfalls beschäftigen sie sich mit der Erarbeitung und Interpretation von Daten, die für die Aufstellung von Direktiven für diese Politik „im weiteren Sinne und ihrer Verwirklichung“ Bedeutung haben[15]. Das Wort policy bezeichnet jede planmäßige Handlung, die, gestützt auf eine Grundsatzentscheidung, sowohl im organisierten gesellschaftlichen, als auch im privaten Leben unternommen wird.

Die Interessen der policy sciences konzentrieren sich nicht nur auf die theoretische Analyse des Entscheidungsprozesses, sondern sie streben auch nach einer Vergrößerung ihrer Rationalität. Deshalb wird auch das Problem konkreter Informationen betont, die der Schöpfer einer bestimmten Politik erlangen kann. Von gleicher Wichtigkeit sind die Methoden der Interpretation dieser Informationen. Eine Verbesserung der Informationen ist daher in einem hohen Grade abhängig von der immer effektiveren Technik der „Kommunikation“ zwischen der Person, welche die wissenschaftlichen Forschungen auf einem eng begrenzten Gebiet durchführt, dem Ratgeber oder Sachverständigen im Bereich der bestimmten Politik und den Faktoren, von denen die endgültige Entscheidung abhängt. Zur Schaffung der Voraussetzungen für eine solche Zusammenarbeit werden neue Institute benötigt, die nach etwas anderen Prinzipien als die bisher bestehenden Forschungsinstitute organisiert sind. Die ersten realen Schritte in diese Richtung sind die auf die Prinzipien einer solchen Zusammenarbeit gegründeten Seminare in den Schools of Business and Administration in Harvard und Chicago.

Der besondere Wert der policy sciences soll in der Konzentration der Forschungen auf solche Probleme liegen, die die jeweils aktuellsten gesellschaftlichen Bedürfnisse widerspiegeln. Daher nimmt auch in den theoretischen Erwägungen die Konstruktion von Modellen gesellschaftlichen Wandels auf bestimmten Gebieten breiten Raum ein (A. Hilgard und D. Lerner bezeichnen sie als „spekulative Modelle“, also solche, die auf beabsichtigte Art das bestehende empirische Wissen überschreiten und die Aufmerksamkeit auf das konzentrieren, was noch verifiziert werden muß). H. D. Lasswell bedient sich des Ausdrucks „developmental

---

[15] The Policy Sciences, Recent Developments in Scope and Method ed. D. Lerner, H. Lasswell, Stanford, 1951.

constructs", welcher solche institutionalisierten „Muster" bezeichnen soll, von denen wir ausgehen, und solche, zu denen wir gelangen wollen. „Developmental constructs" haben keine Hypothese zum Inhalt, denn sie formulieren keine Ansichten über die gegenseitige Abhängigkeit von Faktoren, sondern beziehen sich nur auf gewisse Entwicklungstendenzen (trends).

Ein Versuch der Übertragung von allgemeinen Voraussetzungen der policy sciences in die Rechtswissenschaft sind die Arbeiten von H. D. Lasswell und M. S. McDougal (Law School in Yale)[16]. Der von den Schöpfern dieser Richtung verwendete Name „policy oriented jurisprudence" bezeichnet nicht nur die Aufgaben der Politik in ihrer umfassenden Bedeutung, also die Erforschung jener Wirkungsweisen der Macht, welche geeignete Mittel zur Erreichung bestimmter Ziele bilden, sondern auch eine bestimmte politische Orientierung, zum Unterschied von anderen, „unpolitischen" Richtungen, sowie die Begründung der Ziele und Werte der „westlichen Zivilisation".

Nach Meinung der Verfasser muß das Recht im Zusammenhang mit gesellschaftlichen Prozessen erforscht werden, und „jurisprudence" soll vor allem eine methodologische Rolle spielen und die bisherigen Forschungsmethoden über das Recht durch eine Methode ergänzen, die in den Gesellschaftswissenschaften erarbeitet wurde. Letztere fordern eine Reorganisation des juristischen Studiums und seine Anpassung an praktische Bedürfnisse, die aus der Teilnahme von Juristen an denjenigen Entscheidungsprozessen erwachsen, die für die Wahl einer bestimmten Politik oder bestimmter Mittel zu deren Verwirklichung maßgebend sind. Das Recht als Entscheidungsprozeß, welcher der Erwartung der gegebenen Gesellschaft entspricht, wird zum Hauptgegenstand des Interesses.

Ausgangspunkt ist für die Verfasser die Bestimmung des Wertes, zu dessen Verwirklichung das Recht beitragen soll. „Clarification of goals" ist ein Versuch der „wissenschaftlich, empirisch begründeten Analyse jener Werte, die ein Ausdruck des Strebens der meisten Menschen sind". Daß von diesen Werten ausgegangen wird, ist gemäß den Verfassern vollkommen begründet, weil „der Wissenschaftler, der diese Werte ausdrücklich zugrundelegt, sich in den Strom allgemeiner Forderungen und Erwartungen unserer Zeit einreiht"[17]. Wir haben es hier, ähnlich wie bei

[16] H. Lasswell und M. S. McDougal, Jurisprudence in Policy — Oriented Perspective (vervielfältigter Text), New Haven 1960; M. S. McDougal, The Comparative Study of Law for Policy Purposes: Value Clarification as an Instrument of Democratic World Order, Yale Law Journal 6/1952; Law as a Process of Decision: A Policy-Oriented Approach to Legal Study, Natural Law Forum 1/1956; H. Lasswell, The Value Analysis of Legal Discours, Western Research Law Review 3/1958.

[17] M. S. McDougal, Law as a Process of Decision, S. 62.

Pound, mit einer ausdrücklichen Einbeziehung des Problems der Ziele des Rechts und dem Versuch ihrer empirischen Begründung zu tun. Der Empirismus ist hier lediglich scheinbar, denn man kann zwar das Auftreten bestimmter Wertvorstellungen empirisch feststellen, doch kann man ihre Wahl kaum und noch weniger ihre Absolutierung anders als auf dem Wege der Bewertung treffen. Man kann Werte und Normen (andere als Zwecknormen) nicht aus den Tatsachen ableiten[18].

In dem zitierten Sammelwerk The Policy Sciences unterscheiden R. K. Merton und D. Lerner bei der Beschreibung der gesellschaftlichen Funktionen eines Wissenschaftlers sein Wirken als Gelehrter (das Vorantreiben der Wissenschaft über die angetroffenen Grenzen hinaus), als Lehrer (die Verbreitung des Wissens) und als Ratgeber (die Anwendung der Wissenschaft durch Weisung einer bestimmten Politik in Sachen von kleinerer oder größerer Bedeutung, und zwar sowohl privater als auch öffentlicher Natur). Sie heben hervor, daß in der modernen, geplanten Gesellschaft diese dritte Funktion besonders wichtig ist[19].

Man kann sich die Frage stellen, welches die gesellschaftliche Rolle eines Wissenschaftlers bei der Absteckung und Verwirklichung einer bestimmten gesetzgebenden Politik ist. In der Rolle des Beraters kann er, erstens, auf ein fehlerhaftes Wirken bestimmter Normen und Institutionen hinweisen, welches negative gesellschaftliche Folgen hervorruft; zweitens kann er Auskünfte über bestimmte Gebiete des gesellschaftlichen Lebens und über die Notwendigkeit einer neuen Rechtsregelung erteilen; drittens kann er Informationen erteilen über die Notwendigkeit zusätzlicher, außerrechtlicher Zwangsmaßnahmen auf den Gebieten, bei welchen die Rechtsmotivation keine entscheidende Rolle spielt; viertens endlich kann er Reformen im Bereich des Rechtsapparates postulieren.

Bei dieser Art Tätigkeit kann er sich einen Vorrat an Informationen zunutze machen, die er aus dem Kontakt mit der sog. „Praxis" erlangt hat, also aus Material und Statistik der Rechtspflege, der öffentlichen Verwaltung, der Parteiorganisationen, der Gewerkschaften und Kulturverbände. Er kann aber auch auf beabsichtigte und organisierte Weise eigene Untersuchungen über diese Probleme anstellen. Sowohl im ersten als auch im zweiten Fall muß er sich auf durch die Wissenschaft allgemein angewandte gesellschaftliche Methoden des Sammelns von Informationen und ihrer Analyse stützen.

Seine Tätigkeit kann und soll jedoch den Rahmen konkreter, mit bestimmten Gesetzgebungsproblemen verbundenen Forschungen über-

[18] K. Opałek, J. Wróblewski, FN 8, S. 279 ff.

[19] R. K. Merten, D. Lerner, Social Scientists and Research Policy, in: The Policy Sciences, S. 282 ff.

schreiten. Eine Bedingung für die Wirksamkeit der aufgestellten Normen ist nämlich nicht nur der Grad der Kenntnis von Beziehungen und Situationen, die Gegenstand der Rechtsregelung sind, sondern auch die Kenntnis des Mechanismus der Einwirkung des Rechts als Motivationsfaktor für das Verhalten der Menschen. Für diese spezifische Rechtsproblematik ist die Verwertung mannigfaltiger Erfahrungen seitens der Gesellschaftswissenschaften erforderlich. Daher besitzen alle Vereinheitlichungstendenzen und Forschungen, die auf dem Prinzip der Integration der Gesellschaftswissenschaften beruhen, besonderen Wert für die Entwicklung von Rechtstheorie und Rechtspolitik.

Die Bedingtheit der Rechtspolitik durch den Entwicklungsgrad der Rechtstheorie und gleichzeitig die große Bedeutung der Praxis für die Forschungsrichtungen und die Problematik der Theorie weisen auf eine weit fortgeschrittene Abhängigkeit hin. Beim gegenwärtigen Stand der Entwicklung dieser beiden Disziplinen haben alle Versuche ihrer Trennung wohl keine reale Grundlage und gehen eher aus gewissen Erwägungen rein methodologischer und ordnender Natur hervor (wie das bei der auf Urteilstypen gestützten Einteilung der Wissenschaften bei Petrażycki der Fall ist)[20]. Die Perspektiven der Entwicklung der Rechtspolitik liegen im Ausbau theoretischer Forschungen über den Mechanismus gesellschaftlicher Wirkung des Rechts und im Schlüsselproblem der Wirksamkeit des Rechts.

2. Empirische Forschungen über das Recht

Ist die Rechtspolitik lediglich ein „Programm“ oder kann man schon von gewissen Forschungsergebnissen sprechen? Die ständig wachsende Zahl empirischer Untersuchungen über das Recht erlaubt schon heute eine Absicherung derjenigen Forschungspostulate durch konkrete Beispiele, die sowohl mit konkreten Gesetzgebungsproblemen und der „Erkenntnis“ von Verhältnissen und Situationen verknüpft sind, die den Gegenstand rechtlicher Regelung bilden, als auch mit der theoretischen Erkenntnis des gesellschaftlichen Mechanismus der Rechtswirkung.

Es wäre nicht möglich und auch nicht zweckmäßig, im Rahmen der vorliegenden Arbeit alle diese Untersuchungen darzustellen, trotz ihrer Brauchbarkeit und ihrer weitreichenden Verbindung mit der Rechtspolitik. Ein Teil von ihnen wird in den nächsten Abschnitten besprochen werden. An dieser Stelle dagegen beschränke ich mich auf einen Abriß der prinzipiellen Themengruppen der bisherigen empirischen Untersuchungen über das Recht.

[20] L. Petrażycki, Nowe podstawy logiki i klasyfikacji umiejetności (Neue Grundlagen der Logik und Klassifizierung der Wissenschaft), Warszawa 1939.

Es ist charakteristisch, daß Ausgangspunkt für den Beginn von Untersuchungen über das Funktionieren bestimmter juristischer Institutionen oft aktuelle Probleme der Rechtsreform (sowohl im Sinne von Änderungen als auch Verbesserungen der bisherigen Lösungen) und des Gerichtswesens sind. Wenn es gelingen sollte, diese reformatorischen Tendenzen mit bewußten, theoretischen Voraussetzungen zu vereinen und damit ein Programm der Untersuchungen zu schaffen, dessen Ergebnisse sowohl für sofortige Verbesserung des Wirkens bestimmter Institutionen verwertet werden können als auch zu einer Verifikation der Hypothesen aus dem Bereich gesellschaftlicher Wirkung des Rechts führen, so werden diese Tendenzen sowohl für die Praxis als auch für die Theorie von Nutzen sein.

Die erste Gruppe der Themen umfaßt Untersuchungen über das Funktionieren bestimmter rechtspolitischer Institutionen. Diese Untersuchungen entstanden aus der Notwendigkeit der Reform oder der Verbesserung der Organisationen der Rechtspflege, der Wirkungsweise von Repräsentativorganen und der Konfrontation von „Gesetzesmodellen" mit dem tatsächlichen Funktionieren dieser Institutionen. Als Beispiel können Untersuchungen über Geschworenengerichte in den Vereinigten Staaten dienen, in einem weiteren Bereich durchgeführte Untersuchungen über das Gerichtswesen in Italien oder auch in Polen durchgeführte Untersuchungen über Schöffen, über gesellschaftliche Arbeitergerichte, über Schiedsgerichtsausschüsse sowie weitreichende Untersuchungen über Nationalräte[21]. In Polen konzentrieren sich die Untersuchungen über das Funktionieren rechtspolitischer Institutionen auf die Frage des Anteils des gesellschaftlichen Faktors an der Rechtspflege und bei der Ausübung örtlicher Macht. Die Suche nach der unter den gegebenen Umständen zweckmäßigsten Form für die Wirkung dieser Institutionen sowie der Wunsch nach Überwindung der Gefahr von „Fassadenhaftigkeit", die oft mit dieser Art Institutionen verbunden ist, veranlaßte eine Konfrontation der politisch-verfassungsmäßigen Voraussetzungen der rechtspolitischen Institutionen mit den Zielen, für die sie ins Leben gerufen wurden.

Diese Untersuchungen sind auch ein Versuch zur Lösung einer Reihe theoretischer Probleme, wie die Unterschiede im Gerechtigkeitsempfinden und im Rechtsbewußtsein von Berufsjuristen und „Laien" bei „bin-

---

[21] H. Kalven, H. Zeisel, The American Jury, Boston 1966; R. Treves, La sociologia del diritto, Milano 1966; S. Zawadzki, Kierunki i metody badań nad radami Narodowymi (Richtungen und Untersuchungsmethoden über Nationalräte), Problemy Rad Narodowych 1/1964; eine Besprechung und Bibliographie, welche die übrigen Untersuchungen aus dieser Gruppe betrifft, befindet sich auf S. 111 ff. des Unterabschnitts „Arten der Rechtskontrolle".

denden" Entscheidungen, wie der Einfluß bestimmter Funktionen auf eine Änderung des Rechtsbewußtseins und wie die Rolle gesellschaftlicher Sanktionen als Hilfs- oder Ersatz-Sanktionen im Verhältnis zu den Sanktionen des Rechts.

Zu der zweiten Themengruppe gehören Untersuchungen über das Funktionieren einzelner Normen oder Normengruppen, die einen bestimmten Bereich des gesellschaftlichen Lebens regeln, sowie über die gesellschaftliche Bedingtheit von Situationen, die zu einer Anwendung der untersuchten Normen führten, wie z. B. die in Polen durchgeführten Untersuchungen über die Alimentation unehelicher Kinder, über die Annahme an Kindes Statt (Ziembiński), über Ehescheidungen (Górecki); die in Norwegen durchgeführten Untersuchungen über das Funktionieren eines neuen, die Arbeitsbedingungen von Hausangestellten regelnden Gesetzes (V. Aubert), oder auch die von F. Beutel in den Vereinigten Staaten durchgeführten Untersuchungen über die Wirkung einer Reihe von technisch-sanitären Vorschriften[22].

Die dritte Themengruppe bilden Untersuchungen über das Rechtsbewußtsein, d. h. über die Kenntnis des Rechts und die Beurteilung bestehender Normen und Institutionen. Dazu gehören auch eventuelle Forderungen nach deren Änderung. Diese Untersuchungen erfassen — mit Hilfe der Meinungsforschung — entweder die Gesamtheit der Bürger oder das Bewußtsein einzelner Klassen oder Schichten der Gesellschaft wie ein bestimmtes Berufsmilieu, regionale Milieus, Jugend-Gruppen usw. Die Untersuchungen bieten nicht nur diagnostische Daten, die den Stand des Wissens um bestimmte Zweige des Rechts und dessen Bewertung betreffen, sondern sie erlauben auch Versuche, einen Zusammenhang zwischen den sozial-demographischen Variablen und dem Grad der Kenntnis des Rechts und seiner Bewertung herzustellen. Ferner erlauben sie Feststellungen über die Bewertungen, über die Abhängigkeit der Bewertungen von der Informationsquelle über das Recht sowie über die entscheidenden Faktoren, welche die Einstellung gegenüber dem Recht gestalten. Unter den polnischen Untersuchungen kann man hier beispielsweise die Erhebungen erwähnen, die mit Hilfe des Zentrums zur Erforschung öffentlicher Meinung beim Polnischen Rundfunk und Fernsehen durchgeführt wurden, beispielsweise die von A. Siciński durchge-

[22] J. Górecki, Rozwód (Ehescheidung), Warszawa 1965; Z. Ziembiński, Podłoże społeczne przysposobienia dziecka w polsce Ludowej (Gesellschaftliche Grundlage für die Annahme an Kindes Statt in der Volksrepublik), Warszawa 1956; derselbe, Podłoze sporów o alimentację dziecka pozamałżeńskiego (Grundlagen von Rechtsstreiten über die Alimentation eines außerehelichen Kindes), Warszawa 1954; V. Aubert, The Hausmaid — An Occupational Role in Crisis, Acta Sociologica I, 7; F. K. Beutel, Some Potentialities of Experimental Jurisprudence, Lincoln 1957.

führten Untersuchungen über Einstellungen gegenüber Arbeit und Eigentum, die von A. Podgórecki über Ehescheidungen, elterliche Gewalt und das Prestige des Rechts. Ferner wurden Untersuchungen durchgeführt, die die Anschauungen einer bestimmten gesellschaftlichen Gruppe betreffen; hier kann man Untersuchungen über das Rechtsbewußtsein der Einwohner von Poznań nennen (Z. Ziembiński), über die das Recht betreffenden Informationsquellen unter Studenten (K. Pałecki) oder auch die schon in der ersten Gruppe erwähnten Untersuchungen über Schöffen, die weitgehend auch Probleme des Rechtsbewußtseins der Schöffen und Berufsrichter betrafen[23].

Die letzte Gruppe endlich umfaßt Untersuchungen über die gesellschaftliche Bedingtheit von Rechtsverletzungen auf Gebieten von besonderer gesellschaftlicher Bedeutung und den Versuch der Erarbeitung soziotechnischer Vorschläge. Das sind in erster Linie Untersuchungen aus dem Bereich der Kriminologie, nämlich über Jugendkriminalität, über Kriminalität in Ballungszentren und über Wirtschaftskriminalität. Diese Gruppe umfaßt aber auch Untersuchungen über Anomalien im Familienleben, über den Bruch von Familienbanden, das Fehlen von Obhut bei Kindern und den Alkoholismus.

Vom Gesichtspunkt der angewandten Untersuchungstechnik her können unterschieden werden:

a) Untersuchungen, die sich ausschließlich auf die Methode von Fragebogen oder Tiefeninterviews stützen (z. B. die hier erwähnten Untersuchungen über das Rechtsbewußtsein).

b) Untersuchungen, die die Methode der Fragebogen mit anderer Technik ergänzen, wie teilnehmende Beobachtung, Analyse von Gerichtsakten (z. B. die Untersuchungen über Schöffen).

c) Untersuchungen, die verscheidene Formen von Experimenten anwenden (z. B. das „natürliche Experiment“ bei Untersuchungen über Arbeitergerichte, die Anwendung von einem „quasi-natürlichen Experiment“ bei Untersuchungen über Geschworenengerichte, das Experiment mit der Versetzung von Verkehrszeichen bei den von U. Moore durchgeführten Untersuchungen[24].

---

[23] A. Siciński, Postawy wobec pracy i własności i ich społeczne uwarunkowania (Die Einstellung zu Arbeit und Eigentum und ihre gesellschaftliche Bedingtheit), Studia Socjologiczne, 2/1962; A. Podgórecki, Zjawiska prawne w opinii publicznej (Juristische Phänomene in der öffentlichen Meinung), Warszawa 1964; derselbe, Prestiż prawa (Prestige des Rechts), Warszawa 1966; eine ausführlichere Besprechung der Untersuchungen von Z. Ziembiński und K. Palecki auf S. 86 f. im Unterabschnitt „Rechtskenntnisse“.

[24] Im Falle der Arbeitergerichte besteht das Experiment in der Einführung dieser Gerichte durch den Gesetzgeber nur in einem begrenzten territorialen Bereich zum Zwecke systematischer Analyse der Folgen des Wirkens dieser

Die Epoche großer gesellschaftlicher Wandlungen — in unserem Lande weitgehend auf dem Wege der Gesetzgebung durchgeführt — schafft günstige Bedingungen für die Anwendung des natürlichen „gesellschaftlichen" Experiments für Untersuchungen über die gesellschaftliche Wirkung des Rechts. Wir verfügen jedoch für diese Untersuchungen noch immer über verhältnismäßig wenig Erfahrungen. Die Methoden und Erfahrungen nämlich, die aufgrund der in anderen Ländern durchgeführten Untersuchungen erworben wurden, besonders in der Vereinigten Staaten, bedürfen wegen der Unterschiede des rechtspolitschen Systems einer weitgehenden Adaption. Berücksichtigt werden müssen auch die verschiedenen Möglichkeiten der Untersuchungstechnik und die methodologischen Unterschiede in der Auffassung gesellschaftlicher Probleme. Untersuchungen über die gesellschaftliche Wirkung des Rechts konzentrieren sich in den Vereinigten Staaten hauptsächlich auf die Problematik, die mit dem angelsächsischen Rechtssystem „case law" verbunden ist und mit der spezifischen Rolle des Richters im Prozeß der Rechtsschöpfung. Das verlangt einerseits eine Anpassung der Untersuchungen an Probleme der Gesetzgebung und des kodifizierten Rechts, an die Voraussetzungen der Planung der Einwirkung auf das gesellschaftlich-wirtschaftliche Leben sowie andererseits die Hervorhebung der Unterschiede in der Technik der Rechtseinwirkung im Falle gewünschten schnellen gesellschaftlichen Wandels und der damit verbundenen Folgen, wie Umgestaltung des Rechtsbewußtseins, möglichen Normkonflikten und der Gefahr des Zerfalls wichtiger gesellschaftlicher Gruppen. Dieses Problem interessiert die Soziologen in Indien und Israel.

Die Traditionen theoretischen Denkens und die marxistische Auffassung „wechselseitiger Verbundenheit mit Theorie und Praxis" können in hohem Grade helfen, Einseitigkeiten größerer Untersuchungen zu vermeiden. Auch sorgen sie für die Herrschaft der Methoden über die Probleme und für ein angemessenes Verhältnis zur Bedeutung der untersuchten Probleme.

Institution. Bei den Untersuchungen über Geschworenengerichte, die im Rahmen von „Research in Law and Behavioral Sciences" durchgeführt wurden, wurde eine interessante Form eines „fast natürlichen Experimentes" angewandt. Es beruhte auf der Aufzeichnung des Verlaufes einer Gerichtsverhandlung auf einem Tonband und die darauffolgende Wiedergabe vor verschiedenen „Geschworenengerichten", die jedesmal durch jene „Geschworenen zusammengesetzt wurden, die an dem bestimmten Tag bei Gericht erscheinen und innerhalb des Gerichtsgebäudes verbleiben mußten, ohne jedoch an den ablaufenden Gerichtsverhandlungen teilzunehmen. Bei den von U. Moore und C. C. Callahan durchgeführten Untersuchungen (Law and Learning Theory: A Study in Legal Control, Yale Law Journal 1/1943), die in der Versetzung von Auto-Parkverboten bestanden und der darauffolgenden Beobachtung des Verhaltens der Fahrer, konnte reiches statistisches Material gesammelt und für die Lerntheorie verwendet werden.

Dritter Abschnitt

Die Rolle der Prognose in Forschungen über das Recht

1. Aufklärung und wissenschaftliche Prognose

Der alte, schon von den Physiokraten verkündete Standpunkt „wissen, um vorauszusehen; voraussehen, um zu handeln", der im Bereich der Gesellschaftswissenschaften einen immer festeren Standort findet, nimmt auf dem Gebiet der Rechtswissenschaft einen besonderen Charakter an. Voraussehen ist hier mit bestimmten, in die Zukunft gerichteten Direktiven verknüpft, die darauf gerichtet sind, ein bestimmtes Verhalten hervorzurufen, wobei es sich um Direktiven von besonderer gesellschaftlicher Bedeutung und besonderer Qualität handelt, um Direktiven also, die einen dominierenden Platz unter den allgemeinen Prinzipien gesellschaftlichen Verhaltens und den Mitteln zur Verwirklichung gesellschaftlicher Kontrolle einnehmen. Wenn wir von der Einheit wissenschaftlicher Methoden ausgehen und uns die Frage stellen, worauf die Erfolge auf dem Gebiete der Physik oder auch der Soziologie beruhen, so kommen wir zu der Folgerung, daß die Erfolge dieser beiden Disziplinen auf der Treffsicherheit des Voraussehens beruhen. Treffsicherheit des Voraussehens bedeutet dasselbe wie die empirische Bestätigung gewisser, durch diese Disziplinen entdeckter und in Form von Hypothesen aufgestellter allgemeiner Gesetze und Theorien.

Die Problematik, die sich bei Forschungen über das Recht als einer sozialen Erscheinung abzeichnet, kann nicht von den allgemeinen Tendenzen anderer Sozialwissenschaften isoliert sein, insbesondere nicht von gewissen methodologischen Postulaten, die an ihre Adresse gerichtet sind.

An alle Sozialwissenschaften wurde die Forderung gerichtet, daß ihre Tätigkeit sich nicht nur auf theoretische Erwägungen über Prozesse des Gesellschaftslebens und auf die Schaffung von Begriffsstrukturen begrenzen sollte, sondern daß sie der Regelung des Gesellschaftslebens in einem ähnlichen Grade dienen sollten, wie die Errungenschaften der Naturwissenschaften zur Beherrschung der physischen Welt beitragen. Von methodologischer Seite wurde das damit begründet, daß die Entdeckung gewisser Theorien und allgemeiner Gesetze, nach welchen diese Disziplinen streben, sowohl zur Erläuterung bestimmter Prozesse und Ereignisse führt, als auch zu deren Prognose, und daß die Probleme wissenschaftlicher Erklärung und wissenschaftlicher Prognose eng miteinander verknüpft sind[1].

---

[1] M. Cohen, E. Nagel, An Introduction to Logic and Scientific Method, London 1947, S. 98 ff,; K. Popper, The Poverty of Historicism, London 1957,

Ein solcher Standpunkt untergräbt also keineswegs die Bedeutung und den Wert theoretischer Forschungen. Er behandelt sie ja als unerläßliche und grundsätzliche Voraussetzung für eine bewußte Regelung gesellschaftlicher Verhältnisse durch eine Reform der bestehenden gesellschaftlichen Institutionen. Maßstab dazu ist, inwieweit diese gesellschaftlichen Institutionen jene Ziele erreicht haben, zu deren Verwirklichung sie ins Leben gerufen wurden. Ein solches „technologisches" Herantreten an die Bearbeitung der Probleme hat aber nicht nur auf die Auswahl der Problematik Einfluß, sondern zieht auch spekulativen Neigungen, die den Gesellschaftswissenschaften eigen sind und insbesondere in der Soziologie oft zu Erwägungen von metaphysischem Charakter führen, deutliche Grenzen. Diese Grenzen werden einerseits durch eine klare und präzise Formulierung des theoretischen Untersuchungsgegenstandes gebildet und andererseits durch die Überprüfbarkeit in der Praxis, was in der Folge im engen Zusammenhang mit der Treffsicherheit unserer Prognosen steht. Ein charakteristisches Merkmal moderner Rechtssoziologie ist es, Untersuchungen durchzuführen, die eine Reform des Rechts vorbereiten[2]. Damit wird die Rechtssoziologie zu einer angewandten Wissenschaft, die als Brücke zwischen den Ergebnissen theoretischer Wissenschaften und neuen Rechtsnormen dienen kann. Zugleich ermöglicht sie als eine Art „Laboratorium" die Verwertung konkreter Forschungen über gesellschaftliche Wirkungen des Rechts für theoretische Verallgemeinerungen.

Außer den vorgebrachten Postulaten für eine angewandte Wissenschaft, die, gestützt auf Prognosen, zu einer Brücke für die praktische Verwertung theoretischen Wissens im Bereich der Einwirkung des Rechts auf das Verhalten der Menschen, ihrer gegenseitigen Beziehungen und ihrer Bewertung werden sollte, wurden auch — insbesondere durch die amerikanischen Realisten — Versuche einer völligen Ersetzung der Normen durch Prognosen unternommen; ferner (von A. Ross) Versuche, mit dem traditionellen Begriff des positiven Rechts zu brechen und nur solche Rechtsnormen in den Vordergrund zu stellen, die aller Wahrscheinlichkeit nach durch die Gerichte angewandt werden (prognostizierte Normen) und zuletzt Versuche, nur diese Normen für maßgebend und von einem tatsächlichen Einfluß auf das Verhalten der Menschen zu halten[3].

Mit Rücksicht also auf die besondere Bedeutung, die Prognosen bei der Erforschung des Rechts haben sollen, sowie im Hinblick auf die Wichtigkeit, die rechtssoziologische Richtungen den methodologischen

S. 25, 124 - 128, 135; R. K. Merton, Sociological Theory, The American Journal of Sociology, May 1945.

[2] H. Cairns, Theory of Legal Science, 1941, S. 102; W. Friedmann, Legal Theory, London 1949, S. 149; H. E. Yntema, Legal Science and Reform, Columbia Law Review 34/1934.

[3] A. Ross, On Law and Justice, S. 194.

Problemen beimessen, scheint es angebracht, den Charakter der Prognosen festzulegen und den Platz zu bestimmen, den sie in theoretischen oder angewandten (praktischen) Wissenschaften einnehmen, und zwar unter besonderer Berücksichtigung ihrer Rolle in den Rechtswissenschaften, insbesondere ihres Verhältnisses zu Pflichtnormen, d. h. zu Normen, die den Hauptgegenstand des Interesses dieser Wissenschaften bilden.

Jede theoretische Aussage, die Teil einer umfassenderen Theorie ist, erfreut sich solange allgemeiner Anerkennung, bis eine andere, dasselbe Problem betreffende Aussage formuliert wird, die die vorherige Aussage entweder ergänzt oder stürzt. Diese neue Theorie muß das Wissen über die uns umgebende Welt erweitern und vereinheitlichen. Über die Anerkennung einer solchen Aussage und ihre Einreihung in den Erkenntnisschatz der Wissenschaft entscheidet ihre Verifikation auf eine bestimmte, anerkannte Art; Wissenschaften, die keine geschlossenen Deduktionssysteme bilden (wie die Logik oder Mathematik), müssen ihre Schlußfolgerungen auf empirische Art überprüfen.

Wenn über das Schicksal einer bestimmten Hypothese durch Beobachtung oder Experiment entschieden werden soll, formulieren wir etwa folgende Prognose: „Wenn wir zwei Teile Wasserstoff mit einem Teil Sauerstoff verbinden, so erhalten wir Wasser“ oder: „Wenn wir den Arbeitstag verlängern, verursachen wir ein Sinken der Arbeitsproduktivität“. Eben diese Prognosen sind gleichzeitig die letzte Stufe des Überganges zu praktisch-zweckmäßigen Aussagen: „Wenn du Wasser erhalten willst, so verbinde zwei Teile Wasserstoff mit einem Teil Sauerstoff“; oder: „Um ein Sinken der Arbeitsproduktivität zu verhindern, muß die Verlängerung des Arbeitstages vermieden werden.“ Diese Aussagen sind angewandte Theorie (daher werden praktisch-zweckmäßige Wissenschaften auch als angewandte Wissenschaften bezeichnet), die ohne Hilfe theoretischer Wissenschaften nicht formuliert werden können.

So bilden also Prognosen ein unmittelbares Bindeglied zwischen beiden Gruppen von Wissenschaften: den theoretischen und den angewandten, doch bezieht sich das nur auf Prognosen, die wir mit Popper als „technologisch-prognostisch“ bezeichnen können und die im Rahmen der Gesellschaftswissenschaften Ausdruck der „funktionalen“ oder „instrumentalen“ Auffassung gesellschaftlicher Institutionen sind, sowie auf Bemühungen, sie den veränderlichen Bedürfnissen der Gesellschaft ständig anzupassen. In einer ausführlichen Diskussion des Problems wissenschaftlicher Prognosen weist K. Popper auf zwei Arten hin: die erste, die er „Prophezeiung“ (prophecy) nennt, die sich vorwiegend auf Beobachtungen stützt und zum „Prophezeien“ gewisser Prozesse und Ereignisse führt (Meteorologie, Astronomie); die zweite, die er „technologische Prognose“ nennt, sich auf Experimente stützt und auf der Prognose von

Mitteln beruht, um gewisse Ziele zu erreichen (technische Wissenschaften, Medizin)[4].

In den Gesellschaftswissenschaften haben wir es mit beiden Arten der Prognose zu tun, wobei natürlich die Möglichkeit aktiven Einwirkens auf die Wirklichkeit in einem weit größeren Maße bei der „technologischen Prognose“ besteht, während bei Prozessen, die Gegenstand des „Prophezeiens“ sind, lediglich ein entsprechendes Anpassen unseres Verhaltens an die vorhergesagten Ereignisse an die Stelle des Einwirkens auf die Wirklichkeit tritt, ohne die Möglichkeit eines Einflusses auf sie. Hier muß jedoch hervorgehoben werden, daß in Wissenschaften wie der Meteorologie die Wettervoraussage keinerlei Einfluß auf die atmosphärischen Bedingungen hat, während die Prognose in den Gesellschaftswissenschaften, wo wir es mit Vorhersehen menschlichen Verhaltens zu tun haben, oft eine Motivationswirkung hat. So kann z. B. die Prognose eines Urteils Einfluß auf die Entscheidung des Richters haben oder die Prognose von Wahlergebnissen, durchgeführt von einem Meinungsforschungsinstitut, kann einen gewissen Prozentsatz der Wähler zur Änderung ihrer vorgefaßten Absicht bewegen, d. h. zur Abgabe ihrer Stimme für jenen Kandidaten, der als Sieger vorhergesagt wurde.

Die Gruppe von Prognosen, die mit „prophecy“ (Prophezeiung) bezeichnet wird, informiert uns lediglich über gewisse zukünftige Ereignisse, Prozesse oder Erscheinungen, jedoch ohne die Möglichkeit, Mittel der Einwirkung auf sie zu zeigen. Diese Art von Prognosen wird oft auch mit dem Namen „auf die Zukunft gerichtete theoretische Aussagen“ bezeichnet und ist auf die Vorhersage künftiger Ereignisse aufgrund vorher beobachteter Eigentümlichkeiten bisheriger Ereignisse gerichtet, wobei in sehr vielen Fällen nur die Prognose eines Durchschnitts einer großen Anzahl untersuchter Erscheinungen möglich ist.

Wie bereits erwähnt, bleiben die Probleme wissenschaftlicher Erklärung und Prognose miteinander im engen Zusammenhang. Der Unterschied liegt hier in den Aufgaben, welche wir uns stellen. Das logische Schema dagegen, mit dessen Hilfe wir von theoretischen auf prognostische Aussagen kommen, weicht nicht vom Schema der Erklärungen ab. Nach Popper kann es immer in der Gestalt eines Syllogismus gefaßt sein, wobei das in Form einer Hypothese vorgebrachte theoretische Recht die größere Voraussetzung ist, während die kleinere Voraussetzung von der Aussage gebildet wird, die die Erfüllung gewisser Bedingungen bestätigt, die in der größeren Voraussetzung enthalten sind (ausführliche Aussage), bis uns endlich die Folgerung zu der Aussage führt, die wir beweisen

---

[4] K. Popper, ebd., S. 43 sowie die Rezension dieser Arbeit: J. Wróblewski, Przeglad Socjologiczny, Vol. XIII 1959, S. 179.

wollen und welche entweder die Gestalt der Prognose oder der Erklärung eines gewissen konkreten Problems annimmt[5].

Beispiel:

Hypothese: Ausbildung unter Betonung der Naturwissenschaften verringert die Empfänglichkeit der Jugend für Rassenvorurteile.

Empirisch festgestellte Tatsachen: Der neue Stoffplan der Oberschule enthält Biologie in einem erweiterten Umfang.

Empirisch nachprüfbare Folgerung: Die nach dem neuen Stoffplan unterrichtete Jugend ist für Rassenvorurteile weniger empfänglich.

Wenn unsere Konklusion eine Erklärung oder die Prognose einer bestimmten Regelmäßigkeit oder eines allgemeinen Gesetzes, aber keines individuellen Ereignisses darstellen soll, so finden sich in der größeren Voraussetzung einige Gesetze von mehr allgemeinem Charakter, welche schon mit Hilfe anderer, von diesen unabhängigen Beweisen verifiziert wurden. In der kleineren Voraussetzung dagegen finden wir die Bestätigung der Erfüllung von in den Gesetzen bezeichneten Bedingungen, welche jedoch überindividuellen Charakter haben müssen und nicht einem einzelnen Ereignis, sondern einer bestimmten Situation entsprechen müssen.

Ein unerläßliches Merkmal jeder Hypothese ist ihre logische Formulierung, so daß man aus ihr mit Hilfe von Deduktion empirisch nachprüfbare Aussagen ableiten kann, die zu einer Bestätigung oder einem Sturz der Hypothese führen[6]. Die mit Hilfe von Induktion gesammelten Angaben zur Unterstützung allgemeiner Gesetze erschöpfen niemals alle Fälle (Unvollständigkeit der Induktion) und tragen das Merkmal der Wahrscheinlichkeit, deren Grad sehr hoch sein kann, insbesondere bei gleichartigem Untersuchungsgegenstand. Je ungleichartiger der Gegenstand ist, desto mehr Untersuchungen und Experimente benötigt er, um eine ihn betreffende Verallgemeinerung zu bestätigen.

Ein grundsätzliches Merkmal der Deduktion ist, daß die Voraussetzungen alle möglichen Schlußfolgerungen enthalten. Die Regeln der Logik bezeichnen die Direktiven zum Folgern. Eine richtig formulierte Hypothese enthält bedeutend mehr als den in der Folgerung untersuchten Fall. Die Wissenschaft strebt nach der Aufstellung von Hypothesen, die Begebenheiten in einem immer weiteren Bereich bezeichnen und einen immer höheren Grad der Allgemeinheit besitzen.

Die wissenschaftliche Methode ist — nach Cohen und Nagel — in ihrem Verlauf kreisförmig (als ob sie längs einer Kreislinie verlaufen

[5] K. Popper, ebd., S. 122 und Vorlesungen „Scientific method" an der LSE in London in den Jahren 1947/1948.

[6] M. Cohen, E. Nagel, FN 1, S. 97.

würde). Wenn wir uns auf das empirische Material berufen, so erhalten wir Beweise zur Formulierung von Grundsätzen, und auf der Basis dieser Grundsätze wählen, analysieren und interpretieren wir das empirische Material[7]. Man kann nämlich keine Forschungen beginnen, bevor nicht eine Selektion des Materials durchgeführt wurde, was schon einiger Hypothesen und Voraussetzungen bedarf und oft auch die Gefahr von „Vorurteilen" in sich birgt. Das Sammeln von „Tatsachen" vor der Wahl des Problems ist jedoch vollkommen zwecklos[8]. Das Problem, auf welche Weise wir zur Formulierung unserer Hypothese gelangen, kann vom Gesichtspunkt der Psychologie oder Soziologie für die Wissenschaft sehr interessant sein, hat jedoch keinen Einfluß auf das Los der gegebenen Hypothese. Ein weiterer Faktor, der über ihre Anerkennung als wissenschaftliche Aussage entscheidet, ist die Verifizierung. Die Verifizierungstechnik selbst ist ein Problem, das der Gesellschaftswissenschaft ernste Schwierigkeiten bereiten kann[9] und dem auch die Naturwissenschaften viel Aufmerksamkeit schenken (z. B. die Experimental-Physik und ihre Schwierigkeiten mit der Verifikation der Einstein-Theorie).

Die oben angestellten Erwägungen über Probleme der wissenschaftlichen Methode zeigen, daß zwischen Erklären, Prüfen und Vorhersage kein großer Unterschied besteht und daß dieser Unterschied nicht in der Verschiedenheit der logischen Struktur liegt, sondern eher in den Aufgaben, welche wir uns stellen, abhängig davon, was für ein Problem wir lösen wollen[10]. Es zeichnet sich auch eine sehr enge Verknüpfung von theoretischen, prognostischen und praktisch-zweckmäßigen Aussagen und ihrer Nachprüfbarkeit und Brauchbarkeit für wissenschaftliche Forschungen ab. Einer Klärung bedarf noch das Verhältnis dieser Aussagen zu Rechtsnormen und rechtlichen Wertungen.

2. Nachprüfbare Aussagen sowie rechtliche Bewertungen und Rechtsnormen

Sowohl Arbeiten, die die allgemeine wissenschaftliche Methode, als auch solche, die die Methodologie der Gesellschaftswissenschaften betreffen, schenken diesem Problem wenig Aufmerksamkeit und beschränken sich nur auf die lakonische Feststellung der „Unnachprüfbarkeit" von

---

[7] M. Cohen, E. Nagel, ebd., S. 233; H. Cairns, FN 2, S. 130.

[8] M. Cohen, E. Nagel, ebd., S. 87 ff.

[9] Das Problem empirischer Verifikation von Hypothesen wird von mir ausführlicher besprochen in dem Aufsatz Znaczenie badań socjologiczno-prawnych dla teorii państwa i prawa (Die Bedeutung rechtssoziologischer Forschungen für die Staats- und Rechtstheorie), Państwo i Prawo 4 - 5/1957, S. 708 ff. Über die Anwendung von Experimenten bei Forschungen über das Recht schreibt F. K. Beutel, Some Potentialities of Experimental Jurisprudence, Lincoln 1957; T. A. Cowan, The American Jurisprudence, New York 1956, S. 189 ff.

[10] K. Popper, FN 1, S. 133.

Normen und Bewertungen und schließen sie aus ihrem Interessenbereich aus.

Die Vernachlässigung jenes Teiles von Äußerungen, die in der Gruppe theoretischer Aussagen keinen Platz finden, ist unzweifelhaft ein methodologischer Fehler und führt zu einer oft angetroffenen Vermischung von zweckmäßigen, normativen und kritisch-bewertenden Äußerungen, ihrer Verbindung mit subjektiven Bewertungen und zum Bestreiten der Objektivität und Wissenschaftlichkeit.

Da die rechtssziologischen Richtungen ein Interesse haben an der Rechtsnorm als einem bestimmten Werkzeug, als einem Motivationsinstrument der Einwirkung auf menschliches Verhalten sowie als dem Ergebnis des Wirkens einer ganzen Reihe von Faktoren und sie den psychologischen Faktoren eine sehr wesentliche Rolle zuschreiben, so können bei der Besprechung der Norm auch jene Untersuchungen nicht umgangen werden, welche über ihre gesellschaftlich-psychologische Genese viel interessantes Material liefern.

Diesem Problem widmete J. Lande in seinen Erwägungen sehr viel Aufmerksamkeit[11]. An die Konzeption von Petrażycki anknüpfend behandelt er nicht-theoretische Aussagen als einen Ausdruck bestimmter Beurteilungen und analysiert sie von der psychologischen Seite her. Lande weist darauf hin, daß die Formulierung unserer Beurteilungen die Gestalt sowohl von „bewertenden als auch von postulierenden Aussagen“ annehmen kann[12], und als solche den Wunsch, das Verlangen und die Forderung ausdrücken, daß etwas geschehe oder nicht, und welche Verfahrensanweisungen enthalten[13]. Sie stützen sich also auf dieselben „prinzipiellen“ Erlebnisse, wie der Wandel eines gewissen Vorgehens in uns repulsive oder apulsive Emotionen hervorruft und das unterscheidende Kriterium lediglich ein zeitliches Kriterium ist (natürlich im psychologischen Sinn). „In postulativen Beurteilungen wirken die Emotionen ante factum und sind auf die Verwirklichung von irgendetwas gerichtet, in kritischen Beurteilungen wirken sie post factum und akzeptieren oder protestieren gegen etwas, was geschah oder besteht[14].“

[11] J. Lande, O ocenach (Über Bewertungen), Kraków 1948.

[12] Bei der Besprechung der Ansichten von Lande und Petrażycki bediene ich mich ihrer Terminologie: „bewertende Aussagen“, „postulierende Aussagen“, „normative Aussagen“.

[13] J. Lande, FN 11, S. 247, 270; A. Ross, Kritik der sogenannten praktischen Erkenntnis, Kopenhagen 1933, S. 89 - 90.

[14] L. Petrażycki, Nowe podstawy logiki i klasyfikacji umiejętności (Neue Grundlagen der Logik und Klassifizierung der Wissenschaften), Warszawa 1939, S. 35; ähnlich T. Kotarbinski, Elementy teorii poznania, logiki formalnej i metodologii nauk (Elemente der Erkenntnistheorie, der formalen Logik und der Methodologie der Wissenschaften), Lwow, S. 450; H. Kelsen, Podstawowe zagadnienia nauki prawa państwowego (Grundsätzliche Probleme der Staatsrechtswissenschaft), Bd. I, Wilno 1935, S. 57 - 59.

„Postulative Aussagen" haben einen reicheren und deutlicheren Inhalt und es ist daher nicht verwunderlich, daß Systeme des Rechts oder der Moral, die für Menschen bestimmt sind und ihr Verhalten auf genau bestimmte Art beeinflussen wollen, in der normativen Sprache abgefaßt sind und sich der „Sprache des Wohls" nur ausnahmsweise bedienen[15]. Petrażycki zählt zu den „postulativen Aussagen" sowohl „normative" als auch „praktisch-zweckmäßige Aussagen", bei welchen das Element der Beurteilung eine Art der Zustimmung oder Ablehnung im Hinblick auf ihre Wirksamkeit ist. Daher scheint auch Landes kritischer Standpunkt gegenüber der von Petrażycki vorgenommenen Bezeichnung der ganzen Gruppe nichttheoretischer Aussagen mit dem Namen „subjektiv-verhältnismäßig" begründet, denn zweckmäßige Ansichten scheinen nicht weniger objektiv zu sein als die theoretischen, auf die sie sich stützen. Dagegen enthält nach Lande der zweite Ausdruck „verhältnismäßig" den am meisten verwandten Bedeutungsinhalt, denn in allen diesen Aussagen drückt sich unser Verhältnis zu dem besprochenen Gegenstand aus — das Verhältnis der Bewertung, der Wünsche und des Begehrens. — Dies im Gegensatz zu den theoretischen Aussagen, mit welchen wir über die Gegenstände sprechen wollen, wie sie wirklich sind, unabhängig von unserer Stellungnahme zu ihnen[16].

Sowohl „normative" als auch „kritisch-bewertende" Aussagen stützen sich auf „prinzipielle Emotionen", in welchen wir irgendein Vorgehen „an sich" und „als solches" gutheißen oder ablehnen; diese Aussagen lassen sich nicht wissenschaftlich begründen, denn sie stützen sich auf emotionale Beurteilungen, die durch die gesellschaftliche Entwicklung bedingt sind. Die Begründung positiver Normen beruht einzig auf der Berufung auf eine Autorität, demnach, wie Lande sagt, „kann man die Norm nur dadurch begründen, daß man sich auf höhere Normen desselben Systems stützt, wobei die hierarchische Leiter früher oder später endet und ins Leere führt, wo ihre Anhänger sich durch Axiomate retten müssen"[17].

So können also in der von Lande mit der Bezeichnung „Beurteilung" versehenen Aussagengruppe lediglich praktisch-zweckmäßige Aussagen wissenschaftlich begründet werden. Daher zeichnet sich auch vom Standpunkt der Nachprüfbarkeit der Aussagen eine deutliche Trennungslinie ab:

1. Nachprüfbare Aussagen:
   a) theoretische,
   b) prognostische,
   c) praktisch-zweckmäßige.

---

[15] J. Lande, FN 11, S. 270.
[16] Ebd., S. 248.
[17] Ebd., S. 280.

2. Nicht nachprüfbare Aussagen:
   a) normative,
   b) kritisch-bewertende.

Daher können „normative Aussagen" als nicht nachprüfbar in keinem unmittelbaren Abhängigkeitsverhältnis oder einer logischen Ableitung aus theoretischen, prognostischen oder praktisch-zweckmäßigen Aussagen stehen.

Der von Petrażycki und Lande vertretene Standpunkt, der sowohl „normative" als auch „praktisch-zweckmäßige" Aussagen auf Beurteilungen zurückführt, die lediglich gewisse Emotionen ausdrücken, aber logisch wertlos intersubjektiver Verifikation nicht zugänglich sind, nähert sich dem „Emotivismus" von C. L. Stevenson („Ethics and Language", 1948). Selbstverständlich ist das nicht der einzige Standpunkt im Hinblick auf die Überprüfbarkeit und dem damit eng verbundenen Problem der Bedeutung von Normen. Es genügt auch, nur auf die Konzeption der Naturrechtler hinzuweisen, nach welcher die Norm eine Aussage über irgendeine objektive Pflicht ist und die Tatsache des Bestehens objektiver Werte die Möglichkeit zur Betrachtung der Normen als richtige oder falsche Normen schafft. Ferner kann man hier die sog. „hybriden Theorien" erwähnen (von M. Ossowski ausführlich besprochen in den Grundlagen der Lehre über die Moral, 1947), in welchen die Normen als die Verbindung einer beschreibenden Feststellung von Tatsachen mit dem Ausdruck bestimmter Erlebnisse (Emotive) behandelt werden. Hingewiesen sei auch auf den Standpunkt, der die Norm als Aussage begreift, die einen Teil des Deduktionssystems bildet, und den Normen daher „logisch-systematische" Bedeutung zuschreibt[18].

Die Anerkennung des Unterschiedes von Wirklichkeitsebenen (über welche wir uns mit Hilfe von theoretischen, prognostischen und zweckmäßigen Aussagen äußern) und der Pflicht (die mit Hilfe der Norm ausgedrückt wird) bedeutet jedoch nicht, daß wir die Pflicht nicht als „eine der Erscheinungen der Wirklichkeitsform" anerkennen sollten. Damit „müssen wir sowohl das Wissen über Erscheinungen des gesellschaftlichen Lebens als auch die Welt der Werte als Phänomene des kollektiven Lebens betrachten, die auf verschiedene Art dessen Rechte, Tendenzen und Bedürfnisse widerspiegeln, und uns überlegen, wie theoretisches und bewertendes Bewußtsein als zwei Formen desselben gesellschaftlichen Prozesses zusammenhängen"[19].

---

[18] Eine ausführliche Diskussion der Anschauungen über die Bedeutung der Norm bei J. Wróblewski, Zagadnienia teorii wykładni prawa ludowego (Probleme der Theorie zur Auslegung des Volksrechts), Warszawa 1959, S. 55 ff.

[19] L. Kołakowski, Nadzieja i materia historyczna (Hoffnung und historische Materie), Nowa Kultura 38/1957.

Dieses Problem bedarf einer umfassenden Bearbeitung auf einer viel allgemeineren Grundlage, als es rechtssoziologische Erwägungen sind. Das bedeutet jedoch nicht, daß wir darauf verzichten müssen, uns um eine, wenn auch nur teilweise Feststellung des Zusammenhanges zu bemühen, welcher einerseits zwischen der Summe unserer Kenntnisse besteht, die wir über einen bestimmten Ausschnitt der gesellschaftlichen Wirklichkeit und die ihm entsprechenden gesellschaftlichen Verhältnisse haben, und andererseits dem Versuch, diese gesellschaftlichen Verhältnisse mit Hilfe von Rechtsnormen zu regeln.

3. Prognose und Pflicht

Wenn die Rechtsnorm eine Direktive ist, die ein bestimmtes Verhalten hervorrufen will, welchen Platz nehmen dann die prognostischen Aussagen zwischen den Faktoren ein, die die endgültige Gestaltung der Norm entscheiden? Kann man Aussagen, die eine bestimmte Pflicht bezeichnen und mit Hilfe von Rechtsnormen ausgedrückt werden, nicht durch prognostische Aussagen ersetzen, welche sich auf gesammeltes Tatsachenmaterial stützen könnten und auf die Regelmäßigkeiten, die jeden qualifizierten Entscheidungsprozeß begleiten, sofern besonders dazu berufene Personen beteiligt sind? Kann man vom Bestehen einer Gruppe oder eines Systems verpflichtender Normen sprechen oder lediglich nur von der Vorhersage bestimmter, künftiger Entscheidungen?

Eben diese Probleme, die deutlich mit der Frage des Verhältnisses von Prognose und Pflicht verbunden sind, interessieren verschiedene Zweige der Rechtssoziologie besonders. Die soziologische Strömung im Recht bringt eine ungemein große Erweiterung der Forschungsthematik mit sich, birgt aber auch in ihrem Innern oft die ernste Gefahr, daß die Grenzen zur Rechtspolitik überschritten werden und daß die Probleme in Erwägungen allgemein-soziologischen Charakters zerfließen. Diese unterschiedliche und sehr reiche Thematik verschiedener Richtungen der Rechtssoziologie kann man in den beiden folgenden grundsätzlichen Problemgruppen zusammenfassen:

1. Das Interesse an den gesellschaftlichen Auswirkungen der Normen und an den rechtspolitischen Institutionen sowie die Analyse der Faktoren, die auf die Gestaltung dieser Normen und Institutionen Einfluß haben.
2. Die Widerlegung der These, daß einerseits einzig das offiziell geltende Recht, das in der Form von Gesetzen, Gesetzbüchern oder Gerichtsentscheidungen gefaßt ist, den Bereich des Rechtsbegriffs erschöpft und daß andererseits eben dieses Recht den prinzipiellen Faktor bilde, der tatsächlich das Handeln der Menschen in jenen gesellschaftlichen Verhältnissen gestaltet, die von der Rechtsregelung umfaßt werden.

Ein Ausgangspunkt für die in beiden Punkten enthaltene Problematik ist unzweifelhaft das Postulat der Untersuchung des Rechts als „Tatsache", als eines Teils der gesellschaftlichen Wirklichkeit. Ein anderer Ausgangspunkt ist die Überzeugung, daß das Prinzip des Rechts einzig im Verhalten Gestalt annimmt, und daß „die moderne Bedeutung des gegebenen Begriffs nicht unmittelbar bezeichnet ist, sich aber mittelbar aus den durch diesen erfüllten Funktionen ergibt. ... Das bezieht sich ähnlich auch auf menschliche Individuen, über die wir bedeutend mehr aufgrund ihres Verhaltens aussagen können, als sie über sich selbst"[20].

In der ersten Gruppe der Probleme kann man einen gemäßigteren Standpunkt unterscheiden, der mit dem traditionellen Begriff des geltenden Rechts oder der rechtlich geregelten Institutionen nicht bricht und lediglich den Schwerpunkt des Interesses auf ihr tatsächliches Wirken verlegt. Das Verhalten von Richtern, Rechtsanwälten, Beamten und gewöhnlichen Bürgern unter dem Einfluß von Rechtsnormen analysierend, wird die Übereinstimmung der gesellschaftlichen Folgen dieser Normen mit den Absichten des Gesetzgebers oder die Ursachen fehlender Wirksamkeit untersucht. Dieser Standpunkt behandelt die Rechtsnormen und -institutionen als Werkzeug zur Erreichung bestimmter Ziele, für die sie konstruiert wurden. Wir haben es hier also mit einer technologischen Auffassung der Rechtsnormen zu tun. Gegenstand der Prognose sind hier Verhaltensweisen, Bewertungen und Anschauungen, die durch das Wirken der Rechtsnormen hervorgerufen wurden.

Unsere theoretischen Hypothesen sollen bestätigt werden durch die sichere Prognose derjenigen Folgen, die das Wirken einer bestimmten Rechtsnorm oder Institution hervorruft. Ähnlich wie es unmöglich ist, Physik, Ökonomie oder Psychologie nur theoretisch zu betreiben ohne eine unaufhörliche Kontrolle durch die Praxis und ohne Lösung der immer öfter in der Praxis angetroffenen neuen Probleme, so kann auch die soziologische Rechtstheorie ohne eine unablässige Zusammenarbeit mit der Technologie oder der Rechtspolitik ihre Aufgabe nicht zufriedenstellend erfüllen.

Prognostische Aussagen bilden einen überaus wichtigen Faktor bei der endgültigen Formulierung von Pflichtaussagen. Unter „Formulierung" muß man hier nicht nur eine gewisse Technik des Aufbaues der Norm, ihrer Sprache und ihrer kommunikativen Seite verstehen, sondern auch das Problem des Normeninhalts, das daraus herrührt, daß eine bestimmte Direktive oder ein Verfahrensprinzip für wirksamer als andere mögliche Lösungen anerkannt wird. Das vom Gesichtspunkt bewußter Regelung sozialer Prozesse her bewertete Kriterium der Wirksamkeit ersetzt hier das nebulöse und abstrakte Kriterium der Gerechtigkeit.

[20] A. Ross, Towards a Realistic Jurisprudence, Kopenhagen 1946, S. 14.

Selbstverständlich bezieht sich das — wie wir schon im vorausgehenden Abschnitt bemerkten — lediglich auf eine Begründung der Mittel, nicht aber der Ziele.

Ein instrumentales, funktionales Herantreten an das Recht führt nicht nur zu Forschungen über gesellschaftliche Folgen der Normen und rechtspolitischen Institutionen, sondern auch zu einer Analyse außerjuristischer Faktoren, die einen entscheidenden Einfluß auf bestimmte soziale Verhältnisse ausüben (politische Parteien, religiöse Organisationen, Gewerkschaften, pressuere groups). Das Handeln dieser Gruppen wirkt entweder als zusätzlicher, die Rechtsnormen unterstützender Druck, oder aber es bildet einen mit den Rechtsnormen konkurrierenden Faktor. Diese Probleme stehen eigentlich schon an der Grenze der vom zweiten Punkt umfaßten Problematik und gruppieren sich um die Fragen, welche Normen tatsächlich Verhaltensmuster für die Gesamtheit derjenigen Bürger sind, die mit dem Recht nicht in Kollision geraten, welche Prinzipien für kriminelle Gruppen von Interesse sind, wonach sich Richter und Verwaltungsbeamte bei Urteilen und sonstigen Entscheidungen tatsächlich richten und was für Rechtsanwälte beim Abfassen von Schriftsätzen und bei der Formulierung von Ratschlägen maßgebend ist. Diese Versuche der Erfassung tatsächlicher Motivationsprinzipien führen zu einer Abweisung der traditionellen Anschauungen vom Recht und zum Beweis, daß eine angeblich ausschließlich auf logische Ableitung gestützte Rechtssicherheit eine Fiktion ist.

Der Versuch, mit dem traditionellen Begriff des Rechts zu brechen, findet seinen deutlichsten Ausdruck in den Anschauungen amerikanischer Realisten. Der Schwerpunkt ihres Interesses liegt jedoch nicht in jener Sphäre der Rechtswirkung, die außerhalb des Gerichtsbereiches liegt, sondern im Gegenteil, auf den Problemen gerichtlicher Verwaltung und der Persönlichkeit des Richters. Ihrer Meinung nach sind die Normen, auf welche sich die Richter berufen, eher eine geschickt gewählte Begründung für schon getroffene Entscheidungen. Ein Rechtswissenschaftler muß daher mit einer gehörigen Dosis Skepsis an die Behauptung herantreten, es könnten aus im vorhinein formulierten Rechtsprinzipien Folgerungen gezogen werden, welche uns auf eine zufriedenstellende Art die Bestimmung des zukünftigen Verhaltens der Organe der Rechtspflege wie auch der Allgemeinheit der Bürger erlaubten. Die gesetzgebende Gewalt verliert ihren Platz als oberstes, gesetzgebendes Organ und die entscheidende Position nimmt der Richter ein. Daher werden auch seine Persönlichkeit und sein Wirken von großem Interesse.

Nach Gray „bedeutet das Recht einer großen Nation so viel, wie die Meinung von einem halben Dutzend bejahrter Gentlemen, die den obersten Gerichtshof des gegebenen Landes bilden“[21]. Holmes geht noch

[21] J. C. Gray, The Nature and Sources of Law, 1938, S. 84.

weiter und betrachtet das Recht nicht als eine vergangene, schon getroffene Gerichtsentscheidung, sondern als die Vorhersage durch einen „schlechten Menschen“, was die Menschen tun werden[22]. Cardozo und Frank kämpften mit dem „kindischen Mythos der Sicherheit“, welchem die Schule des analytischen Positivismus erlag, die verkündete, daß die Grundsatzentscheidung und die Kodifikation das Streben nach dem Gefühl der Sicherheit und Stabilisation im Recht befriedigen, und die sich keine Rechenschaft über die Besonderheit jedes neuen Falles ablegte. Nach der Meinung von Frank gibt es nämlich keine „Rechtsprinzipien“, es besteht lediglich eine einzelne Entscheidung und demnach ist das Recht — in Übereinstimmung mit dem Standpunkt von Holmes — lediglich eine Vorhersage zukünftiger Grichtsurteile[23]. Nach Meinung der Persönlichkeit des Richters sowie von Statistikern über die Anwendung von Lösungen in bestimmten Situationen mit weit größerer Wahrscheinlichkeit die Voraussage von Gerichtsurteilen.

Dem Standpunkt der Realisten am nächsten steht in der europäischen Rechtstheorie A. Ross, der nach einer Periode recht umfassender Kritik an dieser Richtung seine Meinung änderte und zu ziemlich radikalen Formulierungen gelangte[24], wobei er in das Zentrum seiner Überlegungen den — seiner Meinung nach — für die Rechtswissenschaft grundlegenden Begriff valid law stellt (maßgebendes Recht, tatsächlich einwirkendes Recht). Er bezeichnete damit nicht den Inbegriff der bestehenden, sondern den Inbegriff der vorhergesagten Normen, d. h. solcher Normen, die wahrscheinlich das Gericht anwenden wird. Nach Ross ist die Rechtsnorm unmittelbar an den Richter gerichtet und der gewöhnliche Bürger wird von ihr erst hinterher informiert. Die reale Direktive für den Bürger ist daher die Voraussage der Norm, nach welcher sich der Richter richten wird. Für den Richter dagegen ist die Norm des Gesetzgebers einer der prinzipiellen, nicht aber der einzige und wichtigste Faktor der Motivation bei der Urteilsfällung. Ein Faktor von höchster Bedeutung ist dagegen die Prognose jener Norm, die bei der Mehrzahl der Richter Anerkennung findet, insbesondere bei Richtern höherer Instanz. Ross schließt sich der Anschauung jener Theoretiker (mit Kelsen an der Spitze) an, nach denen die Tatsache, daß ein Vergehen von den Gerichten nicht verfolgt wird, allmählich zum Absterben der Norm führt.

So tritt also in der zweiten Problemgruppe, die sich das Auffinden tatsächlich wirkender Muster rechtlichen Vorgehens zur Aufgabe stellt, die Tendenz auf, Pflichtaussagen durch die Prognose des Verhaltens der Richter zu ersetzen oder durch die Prognose von Normen, die sie wahrscheinlich anwenden werden.

[22] O. W. Holmes, The Path of the Law, Harvard Law Review 1897, S. 457.
[23] J. Frank, Law and Modern Mind, New York 1930.
[24] Die Entwicklung der Anschauungen von A. Ross wird aufgrund folgender Arbeiten deutlich: Towards a Realistic Jurisprudence und On Law and Justice.

Es ist dies also keine Prognose aus dem Bereich der Rechtstechnologie oder irgendeiner „gesellschaftlichen Steuerung“, sondern lediglich eine Prognose vom Typus der „Prophezeiung“ (prophecy), denn von seiten des Voraussehenden betrifft sie das Verhalten anderer, besonders qualifizierter Personen, ohne die Möglichkeit der Einwirkung auf sie. Daher kann sie lediglich als Hinweis zur Anpassung des eigenen Vorgehens an die geäußerten Prognosen dienen.

Der Versuch einer Bezeichnung des Rechts als „Prognose des zukünftigen Verhaltens der Richter“ erweckt weitgehende Vorbehalte, sogar wenn man an das Recht unter funktionellen, instrumentalen Aspekten herantritt. Prognostische Aussagen, die zur Gruppe der nachprüfbaren Aussagen gehören und mit den theoretischen Aussagen eng verbunden sind, können eine auf bestimmte Art ausgedrückte Pflicht betreffen, können aber selbst diese Pflicht nicht formulieren und daher lediglich Aussagen über Rechtsnormen, niemals aber selbst Rechtsnormen sein.

Es erhebt sich nun die Frage, ob für die Feststellung tatsächlicher Verhaltensmuster der Begriff der Norm überhaupt benötigt wird, oder ob man ihn nicht durch prognostische Aussagen ersetzen kann wie: der Richter entscheidet den Fall zum Vorteil der Person X, der Richter erklärt die Ehe für ungültig, der Richter erhebt eine Geldbuße von 5 000 Zloty usw. Was aber bildet in diesen Aussagen den Gegenstand der Prognose: das Verhalten des Richters selbst oder — genauer gesagt — ein bestimmter Inhalt dieses Verhaltens, der in der Gerichtsentscheidung seinen Ausdruck findet? Wenn wir vom Standpunkt ausgehen, daß der Richter nicht nur im Prozeß der Rechtsanwendung, sondern auch bei der Rechtsschöpfung einen entscheidenden Platz einnimmt, wenn wir sogar, wie Cardozo und Frank, die Möglichkeit des Bestehens allgemeiner Prinzipien verneinen und uns auf den Boden individueller Entscheidungen stellen, so müssen wir uns darüber Rechenschaft abgeben, daß ja diese Entscheidungen das Bestehen tatsächlicher Zustände und ihrer gemeinsamen kausalen Verbindungen nicht bestätigen, sondern nur eine Feststellung dessen sind, was stattfinden soll: die Feststellung der Verpflichtung zur Abzahlung einer Schuld, die Ungültigkeitserklärung einer Ehe, der Schuldspruch und die Bestimmung des Strafmaßes. Gegenstand der Prognose ist also nicht das Verhalten selbst, sondern die Rechtsnorm, die vom Richter „erlassen“ wird. Die Formulierung von Ross ist also präziser und ihr wollen wir etwas größere Aufmerksamkeit schenken.

Seinem Standpunkt nun kann man Überzeugungskraft und Treffsicherheit nicht völlig absprechen, falls es sich um den Versuch handelt, die reale Wirkung des Rechts zu erfassen. Es unterliegt keinem Zweifel, daß für Personen, die mit dem Wirken des Rechts zu tun haben, insbesondere aber für solche, die mit diesem Wirken besonders oft zu tun haben (z. B. Rechtsanwälte), das Vorhersehen der Entscheidung des Richters ein integraler Teil ihrer Schlußfolgerungen ist. Es entscheidet im voraus über ihr Vorgehen, wobei das Vorhersehen dieser richterlichen Entscheidung sich nur wenig nach der offiziell geltenden Rechtsnorm richtet, sondern den Schwerpunkt auf den Inhalt von Urteilen legen kann, die früher in ähnlichen Sachen gefällt wurden, auf die Persönlichkeit des Richters (seine Anschauungen, Gewohnheiten, Fälle, in welchen er besonders empfindlich ist und welche in seiner bisherigen Tätigkeit auftraten), auf die politische und wirtschaftliche Lage, auf den Druck der öffentlichen Meinung, der seinen Ausdruck in der Presse findet und auf viele andere Faktoren.

Daher ist also die Berücksichtigung der Rolle, die die Prognose der künftigen Entscheidungen des Richters spielt, eine Bereicherung unseres Wissens über das real wirkende Recht. Es tritt jedoch die Frage auf, ob das Zurückführen des Rechts nur auf die Prognose der Normen, die in Zukunft von den Gerichten angewendet werden, eine Konzeption ist, mit deren Hilfe wir imstande sind, eine befriedigende Antwort auf den Großteil der Probleme zu finden. Hilft uns diese Konzeption mehr, als die traditionelle Konzeption des geltenden Rechts; ist also die Aufrechterhaltung der Konzeption des „vorhergesehenen Rechts" *anstelle* des geltenden Rechts möglich oder nur *gleichzeitig* als dessen Ergänzung.

Ross, der mit den Anschauungen eines bedeutenden Teiles der amerikanischen Realisten einig ist, beschränkt das ganze Problem der gesellschaftlichen Wirkung des Rechts auf diejenige Sphäre des Verhaltens, in der die Rechtsnorm ihre Motivationsfunktion nicht erfüllt und damit die in sie gesetzte Hoffnung gesellschaftlicher Wirksamkeit nicht erfüllt, da sie ausschließlich Personen betrifft, die mit dem Recht in Konflikt gerieten oder ihre Rechte mit Hilfe des Gerichtsapparates geltend machen. Für sie wird maßgebendes, real wirkendes Recht im entscheidenden Maße die Norm sein, welche ihrer Voraussicht nach der Richter anwenden wird. Bei einer solchen Problemstellung ist jedoch das prinzipielle Problem der positiven Rechtswirkung nicht mehr Forschungsgegenstand.

Bei Zugrundelegung der Konzeption von „vorhergesehenen Normen" entschwindet auch das ganze, so wesentliche Problem der Rechtsstaatlichkeit, deren Bedingung die Anerkennung bindender Prinzipien nicht nur durch die Bürger, sondern auch durch die Organe der Staatsgewalt und der Rechtspflege ist. Nicht beachtet wird auch die damit verbundene Problematik des Einflusses und der Rolle der geltenden Rechtsnorm auf die Gestaltung des Rechtsbewußtseins der Bürger und auf ihre aktive Haltung bei Rechtsverletzungen durch Organe der Staatsgewalt. Nicht untersucht wird auch das Problem der Diskrepanz zwischen geltendem und angewandtem Recht.

Das Problem, daß das Recht nicht durch einen „schlechten Menschen", sondern anläßlich richterlicher Entscheidung prognostiziert wird, wird bei Ross auf die Prognose von Normen zurückgeführt, deren sich die Mehrzahl der Richter oder der Richter höherer Instanz bedienen werden. Dies führt unvermeidlich zur Prognose von Urteilen des Obersten Gerichtshofes. In diesem Punkt nun wird es schwerfallen, die Anschauung von Ross zu verteidigen, daß nämlich die Mitglieder des Obersten Gerichtshofes sich nach der Prognose derjenigen Normen richten, deren sich die Mehrzahl der Richter bedienen wird[25].

In diesem Zusammenhang bedürfen zwei Thesen einer vollkommen getrennten und erschöpfenden Analyse, nämlich erstens, daß der Gebrauch der Konzeption „vorhergesehene Norm" nicht solcher Begriffe entbehren kann wie „Richter", „Verhaltensmuster", „Adressat der Norm" und zweitens, daß man sich deshalb auf eine „getarnte Art" solcher Ausdrücke bedient, die in engster Abhängigkeit von dem Begriff des geltenden Rechts stehen[26].

Schon diese sehr abgekürzten Erwägungen, die sich weitgehend auf das Aufzeigen einiger Probleme beschränken, weisen sowohl auf die begrenzte Rolle hin, die die Konzeption des „Vorhersehens von Normen" erfüllen soll, als auch auf die Notwendigkeit, sie lediglich als ergänzende Konzeption zum geltenden Recht zu behandeln. Auch weisen sie darauf hin, daß wir es bei Forschungen mit verschiedenen Arten der Prognose zu tun haben:

a) Die im ersten Teil dieses Abschnittes besprochene rechtstechnologische Prognose ist bemüht, aus der richtigen Vorhersage von Rechtsfolgen, insbesondere aus dem Verhalten der Menschen unter dem Einfluß von Rechtsnormen, Folgerungen im Hinblick auf den „instrumentalen" Wert dieser Normen zu ziehen, Folgerungen also, die als Werkzeug beabsichtigter Änderungen gesellschaftlicher Verhältnisse verwendet werden. Die technologische Prognose versucht diese Informationen sowohl zu theoretischen Verallgemeinerungen über das gesellschaftliche Wirken des Rechts als auch zu einer Reform der bestehenden Vorschriften und der Verwaltung des Gerichtswesens zu verwerten. Eine Bedingung für die Treffsicherheit dieser Prognosen ist die Berücksichtigung außerrechtlicher Faktoren. Daher ist die Hilfe von Disziplinen wie Psychologie, Soziologie und Ökonomie unbedingt notwendig. Auch muß Material wie allgemeine und Gerichtssta-

---

[25] C. J. Arnholm, Some Basic Problems of Jurisprudence, in: Scandinavian Studies in Law, Stockholm 1957, S. 34.

[26] Auf die Unmöglichkeit der Ausschaltung normativer Elemente weist unter anderen H. Kantorowicz hin in der Abhandlung: Some Rationalism about Realism, Yale Law Journal 43/1934, S. 1240, 1246, welche eine interessante Kritik des amerikanischen Realismus darstellt.

tistik, Prozeßakten oder auch Daten, die mit Hilfe von Fragebogen, Interviews oder Meinungsforschung gesammelt wurden, verwertet werden.

b) Prognosen auf lange Sicht, einerseits gestützt auf festgestellte Regelmäßigkeiten in der Entwicklung des Rechts und andererseits verknüpft mit der „maximalistischen" Konzeption der Rechtspolitik und dem Festlegen höchster Ziele.

c) Prognose des Verhaltens anderer durch daran interessierte Personen, insbesondere die Vorhersage der Entscheidungen von Richtern oder Verwaltungsbeamten in konkreten Fällen. Diese Vorhersage spielt für sie die Rolle eines wichtigen Motivationsfaktors und ist daher auch bei Untersuchungen über den Entscheidungsprozeß von gewöhnlichen Bürgern und über die gesellschaftliche Wirkung des Rechts von Bedeutung. Diese Art von Prognose muß von wissenschaftlichen Prognosen unterschieden werden, mit denen sich Rechtstheoretiker und -praktiker befassen sollen.

Diese verschiedenen Probleme werden sehr oft miteinander vermischt, was zu vielen Unklarheiten und Mißverständnissen führt, die weitgehend aus einem nicht genügend klar bezeichneten Verhältnis zwischen Prognose und Pflicht hervorgehen.

Oftmals ist auch unklar, welche Rolle prognostische Aussagen bei der Vorbereitung von Material für die Rechtssetzung und die späteren Forschungen über die gesellschaftliche Wirksamkeit erlassener Rechtsnormen spielen, wenn die Treffsicherheit der Prognosen eine Bestätigung der aufgestellten Hypothesen und eine Basis für theoretische Verallgemeinerungen, also eine Verwirklichung des Postulats zur Empirisierung der Rechtstheorie bildet.

Die Treffsicherheit gesellschaftlicher Diagnosen im Bereich der positiven Wirkung des Rechts hängt jedoch, wie wir im vorigen Abschnitt zeigten, nicht nur vom Grade der „Erkenntnis" des geltenden Ausschnittes der Wirklichkeit ab, sondern auch vom Wissen um den Mechanismus des Einwirkens der Rechtsnorm auf ihre Adressaten — auf gewöhnliche Bürger. Daher sind weitere Teile dieser Arbeit diesem Problem gewidmet.

ZWEITER TEIL

Der Entscheidungsprozeß beim Adressaten der Rechtsnorm

Vierter Abschnitt

Der Prozeß der Übermittlung von Informationen über die Norm

1. Die Information über die Norm und die Wirksamkeit des Rechts

Voraussetzung für die motivierende Wirkung des Rechts ist die Kenntnis der Norm, d. h. eine Situation, in welcher der Adressat der Norm bei der Wahl eines bestimmten Verhaltens das Muster des empfohlenen Verhaltens kennt und sich über den Charakter dieser „Empfehlung“ Rechenschaft ablegt. Er weiß also, daß die Pflicht zur Anpassung an das Vorbild Rechtscharakter hat und nicht aus der Akzeptierung irgendwelcher anderer normativer Systeme wie Religion, Moral oder Tradition hervorgeht.

Der Prozeß, der sich zwischen demjenigen, der die Norm setzt, und dem Adressaten der Norm abspielt, kann als Prozeß der Einwirkung auf die Bewertung, auf die Einstellung und auf das Vorgehen des Adressaten mittels Übermittlung normativer Informationen untersucht werden. Der Prozeß der Übermittlung jeder Art von Information, die auf die jeweiligen Adressaten einwirkt, erhält eine besondere Bedeutung in der gegenwärtigen Massengesellschaft, die über weit ausgebaute Mittel der Massenübertragung wie Presse, Rundfunk, Fernsehen, Film usw. verfügt. Diese Probleme bilden den Gegenstand eines besonderen Wissensbereiches, der gewöhnlich als social communication[1] bezeichnet wird und in enger Verbindung mit der Informationstheorie steht, die sich in verschiedenen wissenschaftlichen Disziplinen einer immer größeren Popularität erfreut. Sie bildet einen Bestandteil der Kybernetik und befaßt sich mit der Erforschung optimaler Bedingungen für die Übermittlung und Verarbeitung von Informationen[2].

---

[1] C. J. Hovland, Social Communication, in: Reader in Public Opinion and Communication (ed. B. Berelson, M. Janowitz), Glencoe 1950, S. 181.

[2] C. Cherry, Teoria informacji, jej podłoże i zastosowanie w socjologii (Die Informationstheorie, ihre gesellschaftliche Grundlage und Anwendung in der

Da für die Übermittlung jeder Art von Information vor allem Worte nötig sind, so wird bei allen diesen Forschungen eine besonders große Aufmerksamkeit der Rolle der Sprache gewidmet. Den Ausgangspunkt der Wissenschaft über den gesellschaftlichen Prozeß der Informationsübermittlung bildet die Theorie des Lernens, insbesondere die Psychologie des Lernens[3].

Einen Versuch der Anwendung der Informationstheorie und der Übertragung moderner Auffassungen über Kommunikationsprozesse in die Rechtswissenschaft, insbesondere in die Rechtspolitik, bilden die Arbeiten von F. Studnicki, Z teorii promulgacji (Aus der Promulgationstheorie), sowie Przepływ wiadomości o normach prawa (Der Verlauf von Informationen über Rechtsnormen)[4]. Der Verfasser geht vom instrumentalen Charakter der Rechtsnorm aus und behandelt sie als eine der zur Gestaltung gesellschaftlicher Verhältnisse benutzten Einrichtungen. Er untersucht den Prozeß der Information über die Norm hauptsächlich unter der Voraussetzung maximaler Wirksamkeit vom Gesichtspunkt des Normgebers aus. Der Normgeber, der sich nach einem solchen Postulat richtet, muß folgende Fragen erwägen:

a) An wen soll die Mitteilung über die Norm gerichtet werden?
b) Welche Mittel der Informationsübermittlung sollen benutzt werden?
c) Wie soll die Mitteilung formuliert werden?

Die in diesen Fragen enthaltenen Probleme gehören zweifellos zum Abschnitt, der den Erwägungen über die Rechtspolitik gewidmet ist; denn es sind Probleme, die der Normgeber berücksichtigen muß. Wir müssen uns jedoch darüber Rechenschaft ablegen, daß die funktionale Analyse der Norm und der Rechtsinstitutionen neben einem theoretischen immer auch einen praktischen, „instrumentalen" Aspekt besitzt und daß deshalb ein bedeutender Teil der Erwägungen dieser Arbeit im engen Zusammenhang mit den Problemen der Rechtspolitik steht. Rechtspolitik wird dabei als praktisches Wissen verstanden, das nach der effektivsten Verwirklichung bestimmter Direktiven gesellschaftlicher Ziele mit Hilfe von Rechtsnormen strebt.

Das Problem der Wirksamkeit der Information ist ein Schlüsselproblem zahlreicher Arbeiten, die der Frage der Propaganda gewidmet sind

---

Soziologie), Studia Filozoficzne 4/1959, S. 103 ff.; N. Wiener, The Human Use of Human Beings, Cybernetics and Society, New York 1956; Current Trends in Information Theory (ed. R. Patton), Pittsburg 1953. Eine ausführliche Bibliographie der Informationstheorie und Kybernetik in den folgenden Werken: W. R. Ashby, Wstęp do cybernetyki (Einführung in die Kybernetik), Warszawa 1961; M. Choynowski, Założenia cybernetyki a zagadnienia biologii (Voraussetzungen der Kybernetik und Probleme der Biologie), Warszawa 1957; A. Grebiewski, Elementy cybernetyki (Elemente der Kybernetik), Warszawa 1959.

[3] C. I. Hovland, FN 1, S. 183.

[4] Vgl. S. 37.

(welche immer häufiger die Bezeichnung „überredende Einwirkung" annimmt). Hovland, Janis und Kelly analysieren in dem Werk Communication and Persuasion[5] mittels empirischer Forschungen die Abhängigkeit der Wirksamkeit der Information von den folgenden Faktoren: Informator (wer spricht?), Art der Information (was wird gesagt?) und Auditorium (zu wem wird gesprochen?). Die Person des Informators hat insbesondere Einfluß auf den Grad des Vertrauens, der Autorität und der Glaubwürdigkeit der von ihm erteilten Information. Der Inhalt der Mitteilung enthält entweder gewöhnliche Argumente, welche den Empfänger der Mitteilung zu deren Beurteilung als wahr oder unwahr, rechtmäßig oder unrechtmäßig führen, oder der Informator bedient sich einer Art von „Appell" — eines positiven, wenn er verschiedene Formen von Gratifikationen schildert, und eines negativen, wenn er sich auf Strafen beruft. Sowohl die Argumente als auch der „Appell" wirken als Stimulus für die Akzeptierung und Billigung der erhaltenen Informationen. Die Betonung, daß die Meinungsänderung in einer Gruppe zunehmend abhängig ist vom Einfluß der Information, führt notwendig zur Untersuchung der Abhängigkeit der Meinungsbildung von der Art der Bekanntmachung der Information. Die Tatsache der Gruppenzugehörigkeit kann zu einer Meinungsbildung in Abhängigkeit von der Norm der Gruppe führen (z. B. ein Appell an Parteimitglieder, Katholiken). Die Abhängigkeit der Wirksamkeit der Informationen von den Besonderheiten der Adressaten (Auditorium), wie z. B. Konformismus einer Gruppe, individuelle Unterschiede je nach Empfänglichkeit für Überredung, Motivationsbereitschaft, ist ein Problem, daß eher mit der Einwirkung normativer Information verbunden ist als mit dem Durchdringen der Information selbst[6]. Ähnliches gilt für das sehr wesentliche Problem der Dauer der Informationswirkung.

Das hier besprochene und auf die Fragen der Propaganda erweiterte Problem der Information ist für die Rechtspolitik ein tiefergehendes Problem als nur die Frage, ob die Mitteilung über die Norm den Adressaten auch erreicht[7]. Es umfaßt nämlich die sehr wesentliche Aufgabe des behelfsmäßigen Einwirkens auf die Adressaten mit Hilfe anderer Mittel als Rechtsnormen, insbesondere auf Gebieten, in denen nur eine beschränkte Motivationskraft besteht. Die Bedeutsamkeit dieser Probleme für das gesellschaftliche Leben aber macht gleichwohl den Normgeber

[5] C. L. Hovland, I. L. Janis, H. H. Kelley, Communication and Persuasion, New Haven 1959, S. 12; Besprechung dieser Problematik in der polnischen Literatur: J. Kubin, Rola prasy, radia, i telewizji. Przegląd badań zagranicznych (Die Rolle der Presse, des Rundfunks und Fernsehens. Rundschau ausländischer Untersuchungen). Kraków 1963.

[6] C. I. Hovland u. a., FN 5, S. 134 ff.

[7] Über Unterschiede und Ähnlichkeiten zwischen überredender und juristischer Beeinflussung schreibt gleichfalls F. Studnicki, Przepływ wiadomości (Der Informationsfluß von Informationen), S. 6 ff.

für eine Regelung auf dem Rechtswege geneigt (vgl. eine Reihe von Problemen aus dem Bereich des Familienrechts, den Kampf mit Rassenvorurteilen, Probleme der Arbeitsdisziplin). Zugleich handelt es sich hier um das Problem der Überzeugung der Rechtsadressaten von der richtigen Wahl der Mittel durch den Normgeber im Hinblick auf die von ihm und der Gesellschaft angestrebten Ziele. Darauf macht Z. Ziembiński aufmerksam, der schreibt, daß der Normgeber schon mit Rücksicht auf seine gesellschaftliche Stellung eine größere Kenntnis gesellschaftlicher Probleme besitzt, als der Durchschnittsbürger. Zugleich verfügt er über wichtige Argumentationskraft für die Richtigkeit der aufgestellten Normen, und zwar durch Information über den Stand der Staatsgeschäfte und der übrigen Probleme des öffentlichen Lebens. Es handelt sich hier nicht nur um die Organisation von Informationen über Probleme, denen sich der Gesetzgeber gegenübersieht, sondern auch darum, Vertrauen in die staatliche Information zu erlangen, um eine geschickte Gegenüberstellung des Gesamtbildes staatlicher Angelegenheiten mit jenem Bilde zu erreichen, das aus der engen Perspektive des einzelnen Bürgers entsteht[8].

Vom Standpunkt des gesellschaftlichen Prozesses der Einwirkung des Normgebers auf die Gesellschaft her ist aus allen diesen Gründen das Problem der Information eng verbunden mit der bedeutend umfassenderen gesellschaftlichen Technik einerseits der Gestaltung von gesellschaftlichen Anschauungen und Bewertungen und andererseits der Verwirklichung oberster gesellschaftlicher Ziele. Im Rahmen dieser gesellschaftlichen Technik ist das Recht eines der bedeutendsten, aber nicht das einzige Mittel.

2. Die Adressaten der Norm und das Sprachproblem juristischer Texte

In der Rechtstheorie gehen die Ansichten darüber auseinander, wer unmittelbarer und wer mittelbarer Adressat der Norm ist[9]. Vom Gesichtspunkt der formalen Struktur der Rechtsnorm und der am häufigsten angetroffenen Arten ihrer Formulierung her mußte behauptet werden, daß sich der Normgeber an die Organe der Rechtspflege richtet. Vom Gesichtspunkt des uns hier interessierenden gesellschaftlichen Prozesses der positiven Wirkung des Rechts her aber sind die Gesamtheit der Bür-

---

[8] Z. Ziembińszi, Normy moralne i normy prawne (Normen der Moral und Rechtsnormen), Poznań 1963, S. 176 ff.

[9] Die Problematik des Adressaten der Rechtsnorm behandeln unter anderen: H. Kelsen, Podstawowe zagadnienia nauki prawa państwowego (Prinzipielle Probleme der Staatsrechtswissenschaft), Wilno 1936, Bd. II, Abschn. XIII; A. Ross, vgl. die Besprechung auf S. 67; J. Wróblewski, Zagadnienia teorii wykładni prawa ludowegó (Probleme der Auslegung des Völkerrechts, Warszawa 1959, S. 82; F. Studnicki, Z teorii promulgacji (Aus der Promulgationstheorie), S. 197.

ger oder Gruppen von ihnen der unmittelbare Adressat, auf dessen Verhalten der Normgeber mit Hilfe von Verhaltensmustern, die in den Rechtsnormen enthalten sind, Einfluß ausüben will. Der optimale Zustand, der den Absichten des Normgebers entsprechen würde, ist nämlich jener Zustand, in welchem alle Bürger sich in Übereinstimmung mit den in den Rechtsnormen enthaltenen Vorbildern verhalten und es nicht notwendig ist, sich der Tätigkeit des Rechtsapparates zu bedienen. Nicht optimal ist der Zustand, in welchem jede Rechtsverletzung — also jedes Verhalten, das von den erlassenen Normen abweicht — auf die vom Normgeber vorgesehene Reaktion des Rechtsapparates trifft.

Hinsichtlich der Formulierung der Norm anhand gewisser Merkmale und Eigenschaften der unmittelbaren Adressaten hebt F. Studnicki hervor, daß den Normgeber vor allem solche Charakteristiken interessieren werden, die sich nicht nur auf einzelne Adressaten beziehen lassen, sondern sich bei der Mehrzahl der Menschen wiederholen, insbesondere bei bestimmten Gruppen. Ein Normgeber, der um die Verständlichkeit der Norm bemüht ist, muß die Verständlichkeit der Mitteilung für Adressaten der einzelnen Gruppen erwägen; aus praktischen Gründen wird er lediglich gemeinsame Charakteristika beachten. Als ideal müßte unzweifelhaft die Formulierung angesehen werden, bei der die Mitteilung den Adressaten aller Gruppen völlig verständlich ist. Eine solche These, schreibt Studnicki weiter, stützt sich jedoch auf die Voraussetzung, daß für den Gesetzgeber das Verständnis der die Norm betreffenden Information für die Mitglieder jeder der Adressatengruppen gleich wichtig ist. Der Normgeber muß jedoch davon ausgehen, daß je nach der Verschiedenheit der geregelten Verhaltensbereiche die Information über die Norm für verschiedene Adressatengruppen von unterschiedlicher Bedeutung ist; in der Praxis paßt er oft die Mitteilung an die Gruppe der „Kontrolleure“ an, d. h. an die Mitglieder des Rechtsapparates. Er ist bemüht, ihr eine solche Formulierung zu geben, daß sie auf bestmögliche Weise für jene Personen verständlich wird, deren Aufgabe der Vergleich des Verhaltens Dritter mit den in den Rechtsnormen enthaltenen Verhaltensmustern ist sowie die Verhängung der Sanktionen, die für den Fall des Abweichens von diesen Mustern vorgesehen sind. Indem er eine Begrenzung des Kreises der Adressaten in Kauf nimmt, für die der Inhalt der Norm genügend verständlich ist, gewinnt der Normgeber einerseits an Präzision der Formulierung, Bündigkeit und Genauigkeit, sowie andererseits die Möglichkeit der Anwendung von Fachausdrücken, die einen Bestandteil der juristischen Sprache bilden[10].

Die Forderung nach klaren und für alle verständlichen Gesetzbüchern, dank welchen das Recht motivierend unmittelbar auf jene Personen ein-

---

[10] F. Studnicki, ebd., S. 204 ff.; eine ausführliche Besprechung des Standpunktes im Bereich des Verstehens des Rechts: J. Wróblewski, ebd., S. 109 ff.

wirken könnte, die das Vorgehen betrifft, wurde schon von Bentham vorgebracht. Sein Konzept zielte auf eine Ausschaltung von „Vermittlern", auf ein Umgehen all der Situationen, in denen die Betroffenen zur Inanspruchnahme der Dienste von Anwälten oder juristischen Ratgebern „verurteilt" sind und sich im Dickicht der Präzedenzfälle und Verfahrensvorschriften völlig verlieren, die selbst für Berufsjuristen oft zu kompliziert sind.

Die Entwicklung der modernen Gesetzgebung ging jedoch nicht in die Richtung, die den von Bentham vorgebrachten Forderungen entsprechen würde. Obwohl die Rechtsentwicklung entschieden nach systematischen Kodifikationen strebt und dort, wo sich noch auf Präzedenzfälle gestütztes Recht erhält, sehr genaue und übersichtlich gefaßte Entscheidungsregister erarbeitet wurden, haben diese Maßnahmen doch hauptsächlich die Vereinheitlichung des Rechts und die Vereinfachung eines bestimmten „fachlichen Wissens" zum Ziel, das ähnlich wie Medizin und Technik Spezialisten erfordert. Die von den „Fachleuten" durch spezielle Studien und in der Praxis erlangten Qualifikationen ermöglichen ihnen sowohl das Aufstellen neuer Rechtsnormen als auch die Anwendung schon bestehender, und das nicht nur durch Ausübung einer kontrollierenden Funktion, sondern auch im Rahmen der uns hier besonders interessierenden Rolle als Vermittler bei der Information über Rechtsnormen.

Große Aufmerksamkeit widmet J. Wróblewski[11] der Kenntnis von juristischen Fachausdrücken in der Gesellschaft. Er weist darauf hin, daß die Grundsätze der volksdemokratischen Verfassung Voraussetzungen für eine ständige Erweiterung des Personenkreises bieten, welcher im Hinblick auf seine gesellschaftlichen Funktionen sich juristischer Fachausdrücke bedienen, eine dementsprechende Bildung besitzen oder über ausreichendes juristisches Wissen verfügen muß. Wróblewski behauptet, daß in unserem Staatswesen ein recht bedeutender Teil der Gesellschaft notwendigerweise auf Rechtsprobleme stoßen muß, angesichts der verbreiteten (oft vielleicht auch übertriebenen) Vermischung von Rechtsfakten mit dem gesellschaftlichen Leben, was übrigens mit der Funktionsweise des Volksstaates verbunden ist. Eine Rolle kann hier auch die Beteiligung der Gesellschaft an der Regierung (hauptsächlich durch die Nationalräte) oder an der Rechtspflege (Schöffen, Laienrichter) spielen.

Der Bereich, in welchem die Gesellschaft auf juristische Fachausdrücke trifft, hängt nicht nur von ihrer juristischen Kultur ab, sondern auch vom jeweiligen Rechtszweig, dem bestimmte Ausdrücke eigen sind, sowie von der gesellschaftlichen Rolle der Probleme, die durch diesen Rechtszweig geregelt werden.

[11] J. Wróblewski, ebd., S. 231.

Der Prozeß des Verstehens von Rechtsinhalten wird als Prozeß der Rechtsauslegung bezeichnet. Von Rechtsauslegung kann man sowohl in Fällen sprechen, in denen sich die Bedeutung der Vorschriften dem Empfänger von selbst aufdrängt, als auch in Fällen, in denen die Festlegung einer bestimmten Bedeutung komplizierte Überlegungen erfordert[12]. Das Verstehen der Vorschrift durch den Empfänger kann verschieden weit gehen. Ein besonderes Problem ist die Frage der „Treffsicherheit" des Ergebnisses der Auslegung. In der juristischen Literatur wurden und werden die Probleme des Verstehens juristischer Texte hauptsächlich im Zusammenhang mit der Auslegung entweder durch rechtsanwendende Organe (hauptsächlich die gerichtliche Auslegung), oder durch die Wissenschaft (dogmatische Auslegung) gesehen. Dagegen wurde bisher das Verstehen von juristischen Texten durch den Bürger als Adressaten noch nicht untersucht. Einen interessanten Versuch bilden die von J. Wróblewski unternommenen Untersuchungen über das gewöhnliche Verstehen von juristischen Texten durch Studenten der Universität in Lódź[13]. In Anbetracht der begrenzten Zahl (288 Studenten) können die gesammelten Daten höchstens als „generalisierender Bericht" aufgefaßt werden. Wie der Verfasser schreibt, geht es hier lediglich darum, die Brauchbarkeit des verwendeten Begriffsapparates zu prüfen und Probleme zu zeigen, deren Analyse mittels entsprechend umfangreicher Erhebungen und unter Benutzung eines entsprechenden technischen Apparates von Nutzen sein könnte.

Ein charakteristisches Merkmal moderner Gesetzgebung ist die teilweise Änderung des Adressatenkreises: das ursprüngliche Einwirken auf das Verhalten von Personen erweiterte sich im hohen Maße zum Einwirken auf das Verhalten von Institutionen, Organisationen oder Verwaltungsorganen. Das brachte die Notwendigkeit einer Erweiterung der Untersuchungen auf den Prozeß der Einwirkung von Rechtsnormen auf Mitglieder dieser Institutionen und Organisationen mit sich, wie auch auf die Stellung, die Organisationen unter den Motivationsfaktoren einnehmen. Diese Probleme werden in der westlichen Wissenschaft mit dem Namen „administrative behavior" bezeichnet[14] und interessieren die politische Wissenschaft, die politische Soziologie, die Verwaltungswissenschaften und die Sozialpsychologie in ihren Untersuchungen über Probleme der Bürokratie. Das wachsende Interesse an diesen Problemen ist mit der Tatsache verknüpft, daß in der modernen Gesellschaft das Individuum — wie wir es in der Einleitung zeigten — zunehmend auf eine ganze Reihe

[12] F. Studnicki, FN 7, S. 94.

[13] J. Wróblewski, Zagadnienie jednolitości i prewności rozumienia tekstów prawnych (Probleme der Einheit und der Gewißheit des Verstehens juristischer Texte), Państwo i Prawo 3/1966, S. 539 ff. (eine genaue Besprechung der Untersuchungen).

[14] H. A. Simon, Administrative Behavior, New York 1958.

vom Staate erbrachter Dienstleistungen „angewiesen" ist (Verkehr, Bildung, Gesundheitswesen und Kultur)[15]. Der Bereich dieser Dienstleistungen und die damit verbundene Abhängigkeit des Individuums von der Gewandtheit der sie ausübenden Personen wächst im sozialistischen Staat wegen seines ausgeprägten wirtschaftlich-organisatorischen sowie kulturell-erzieherischen Funktionen[16].

Normen, die das Vorgehen bestimmter Organisationen oder Institutionen regeln, neigen zur Fachterminologie und sind für Personen von besonderen Qualifikationen bestimmt, wie Rechtsberater oder Beamte mit juristischer Ausbildung, die Mitteilungen über die Norm an andere Mitglieder oder Mitarbeiter der angesprochenen Institutionen weitergeben, und zwar, je nach Gegenstand der Regelung, meist nur an bestimmte Gruppen.

So werden also die fortschreitende Demokratisierung des Staates, die Zunahme der Bildung und die Entwicklung vielfältiger Formen der Massenkommunikation zu Faktoren, die den Normgeber zur Formulierung von Rechtsnormen in einer Sprache führen, die den unmittelbaren Adressaten zugänglich und verständlich ist. Andererseits wieder spricht die Kompliziertheit des Gegenstandes der Regelung, das Postulat der Bündigkeit und Präzision des Textes und die Tradition juristischer Praxis für die Inanspruchnahme einer juristischen Fachsprache.

Müssen aber diese beiden voneinander abweichenden Tendenzen immer die Gestalt besonderer Autonomie auf dem Gebiet der Gesetzgebungstätigkeit annehmen? Zum ersten kann die eine oder andere Tendenz je nach der Art der Norm und des Rechtszweiges überwiegen; Verfassungsnormen, Vorschriften des Strafrechts oder des Arbeitsrechts[17], grundlegende Rechtssätze nähern sich unzweifelhaft den „Postulaten Benthams" an, dagegen sind Vorschriften des Zivil- und Finanzrechts und verschiedener Zweige des Wirtschaftsrechts eher im Hinblick auf „Fachleute" und nicht auf Laien formuliert. Zum zweiten bedarf das Problem der unmittelbaren Wirkung der Norm einer zusätzlichen Analyse desjenigen Prozesses, durch den sich die Allgemeinheit der Bürger mit den bestehenden Rechtsvorschriften bekannt macht, oder vielmehr mit einem Teil derselben.

---

[15] J. Stone, Law in the Modern State, 1939; R. Pound, Social Control, S. 113 bis 115.

[16] M. Maneli, O funkcjach państwa (Über die Funktion des Staates), Warszawa 1963.

[17] W. Aubert, The Hausmaid — An Occupational Role in Crisis, Acta Sociologica, Bd. 1 Nr. 7, weist in seinen Untersuchungen über ein neues Gesetz in Norwegen, das die Verhältnisse zwischen Dienstboten und Arbeitgebern regelt, auf das fehlerhafte Funktionieren dieser Vorschriften hin, was u. a. mit der Sprache verbunden ist, deren sich der Normgeber bedient, der eher auf eine Lösung von Konflikten als auf eine Verhaltenssteuerung eingestellt ist — „Vorschriften, geschrieben von Juristen für Juristen".

3. Unterschiede in der Art des Vordringens der Rechtsnorm zu den Adressaten

Die Art der Informationswirkung der Rechtsnorm als unmittelbare oder auch mittelbare Wirkung kann der Normgeber nur teilweise voraussehen. Versuche, mittels des Einsatzes ganz bestimmter Bekanntmachungsmittel über die Wirksamkeit einer neuen Norm zu entscheiden, bieten niemals die Gewähr dafür, daß eine bestimmte Norm auf unmittelbare oder mittelbare Art zu dem Adressaten gelangt (mit Ausnahme sehr einfacher Ordnungsvorschriften, die etwa beim Erwerb des Führerscheins oder bei Überschreiten der Grenze ausgehändigt werden).

Im Hinblick auf die Unterschiede in der Art des Vordringens der Rechtsnorm zu den Adressaten muß festgestellt werden, daß komplizierte Normen in einem bestimmten Maß auf fachmännische Vermittler angewiesen sind.

Hat die Informationswirkung der Rechtsnorm unmittelbaren Charakter, so macht sich der Adressat der Norm mit der Mitteilung über sie bekannt. Diese wird vom Normgeber mittels eines Gesetzblattes, eines Gesetzbuches, einer Mitteilung in der Presse oder im Rundfunk, öffentlichen Anschlägen usw. erlassen. Hat sie mittelbaren Charakter, so erfährt der Adressat von ihr durch Ratschläge des Rechtsanwalts, Diskussionen, Artikel in der Presse oder Rundfunkkommentare, die das durch die Norm geregelte Problem behandeln, durch Berichterstattung über einen Prozeß oder die Teilnahme an ihm, vor allem aber durch Übermittlung anderer allgemeiner Verhaltensmuster, die in der gegebenen Gesellschaft beachtet werden und die zu dem Begriff der Kultur beitragen, von der das Recht ein Teil ist[18].

Die unmittelbare Informationswirkung läßt sich weitgehend auf das Problem der „kommunikativen Seite" der Rechtsnorm zurückführen, d. h. auf den Grad der Klarheit und Präzision ihrer sprachlichen Formulierung, der Art ihrer Veröffentlichung und Bekanntmachung, dem intellektuellen Niveau des Adressaten der Norm, seiner Fähigkeit, sich bestimmte neue Verhaltensmuster anzueignen. Maßgebend ist also das Gesamtbild der Bedingungen, die darüber entscheiden, ob die Rechtsnorm zum Bewußtsein des Adressaten in dem Sinne wird, der der Bedeutung, die ihr der Normgeber verlieh, am nächsten steht.

Bei mittelbarer Informationswirkung kommt außer der „kommunikativen Seite" der Norm noch eine Reihe zusätzlicher Faktoren hinzu, unter denen die wesentlichste Rolle das Problem der Unterschiedlichkeit des

[18] Einen Versuch der Unterscheidung und Charakterisierung verschiedener Typen der Übermittlung von Rechtskenntnissen unternimmt F. Studnicki, FN 7, S. 64 ff.

Rechtsbewußtseins der vermittelnden Personen spielt, welches uns vor das sehr komplizierte und noch wenig bearbeitete Problem der Gestaltungswege des Rechtsbewußtseins und seines Verhältnisses zu anderen Formen gesellschaftlichen Bewußtseins stellt. Die im sozialistischen System im großen Maßstab durchgeführten Aktionen der Popularisation des Rechts, die Bemühungen um Verbesserung der Verbreitung von Informationen über Handlungen, die unter Strafdrohung stehen, insbesondere von Vergehen, die für eine bestimmte Phase der politischen oder wirtschaftlichen Verfassung besonders schädlich sind, öffentliche Diskussionen über Entwürfe von Gesetzen oder Gesetzbüchern bilden gleichfalls einen bedeutsamen Versuch mittelbarer Information der Bürger über die gesellschaftliche Funktion bestimmter Vorschriften.

Wenn in der Praxis die Rechtsnorm nicht nur einen sehr engen Kreis von Adressaten betrifft, sondern allgemeinen Charakter hat, so besitzt sie nur ausnahmsweise unmittelbare Wirkung. Die unmittelbare Wirkung tritt nämlich hauptsächlich bei der Aufstellung einer neuen Norm auf, mit der der Normgeber auf möglichst schnelle Art die Allgemeinheit der Bürger bekanntmachen will und sich der Masseninformation bedient, wie Presse, Rundfunk, Fernsehen und Bekanntmachungen an öffentlichen Orten. Wenn es sich dagegen um ein bestimmtes System geltender und schon vor längerer Zeit erlassener Normen handelt, so muß festgestellt werden, daß ein Großteil von ihnen den Laien überhaupt nicht bekannt ist; nur in besonderen Situationen, wenn daran interessierte Personen sich mit dem „bestehenden Rechtszustand" bekannt machen wollen, erfahren sie vom betreffenden Inhalt der bestehenden Vorschriften und auch dann gewöhnlich nicht unmittelbar, d. h. als Ergebnis des Durchblätterns von Gesetzesblättern, Gesetzbüchern und anderen Sammlungen von Rechtsvorschriften, sondern mittelbar durch „Fachleute" wie Rechtsanwälte, Rechtsberater, Beamte usw., die in diesem Falle die Rolle von Vermittlern spielen, die den Interessenten einen meist mit einem entsprechenden Kommentar versehenen Inhalt der Rechtsnormen mitteilen. In solchen Fällen werden wir es also schon mit mittelbarer Informationswirkung der Rechtsnorm zu tun haben, die zweifellos eine dominierende Rolle im Prozeß des Einwirkens des Rechts auf die Gesellschaft spielt.

Falls es sich um „fachmännische" Vermittler handelt, so übt — wie die Praxis zeigt — die Institutionalisierung ihrer Rolle und die Form dieser Institutionalisierung einen großen Einfluß auf den Prozeß der Rechtsanwendung aus.

Sehr interessantes Material bietet die von amerikanischen Juristen durchgeführte Analyse der Rolle von counselors und lawyers und ihres Einflusses nicht nur auf den Prozeß der „Kanalisierung", d. h. der Verhaltenssteuerung von Bürgern in eine bestimmte Richtung, sondern auch auf die Arbeiten von Rechtstheoretikern. Die Trennung der Rolle des Rechtsanwaltes (lawyer) von der des Rechtsberaters (counselor) führt in der Praxis dazu, daß die Tätigkeit des Rechtsanwaltes, der dem Gericht mündliche oder schriftliche Argumente vorbringt, vor allem auf die Beeinflussung des Richters gerichtet ist, während der Rechtsberater bestrebt ist, die zukünftige Entscheidung vorauszusehen. Indem er sich des Rechts bedient und entsprechende Argumente anführt, berücksichtigt der Berater Umstände, die das Risiko seines Klienten im Hinblick auf eine zukünftige Entscheidung des Richters eines bestimmten Gerichtes in einer bestimmten Instanz auf ein Mindestmaß verringern. Seine Beurteilung führt oft zu einer Verhinderung von Rechtsstreitigkeit oder zur Beeinflussung seines Klienten in eine bestimmte Richtung. Daher übt er in einem gewissen Grade Einfluß auf den Klienten aus, indem er mit seinen Ratschlägen dessen Vorgehen gestaltet.

W. E. Patterson weist auf die bedeutende Rolle hin, die Rechtsberater bei der Gestaltung von Entscheidungen spielten, die vom big business gegen Ende des vorigen Jahrhunderts im Bereich allgemeiner Politik und geschäftlicher Transaktionen getroffen wurden. Nicht weniger interessant ist, wie die gegen Ende des XIX. Jahrhunderts herrschende Auffassung ihren Ausdruck in der Theorie von Holmes findet (die den Begriff des Rechts auf das Voraussehen des zukünftigen Verhaltens des Richters zurückführt), welche überaus deutlich die ganze weitere Entwicklung des rechtstheoretischen Denkens in den Vereinigten Staaten beeinflußte. Unter den modernen amerikanischen Juristen betont nun insbesondere Patterson — in Anlehnung an die Konzeption von Holmes — die Betrachtung des Rechts mit den Augen des counselors, welcher als wichtigster „Vermittler" von Informationen über das Recht seine Auffassung weiten Kreisen unmittelbarer Adressaten aufnötigt[19].

Ähnlich wie das kontinentale System trennt auch unser Rechtssystem die Beratung oder Vorbereitung eines Falles nicht von seiner Darstellung vor Gericht. Es kennt jedoch neben der Funktion des Rechtsanwalts auch die Funktion eines Rechtsberaters sowie die Institution unentgeltlicher Rechtsberatung, die entweder durch die Vermittlung von Rechtsanwaltsbüros oder durch die Presse und den Rundfunk erteilt werden. Es wäre sehr interessant, wenigstens einen kleinen Ausschnitt dieser Tätigkeit im Hinblick auf ihren Einfluß auf ratsuchende Personen und deren Rechtsbewußtsein zu untersuchen.

---

[19] E. W. Patterson, Jurisprudence, Brooklyn 1953, S. 183 - 185; auch H. Kantorowicz erachtet die Ansichten der Realisten als Ergebnis „beruflicher Vorurteile" („professional prejudice") und einer Überbetonung der Ausbildung von Rechtsberatern („counselors").

Der Ausbau eines weiten Netzes unentgeltlicher Beratungen im Bereich des Rechts ist zweifellos ein Faktor, der weitgehend die Schwierigkeiten kompensiert, die aus der Unmöglichkeit der gänzlichen Verwirklichung der Postulate von Benthams Gesetzgebungstheorie hervorgehen.

Nicht unterstützt werden darf jedoch die Rolle der vom juristischen Standpunkt aus „inoffiziellen" Vermittler von Nachrichten über bestehende Verhaltensmuster. Der Prozeß der Annahme der in Rechtsnormen enthaltenen Verhaltensmuster verläuft weitgehend analog zu dem bedeutend umfassenderen Prozeß der Aneignung dessen, was wir mit dem Namen Kultur bezeichnen. Wenn es nämlich ein grundsätzliches Kennzeichen der menschlichen Gesellschaft ist, daß das Verhalten der Mitglieder dieser Gesellschaft größtenteils angelernt ist und anderen mit Hilfe von Bedeutungssymbolen übermittelt wird (das eben unterscheidet die menschliche Gesellschaft von Tieren, auch wenn sie auf eine so hoch organisierte Art leben wie Ameisen, Bienen usw.), so ist die integrale Summe aller Verhaltensmuster, die von den Mitgliedern der menschlichen Gesellschaft anerkannt wurden und angewandt werden, ein Bestandteil dessen, was wir Kultur nennen.

Grundlegende Bedingung des Zusammenlebens in der Gruppe ist die Möglichkeit des Vorhersehens, wie sich andere in bestimmten Situationen werhalten werden. Eben diese Erwartung im Verhältnis zu anderen wird in der Folge zum Stimulus für das eigene Verhalten; denn Menschen, die in Gemeinschaft leben, sind Menschen, die gegenseitig aufeinander einwirken[20].

Das Recht ist ein Teil der Kultur und daher wird auch ein bedeutender Teil von Rechtsvorschriften, die Verhaltensmuster für das gesellschaftliche Zusammenleben, für Eigentumsverhältnisse und Regierungssysteme enthalten, auf demselben Wege übermittelt wie eine Reihe anderer Verhaltensmuster aus dem Bereich Moral, Sitte, Gesundheit und Hygiene. Die Übermittlung erfolgt durch Primärgruppen wie Familie, Nachbarschaft, den engsten Kreis Gleichaltriger; später durch Bekannte und Institutionen wie Schule, Jugendverbände, Berufs- und Parteiorganisationen, Kirche, sowie durch Massenkommunikationsmittel wie Presse, Rundfunk und Fernsehen. Die Übermittlung von Verhaltensmustern kann in Form von Hinweisen und Direktiven geschehen, die von Personen mit besonderer Autorität gegeben werden, wie Eltern, Lehrer, Priester, Abgeordnete, oder sie kann die Gestalt eines Zeitungsartikels, eines Rundfunkkommentators oder einer Diskussion annehmen.

Die moderne Ethnologie (die außerhalb Kontinentaleuropas heute gewöhnlich als „Anthropologie der Kultur" bezeichnet wird), insbesondere die sog. „funktionale Schule", interessierte sich für das Problem der

[20] E. A. Hoebel, The Law of Primitive Man, Cambridge, Mass. 1954, S. 12.

Gestaltung und der Rolle des Rechts in verschiedenen Kulturen, angefangen bei primitiven Gemeinwesen bis zu solchen von hoher Zivilisation. Trotz grundsätzlicher Unterschiede, die die Vertreter dieser Richtung von der marxistischen Theorie der Rechtsentstehung trennen (insbesondere im Hinblick auf die klassenpolitische Funktion des Rechts), bringen die Arbeiten von Malinowski, Hoebel und insbesondere die von Anthropologen und Juristen gemeinsam durchgeführten Untersuchungen (z. B. Hoebel und Llellewyn)[21] viel interessantes Vergleichsmaterial über die Funktion der Rechtsnormen im Bereich der Übermittlung allgemeiner Verhaltensmuster: den Mechanismus der Übermittlung von Vorbildern sowie die Kontrolle im Falle des Abweichens von ihnen.

Ein besonders interessantes Forschungsgebiet über die sich gegenwärtig abspielenden Prozesse der Entstehung neuer Gesellschaften ist für die westliche Soziologie Israel. Eine der zahlreichen Arbeiten über die Gestaltung moderner Verhaltensmuster unter Gruppen von sehr unterschiedlicher Kultur, Bildung und Zivilisation ist die dem uns interessierenden Problem des gesellschaftlichen Informationsprozesses gewidmete Arbeit von Eisenstadt, die die Abhängigkeit des Informationssystems von der gesellschaftlichen Struktur nachweist[22]. Eisenstadt unternimmt eine vergleichende Analyse verschiedener Gruppen oder eher noch verschiedener Gemeinschaften israelischer Immigranten (Einwanderer aus Nordafrika, Yemen und Jugoslawien) und untersucht die Abhängigkeit der angewandten Formen der Informationsübermittlung sowie die Abhängigkeit der Folgen der Information von den spezifischen strukturellen Merkmalen der gegebenen Gemeinschaft. Er behandelt das Problem der Information in einem bedeutend breiteren Aspekt als das uns hier interessierende Problem des Rechts als Informationsprozeß. Er unterscheidet im Hinblick auf den Inhalt drei Arten der Information: technische Information (z. B. der Fahrplan), Erkenntnis-Information und normative Information. Diese letztere umfaßt gesellschaftliche Normen, die ein geeignetes Verhalten in verschiedenen gesellschaftlichen Rollen[23] und verschiedenen Situationen bezeichnen: sie können als allgemeine Prinzipien auftreten, die sich auf keine bestimmte Rolle beziehen und eher gewissen Wertsystemen entsprechen (gut, schlecht, ehrlich, unehrlich usw.). Sie können auch die Form von Verhaltensmustern für alle Mitglieder einer bestimmten Gesellschaft annehmen und einen allgemeinen Typus von Verhaltensmustern bilden, der eine Identifizierung mit dieser Gesellschaft ermöglicht. Schließlich können es auch Verhaltens-

---

[21] K. N. Llewellyn, E. A. Hoebel, The Cheyenne Way, Oklahoma 1953.

[22] S. N. Eisenstadt, Communication Systems and Social Structure, Public Opinion Quarterly 2/1955; gleichfalls C. Cherry, FN 2, S. 122; A. Bavelas, Communication Pattern in Task-Oriented Group, in The Policy Sciences, S. 193.

[23] Nähere Ausführungen zur Konzeption der „sozialen Rolle“ im 8. Abschnitt.

muster für lediglich eine bestimmte Kategorie gesellschaftlicher Rollen institutionellen Charakters sein, wie die Familie und Berufsgruppen, oder auch Verhaltensmuster für Konfliktsituationen, die gewöhnlich zu einer Hierarchisierung der Rollen führen.

Eisenstadt weist auf die Tendenz zur Verbindung verschiedener Arten von Informationen hin (wie etwa Erkenntnis-Information mit normativer oder technische Information mit normativer Information). Diese Tendenz hängt von der Entwicklungsstufe, der Arbeitseinteilung und der kulturellen Verschiedenheit der gegebenen Gemeinschaft ab, sowie von Situationen, die je nach den Unterschieden zwischen den einzelnen Gemeinschaften einschneidende Veränderungen der gesellschaftlichen Struktur hervorrufen und bewirken, daß ihre Mitglieder neuer, normativer Muster bedürfen und sich gewissermaßen normativen Informationen „zuwenden". Großer Nachdruck wird auf das entscheidende Problem für die sich in Israel bildende „neue Gemeinschaft" gelegt: die Adaption, die Anpassung an neue Bedingungen und die Billigung neuer Situationen und eines schnellen Wandels des gesellschaftlichen Lebens. Dabei weist der Verfasser auf die Rolle normativer Informationen und auf die Gefahr hin, die mit dem Loslösen des Individuums aus der bisherigen Gruppenverbundenheit entsteht sowie auf die Schwierigkeit, sich in neue Gruppen einzufügen. Diese Schwierigkeiten führen oft zu Apathie, Aggressivität und einem Mangel an Gemeinschaftsbindung, zu Empfänglichkeit für zufällige Kontakte, für Klatsch und Protestakte als Ausdruck enttäuschter Erwartungen. Gerade diese Erwartungen sind mit der neuen sozialen Situation des Individuums eng verbunden. Weiter unterstreicht der Verfasser, daß nur dann, wenn eben diese Erwartungen sich im Einklang mit der tatsächlichen Lage des Individuums befinden oder entwickeln, günstige Bedingungen für die Entstehung eines neuen wirksamen Informationssystems geschaffen werden.

4. Kenntnis des Rechts

Grundlegende Bedingung für einen wirksamen Einfluß der Rechtsnorm ist die Kenntnis des Rechts. Sobald es aber weder möglich noch notwendig ist, allen Mitgliedern der Gesellschaft umfassende Kenntnis über das geltende Recht „auf Vorrat" zu übermitteln, müssen wir uns die Frage stellen, welchen Grad der „Sättigung" der Gesellschaft mit Rechtskenntnissen wir als optimal ansehen[24].

Nach Studnicki ist es jener Zustand, in welchem jeder Bürger über folgendes verfügen könnte: a) grundlegende Informationen (Kenntnisse von Normen, die die Staatsverfassung bestimmen, allgemeine Orientierung in den Grundlagen wichtigerer Rechtszweige, Grundbegriffe gewisser

[24] F. Studnicki, FN 7, S. 70 ff.

Rechtsvorgänge und die Möglichkeit, sich ausführliche Kenntnisse anzueignen); b) Informationen, die im Hinblick auf die Anforderungen bestimmter gesellschaftlicher Rollen unerläßlich sind; c) Informationen, die zur aktuellen Entschlußfassung notwendig sind (Kenntnisse, zu denen man im Bedarfsfalle greift). Informationen, die zu den ersten beiden Gruppen gehören, sollten den Bürgern übermittelt werden. Informationen der dritten Gruppe sollten den Bürgern im Bedarfsfalle zugänglich gemacht werden. Auf die Notwendigkeit der Unterscheidung verschiedener Arten von Rechtskenntnis weist gleichfalls A. Podgórecki hin[25]. Seine Untersuchungen, die durch Vermittlung des Zentrums zur Erforschung der öffentlichen Meinung beim polnischen Rundfunk und Fernsehen durchgeführt wurden, betreffen die Meinung der Gesellschaft zu einigen Vorschriften des Familienrechts, insbesondere der Ehescheidung und der elterlichen Gewalt. In seinen Schlußfolgerungen zeigt Podgórecki, daß sie die Hypothese von der Notwendigkeit der Unterscheidung folgender Kategorien von „Kenntnis" bestätigen: a) Kenntnis von Rechtsvorschriften, die hauptsächlich Fachleute betreffen. Sie ist bei „Durchschnittsmenschen" ziemlich gering; b) Kenntnis von „Rechtsprinzipien", d. h. die Kenntnis bestimmter grundsätzlicher Bestimungen über das, was in einem bestimmten Bereich und unter bestimmten Bedingungen erlaubt und was unerlaubt ist. Die „Prinzipien" stehen mit einem mehr oder minder fest verankerten System sozialethischer Werte der gegebenen Gemeinschaft in Verbindung. Obwohl jedes der Prinzipien die Gestalt einer Rechtsvorschrift hat, besitzt es doch eine ganze Reihe unterstützender Normen der Sitte, Ethik usw.[26] Untersuchungen ergaben, daß die Kenntnis des Familienrechts in dieser zweiten Bedeutung, d. h. als „Rechtsprinzip", ziemlich bedeutend ist. Gesammelte Daten über die Bewertung bestehender Vorschriften und Institutionen können wertvolles Material für die gesetzgeberische Arbeit liefern.

Ein anderer interessanter Forschungsansatz über das Rechtsbewußtsein, und zwar sowohl der Kenntnis der Rechtsvorschriften als auch ihrer Bewertung, sind die von Z. Ziembiński durchgeführten Untersuchungen[27]. Sie untersuchten einen viel engeren Bereich, umfaßten sie doch nur 92 Studienbewerber der juristischen Fakultät der UAM im Jahre 1962, die Fragebogen zum Ausfüllen erhielten, sowie 100 durch das Los bezeichnete Einwohner von Poznań, mit denen Interviews durchgeführt wurden. Die Fragen betrafen die Wege der Information über Vorschriften und Rechtsprobleme (Presse, Rundfunk und Fernsehen, populäre juristische Bro-

[25] A. Podgórecki, Zjawiska prawne w opinii publicznej (Juristische Erscheinungen in der öffentlichen Meinung), Warszawa 1964, S. 27 ff.

[26] A. Podgórecki, Prestiż prawa (Prestige des Rechts), S. 178.

[27] Z. Ziembiński, Próby empirzycznego badania świadomoścoi prawnej (Versuche empirischer Untersuchungen über das Rechtsbewußtsein), Ruch Prawniczny i Socjologiczny, 3/1963, S. 197 - 221.

schüren, Bekanntmachungsblätter), die Kenntnis konkreter Vorschriften oder Begriffe wie z. B. „Vorladung“ und „Hooligan“ (Rowdy). Insbesondere handelte es sich um eine Orientierung, welche Eindrücke die durch Publizisten geführten Diskussionen über das Rowdytum im Bewußtsein der Gesellschaft hinterlassen hatten. Des weiteren betrafen sie die Kenntnis und Bewertung des angewandten Strafsystems bei Wirtschaftsvergehen sowie eine Reihe anderer Probleme wie das Wirken der Nationalräte, die Kenntnis der Verfassung usw. Die Untersuchungsergebnisse sind — wie Ziembiński schreibt — provisorisch und erlauben noch keine weitgehenden Folgerungen. Sie sollen als Beispiel dessen dienen, in welchen Richtungen unter anderem Untersuchungen über das Rechtsbewußtsein geführt werden können[28].

Die Untersuchungen über das Rechtsbewußtsein bestätigen das schon vorher unterstrichene Dominieren der mittelbaren Informationswirkung des Rechts. In diesem Prozeß der Übermittlung von Informationen über die Norm fällt den gesellschaftlichen Gruppen eine wesentliche Rolle zu. Der dritte Teil der vorliegenden Arbeit berücksichtigt daher besonders die Rolle gesellschaftlicher Gruppen, den Einfluß gesellschaftlicher Struktur nicht nur auf den Prozeß der Übermittlung von Informationen über die Rechtsnorm, sondern auch auf die motivierende und kontrollierende Wirkung der Rechtsnormen, auf die Bewertung der Normen, auf das Verhältnis des Rechtsbewußtseins zu anderen Wertsystemen und schließlich auf die Hierarchie dieser Systeme.

Fünfter Abschnitt

Die Motivationswirkung der Rechtsnorm

1. Motive und Ursachen und die lenkende Wirkung der Rechtsnorm

In diesem Abschnitt wird der gesellschaftliche Prozeß der Einwirkung des Rechts auf den Adressaten der Norm von dem Augenblick an analysiert, in dem er vom Normeninhalt Kenntnis erhält. Dieser Einfluß kann in der Steuerung des zukünftigen Verhaltens zum Ausdruck kommen, das der Adressat der Norm dem dort enthaltenen Verhaltensmuster anpaßt,

[28] Z. Ziembiński, ebd. S. 221. Eine Fortführung der Untersuchungen über das Rechtsbewußtsein der Bürger von Podnań sind die auf noch engere Themen begrenzten Magisterarbeiten, die unter der Leitung von Z. Ziembiński geschrieben wurden, wie z. B. von M. Rogiszko, Swiadomość prawna kobiet ze środowiska robotniczego m. Poznania (Das Rechtsbewußtsein von Frauen aus dem Arbeitermilieu von Poznań), J. Ciesielska, Postawy wobec wymiaru sprawiedliwości w sprawach karnych (Einstellungen zur Rechtspflege in Strafsachen), (die Untersuchungen wurden mit Lyzealschülerinnen von Podnań durchgeführt). Dem Problem der Gestaltungswege des Rechtsbewußtseins und insbesondere der Abhängigkeit zwischen der Informationsquelle und der Bewertung bestimmter Rechtsnormen und Institutionen ist die Arbeit von K. Pałecki gewidmet: Badania nad źródłami świadomości prawnej studentów

oder in einer bestimmten Einstellung, die sich in einem Vergleich des eigenen Verhaltens mit dem in der Rechtsnorm enthaltenen Vorbild zeigt, und zwar nicht nur beim unmittelbaren Adressaten der Norm (im Falle eines beschränkten Anwendungsbereichs), sondern bei allen Mitgliedern einer bestimmten Gemeinschaft, die einem bestimmten Rechtssystem unterworfen sind.

Die erste Handlung bezeichnen wir gewöhnlich als Motivationsfunktion, die zweite als Kontrollfunktion, sie hängt, wie noch zu zeigen ist, mit der beurteilenden Funktion zusammen. Obwohl der Beurteilungsprozeß wie auch der Kontrollprozeß entscheidenden Einfluß auf die Wahl eines bestimmten Verhaltens durch den Adressaten der Norm ausüben und dadurch gleichsam zu einem integralen Teil seiner Entschlußfassung werden, so wollen wir sie doch für die Zwecke der vorliegenden Untersuchung unterscheiden und in gesonderten Abschnitten besprechen.

Untersuchungen über das Recht erscheinen auch unter Bezeichnungen wie „Motivationsfunktion des Rechts" oder „Mechanismus der Motivationsbeeinflussung durch das Recht". Diese Bezeichnungen können sehr unterschiedlich interpretiert werden. Wir müssen daher näher bezeichnen, was wir unter *Motivationswirkung* des Rechts verstehen, welche Stellung sie unter den Faktoren einnimmt, die auf die Wahl des Verhaltens einwirken und ob diese Wahl im Rahmen dessen bleibt, was als „rationales Verhalten" bezeichnet wird.

Den Begriff des „Motivs" verbinden wir gewöhnlich mit dem Begriff „Ziel"; eben diese Ziel-Motive werden zur Antriebskraft unserer Bestrebungen, Bemühungen und Aktivitäten, sie sind gewissermaßen der Ansporn, der in uns ein bestimmtes Verhalten hervorruft.

Neben dem Begriff der „Motive" scheint die Einführung des Begriffs der „Gründe" (reasons) unerläßlich zu sein[1], aus denen wir:

a) zur Verwirklichung eines Zieles nach einem bestimmten Vorbild streben,
b) bestimmte Umstände in Betracht ziehen, die große Bedeutung bei der Verwirklichung des gewählten Zieles haben können,
c) von der Verwirklichung dieses Zieles Abstand nehmen.

Der Begriff der „Gründe" deckt sich also weder mit dem bloßen Begriff der Motive noch mit dem Begriff der Mittel zur Verwirklichung

Wydziału Matematyczno-Fizyczno-Chemicznego U. J. (Untersuchungen über Quellen des Rechtsbewußtseins von Studenten der Mathematisch-Physikalisch-Chemischen Fakultät der Jag. Univ.), Kraków 1966 (eine unveröffentlichte Magisterarbeit).

[1] Zur Unterscheidung von „motives" und „reasons" auf der Ebene ethischer Erwägungen vgl. S. Kanger, New Foundations of Ethics, Stockholm 1954; in der Informationstheorie wird demjenigen „Appell" viel Aufmerksamkeit gewidmet, dessen sich der Informator als Faktor mit „reason"-Charakter bedient.

des Ziels (dem Begriff „Mittel zum Ziel" am nächsten ist die im Punkt a) charakterisierte Situation). Z. B. kann das in einer Rechtsnorm enthaltene Verbot eines bestimmten Verhaltens dazu führen, von der Verwirklichung eines Zieles Abstand zu nehmen (Punkt c), oder aber das in einer Rechtsnorm enthaltene Verhaltensvorbild kann als Grundlage für die Prognose des Verhaltens anderer dienen, die wir bei der Verwirklichung unserer Absichten berücksichtigen müssen.

Die Analyse des Inhalts von Rechtsnormen zeigt, daß nur einige von ihnen zu einem unmittelbaren Motiv für das Verhalten des Adressaten werden können; und zwar werden das Vorschriften sein wie ein Steuerbescheid, eine Anweisung zur Ablieferung fremder Valuta, ein Gestellungsbefehl, ein Gebot zur Vornahme einer polizeilichen Anmeldung usw.

Gänzlich anders zeigt sich die Wirkung der Rechtsnorm in Fällen wie der Eheschließung, des Abschlusses eines Kaufvertrages oder der Errichtung eines Testamentes. Hier ist die Rechtsnorm kein Verhaltensmotiv, denn sie macht uns nicht zur Eheschließung oder zum Kauf geneigt. Dadurch, daß eine Norm ein Verhaltensvorbild liefert, dessen Einhaltung Voraussetzung für die Erlangung juristischer Gültigkeit und damit für die Wirksamkeit unseres Handelns ist, lenkt sie vielmehr unser Handeln auf bestimmte Wege.

Die Tätigkeit des Normgebers beschränkt sich hier nicht darauf, bestimmte Verhaltensvorschriften zu erlassen; sie erstreckt sich vielmehr auch auf die Festlegung von gesellschaftlich erheblichen Bedingungen oder Begleitumständen bestimmter Handlungen. Beispiele: das Erfordernis der Vorlegung entsprechender ärztlicher Bescheinigungen und Urkunden zur Angabe des ledigen Standes und des Alters im Falle einer Eheschließung; die Verantwortlichkeit für verborgene Fehler eines Gegenstandes; das Erfordernis des Abschlusses eines Kaufvertrages über Liegenschaften in Form einer notariellen Urkunde; die Unmöglichkeit des Ausschlusses der engsten Familie von der Erbschaft und letztlich der Ausschluß sog. „unwürdiger Personen" von der Erbschaft.

Bei den hier angeführten Beispielen sagen uns die in den Rechtsnormen enthaltenen Vorbilder bedeutend mehr darüber, *wie* etwas getan werden muß als *was* getan werden muß. Eine solche Formulierung schließt jedoch nicht aus, daß seitens des Normgebers eine bestimmte Norm ein Instrument zur Verwirklichung bestimmter Ziele ist, d. h. daß er z. B. eine Verbesserung der Volksgesundheit oder die Kontrolle der Fähigkeit von Personen erstrebt, die bestimmte Beschäftigungen ausüben. Seitens des Adressaten der Norm wird das weniger eine motivierende, als eine *lenkende* Tätigkeit sein[2], die bewirkt, daß die Rechtsnorm „in Betracht gezogen" und zu einem der Gründe wird, aus denen wir die Wahl eben dieses und keines anderen Verhaltens treffen, obgleich vom Gesichtspunkt der Ziel-Motive, die meist von außerjuristischen Faktoren bestimmt sind, noch andere Verhaltensweisen in Frage kämen. Die Rechtsnorm kann aber auch der Grund sein, mit Rücksicht auf den wir sogar von den beabsichtigten Zielen absehen können (Präventiv-Handlung), z. B. der Ausschluß bestimmter Handlungen oder Transaktionen aus der Sphäre gesetzlich erlaubter Handlungen überhaupt oder nur unter bestimmten Umständen.

Die Lenkung des Normgebers kann auch durch eine mittelbare Beeinflussung geschehen, indem er sich Verhaltensvorbilder bedient, deren Verwirklichung lediglich bewirkt, daß bestimmte, vom Normgeber gewünschte oder unerwünschte Situationen beeinflußt werden. Beispiel: das Ausschankverbot von Alkohol im näheren Umkreis von Transport-Basen, Parkplätzen usw. (unabhängig von der Norm, die das Autofahren nach Alkoholgenuß verbietet).

Die Wahl der Ziele durch den einzelnen hängt stark von seinem Wertmaßstab und der damit verknüpften Rangfolge der Werte ab. Eben dieser Wertmaßstab oder auch Präferenzmaßstab[3], wie ihn die modernen Gesellschaftswissenschaften öfter nennen, teilt die Motive in eigennützige und selbstlose ein, was jedoch in einem hohen Grade vom jeweiligen System des Gruppenwertes abhängt. Das Suchen nach Billigung und Hilfe in der nächsten Umgebung, die Ähnlichkeit der Bestrebungen und Neigungen sowie gemeinsame Interessen führen oft zu einem Leistungsansporn, zum Übergang von einer Gruppe zur anderen oder zum Streben nach einer Gruppe, deren Mitglied das betreffende Individuum nicht ist (siehe weiter unten Abschnitt VIII).

Selbstverständlich ruft eine zu starke Abweichung von den Verhaltensmustern, deren sich der Normgeber zur Verwirklichung der von ihm gewählten Ziele bedient und von den Mustern, die der Verwirklichung mittelbarer oder unmittelbarer Interessen des Individuums oder der

---

[2] Der Ausdruck „lenkend“ gibt nicht in vollem Umfang die Art des Rechtseinflusses wieder, die in der angelsächsischen Literatur mit „channelizing“, d. h. „kanalisierend“ bezeichnet wird; des Ausdrucks „kanalisierende Wirkung“ bediente ich mich in der ersten Version meiner Arbeit, änderte ihn aber unter dem Einfluß von Rezensenten, die seine Künstlichkeit und Fremdheit im Rahmen des sozialwissenschaftlichen Sprachgebrauchs hervorhoben.

[3] Der „Präferenzmaßstab“ wird als eine gewisse systematisierte Hierarchisierung dessen behandelt, was wir „vorziehen“. M. Ossowska weist in dem Artikel Główne modele „systemów etycznych“ (Die wesentlichen Modelle „ethischer Systeme“), in: Studia Filozoficzne 4/1959, S. 6, auf die Schwierigkeit eines Intensitätsvergleichs jenes „Vorziehens“ hin, selbst aufgrund unserer persönlichen Hierarchie der Werte. Probleme eines auf den Wert und den Präferenzmaßstab orientierten Verhaltens werden in der zitierten Arbeit von Parson und Shils behandelt: Towards a General Theory of Action, gleichfalls in der Sammelarbeit Value Theory, ed. R. Lepley, 1949.

Gruppe dienen, die große Gefahr der Unwirksamkeit des Rechts hervor. Diese Art Konflikte voraussehend, bedient sich der Normgeber aushilfsweise verschiedener Arten von Antrieben. Eine besondere Bedeutung für die Rechtsnormen haben negative Antriebe in der Gestalt einer angedrohten Sanktion. Aus der Sicht der Rechtspolitik kann man sich — wie es M. Cieślak tut[4] — die Frage stellen, ob es nicht möglich ist, die Grenze negativer Antriebe in Richtung auf positive zu verlegen, um so mehr, als sich gerade in diese Richtung die Evolution des Erziehungssystems und des Strafvollzuges bewegt. In der Gesetzgebung zeichnet sich eine solche Tendenz ziemlich deutlich bei der Planung ab, die sich sehr oft der Gratifikation in Gestalt einer Prämie für die Planerfüllung bedient und nicht eine Sanktion für seine Nichterfüllung verhängt. Am häufigsten treten positive Antriebe jedoch in Fällen auf, wo im Rahmen einer Rechtsnorm juristische Antriebe mit außerjuristischen verbunden werden (wie ökonomische Vorteile, die Übereinstimmung mit den Prinzipien der Moral und die daraus hervorgehende persönliche Genugtuung sowie die Anerkennung der Umgebung)[5].

Wir zeigten schon früher, daß die zivilisierte Gesellschaft in einem sehr weiten Bereich verschiedenartige Verhaltensmuster bietet. Ein erheblicher Teil von ihnen besitzt ausschließlich benutzungs-technischen Charakter und die Wahl bleibt weitgehender Willkür überlassen. Daneben aber bestehen andere Muster, deren Anwendung verpflichtenden Charakter besitzt: „wir müssen uns nach ihnen richten“. Gerade unter diesen obligatorischen Mustern fällt den in Rechtsnormen enthaltenen Mustern eine besondere Rolle zu. Zwar haben auch sie bedingten Charakter, und die Anpassung an sie ist das Ergebnis einer Wahl zwischen anderen möglichen Verhaltensweisen. Jedoch ist die Alternative mit gewissen negativen, durch Sanktionen bezeichnete Konsequenzen verknüpft. Durch ihren Einfluß wird unser Verhalten, das nach der Erreichung gewisser Ziele strebt, die die Antriebskräfte unserer Maßnahmen und Bemühungen sind, in eine bestimmte Richtung gelenkt, kanalisiert und nimmt Merkmale der Ähnlichkeit, der Einheitlichkeit und des Konformismus an.

Eine charakteristische Erscheinung unserer Zivilisation und Gesellschaft ist, daß eine immer größere Anzahl von Verhaltensmustern von benutzungs-technischem Charakter dadurch, daß ihnen der Charakter geltender Normen verliehen wird, in die Rechtsnormen eingereiht wird.

---

[4] M. Cieślak, Srodki przymusu na tle Systemu bodźców prawnych w procesie karnym (Zwangsmaßnahmen auf Grund des Systems juristischer Antriebe im Strafverfahren), in: Zeszyty Naukowe UJ, Prace Prawnicze 7, S. 91, 1960.

[5] H. Lasswell / G. H. Dession, Public Order under Law: the Role of the Advisor — Draftman in the Formation of the Code or Constitution, in: Yale Law Journal 2/1955; als Beispiele positiver Sanktionen erwähnen sie: Steuerermäßigung, Vergütungen, Auszeichnungen usw.

Auf diese Weise entstehen Vorschriften des Baurechts, der Arbeitssicherheit, des Lebensmittelrechts usw. In der Art und Weise, wie sie das Verhalten bestimmen, unterscheiden sie sich in nichts von den traditionellen „klassischen" Normen. Sie bestimmen nämlich die bedingungslose Pflicht eines Verhaltens, das mit dem angegebenen „Verhaltensmuster" übereinstimmt[6]. Man kann hier lediglich von einem Unterschied in der motivierenden Beeinflussung sprechen, von einer zusätzlichen Begründung oder einem Appell durch eine im technischen Vorbild enthaltene rationale Argumentation, die auf Errungenschaften der Wissenschaft gestützt ist. Es ist dies ein Faktor von nicht geringer Bedeutung im Prozeß der Anerkennung durch den Normadressaten, der von der Richtigkeit der gewählten Mittel überzeugt werden will.

Das für das Problem der Wirksamkeit des Rechts sehr wesentliche Streben nach Anerkennung der Normen, um die der Gesetzgeber hauptsächlich im Bereich moralischer Bewertungen bemüht war, wurde in der modernen Gesetzgebung über seinen früheren Bereich hinaus auf die „technische" Anerkennung ausgedehnt, d. h. auf eine Anerkennung im Hinblick auf entsprechend gewählte Mittel oder mittelbare Ziele, deren Verwirklichung bestimmte Rechtsnormen dienen. Die Grenze zwischen „prinzipiellen", rein verpflichtenden Motivationen, die auf die Feststellung beschränkt sind, daß „so vorgegangen werden muß" (verstärkt durch die Autorität des „Rechts" selbst oder die persönliche Autorität des Gesetzgebers sowie natürlich auch durch rechtliche Sanktionen), und der „technischen" Motivation, d. h. der Zweckmäßigkeitserwägung, die rationale Argumente zur Begründung des empfohlenen Verhaltensmusters verwendet, diese Grenze ist sehr veränderlich, oft subjektiv und vom Grade der Erkenntnis der normierten Sphäre gesellschaftlicher Wirklichkeit abhängig (es genügt hier, an frühere, in den Religionsnormen enthaltene Verbote zu erinnern, die oft durch juristische Sanktionen unterstützt wurden, und den Genuß bestimmter Arten von Fleisch oder Getränken betrafen, und hinter denen eine durchaus rationale, „technische" Argumentation verborgen war, diktiert von gesellschaftlichen Gesundheitsrücksichten, die aber in ihrer Formulierung für den Adressaten eine ausschließlich „verpflichtende" und nicht „technische" Gestalt annahmen).

Gegenwärtig enthalten immer mehr Rechtsnormen eben solche „technischen Verhaltensmuster" auf den verschiedensten Gebieten des Soziallebens wie Gesundheitswesen, Hygiene, Bildung, Landwirtschaft und Bauwesen. Sogar Normen des Staatsrechts oder Familienrechts werden im Rahmen der Diskussionen, die ihrem Erlaß vorausgehen, oder im Rahmen der Aktionen zur Popularisierung des Rechts als eine gewisse

---

[6] K. Opałek, Z zagadnień norm prawa socjalistycznego (Über Probleme der Normen des sozialistischen Rechts), in: Państwo i Prawo 9/1966.

Art „technischer Muster" dargestellt, d. h. Verhaltensanweisungen, die bestimmte Wirkungen erstreben. Die dazu verwendeten Mittel werden mit Hilfe von Argumenten begründet, die aus anderen Gebieten der Sozialwissenschaft entnommen werden. Verbunden ist das mit der Betrachtung des Rechts als Instrument gesellschaftlicher Steuerung und des Normgebers als „Sozialingenieur", der im Rahmen seines Wirkens die Errungenschaften anderer Sozialwissenschaften in Betracht ziehen und verwerten muß. Berücksichtigen muß er auch die Ergebnisse jener technischen und Naturwissenschaften, die der Mensch in seinem von der juristischen Regelung erfaßten Wirken verwertet.

2. Das Verhalten anderer als Faktor mittelbarer Einwirkung des Rechts

Die in der Rechtsnorm enthaltenen Verhaltensmuster können für uns jedoch nicht nur zu einem Motiv unseres Verhaltens werden oder zu einem Faktor, der unser Verhalten in eine bestimmte, vorbezeichnete Richtung lenkt, sondern auch zu einer Informationsquelle und zur Hilfe beim Voraussehen des Verhaltens anderer, die wir bei der Entschlußfassung und bei der Wahl unseres eigenen Verhaltens berücksichtigen. Die hier auftretende Erscheinung ist dem Verhalten einer Person ähnlich, die an einem Spiel teilnimmt, aus den Regeln dieses Spieles Schlüsse zieht auf ein mögliches Verhalten der Mitspieler und so ihre eigenen Bewegungen anpaßt. Das Verhalten von Individuen, die sich nach dem Verhalten anderer Personen richten und orientieren, ist ein zentrales Problem der Soziologie und Ökonomie, nimmt aber auch bei der Analyse des Verhaltens unter dem Einfluß des Rechts eine sehr wesentliche Stellung ein.

Diese Orientierung unseres Verhaltens am Verhalten anderer kann jedoch nicht nur auf die in den Rechtsnormen enthaltenen, das Verhalten anderer gestaltenden Muster gestützt sein, sondern auch auf Beobachtung oder Kenntnis des tatsächlichen Verhaltens anderer Personen. In solchen Fällen werden wir es mit dem Einfluß der Rechtsanwendung durch unsere Bezugspersonen auf die Wahl unseres eigenen Verhaltens zu tun haben[7]. Gegenstand unserer Untersuchung bildet dann das Verhalten anderer „mit Rücksicht auf die Norm" oder auch ein Verhalten, das für uns „bindenden" Charakter besitzt, und zwar mit Rücksicht auf die Stellung oder die Rolle, in der die handelnde Person auftritt[8].

---

[7] S. Frydman, Dogmatyka prawa w świetle socjologii (Juristische Dogmatik im Lichte der Soziologie), Wilno 1936, S. 11.

[8] Wie wir schon weiter oben im III. Abschnitt zeigten, sprechen die amerikanischen Realisten nur diesem Voraussehen des Verhaltens offizieller Organe Rechtscharakter zu.

Ein Beispiel für den ersten Fall wäre die von einem Verkäufer festgestellte Tatsache, daß sich bei einem bestimmten Gegenstand Reklamationen häufen, der Gegenstand oft zurückgegeben wird oder auch gerichtliche Klagen wegen verborgener Fehler des verkauften Gegenstandes eingereicht werden. Ein anderes Beispiel wäre die Kenntnis eines Käufers darüber, daß andere Käufer öfters eine schriftliche Garantie fordern, die die Verantwortlichkeit des Verkäufers zumindest für die Anfangszeit der Benutzung des erworbenen Gegenstandes genau bezeichnet. Ein Beispiel für den zweiten Fall wäre die Situation, in der das Individuum sein Vorgehen nach der Rechtsprechung über Fälle verborgener Fehler verkaufter Gegenstände richtet.

Das Verhalten dieser besonders qualifizierten Personen, mit denen wir es im zweiten Fall zu tun haben, sollte sein und ist auch gewöhnlich ein Verhalten „mit Rücksicht auf die Norm“. Der Faktor aber, der darüber entscheidet, daß andere Personen ihr Verhalten an jenen orientieren, ist die Position, die Funktion und die gesellschaftliche Rolle der Bezugspersonen.

Diese Orientierung des Verhaltens von Bürgern am Verhalten von Staatsorganen weist auf eine Verknüpfung der Problematik gesellschaftlicher Wirkung des Rechts mit der Frage der Rechtsstaatlichkeit hin, insbesondere mit der Frage des Einflusses der Rechtsstaatlichkeit auf das Verhalten der Bürger, auf die gesellschaftliche Rolle und die Bedeutung gerichtlicher und administrativer Auslegung im Hinblick auf die Gestaltung von Verhaltensmustern sowie auf den Entscheidungsprozeß der Bürger[9].

Dem Problem des Zusammenhanges von Rechtsstaatlichkeit mit der Motivationswirkung des Rechts widmet K. Opałek große Aufmerksamkeit[10]. Er hebt hervor, daß die in der Rechtsnorm enthaltene bloße Ankündigung von Vorteilen, Freiheiten oder auch Schäden, die mit einem bestimmten Verhalten verbunden sind, für eine entsprechende Motivation noch keinen genügenden Umstand bildet, und daß diese Ankündigung nicht nur von der Übereinstimmung des Handelns der Rechtspflegeorgane mit dem Inhalt der Rechtsnormen begleitet werden muß, sondern auch von einem regelmäßigen und effektiven Eingreifen im Falle einer Rechtsverletzung. Die Überzeugung von einer nur geringen Wahrscheinlichkeit der Entdeckung einer Rechtsverletzung, von der Möglichkeit einer „Vertuschung der Sache“ oder von der Unmöglichkeit der Ausübung von Sanktionen ist im Motivationsprozeß ein Faktor von großer Bedeutung. Hier handelt es sich nicht nur um einzelne Verhaltensorientierungen nach dem vorausgesehenen Verhalten eines konkreten Organs in einem indivi-

---

[9] S. Frydman (FN 7), S. 110 - 111.

[10] K. Opałek / W. Zakrzewski, Z zagadnień praworządnościoi socialistycznej (Über Probleme sozialistischer Rechtsstaatlichkeit), Warszawa 1958, II. Abschn.

duellen Fall, sondern auch um „ein regelmäßiges und wirksames Handeln des Staatsapparates in Übereinstimmung mit dem Recht, welches Vertrauen und Sicherheit (sowohl positiv — Erfüllung angekündigter Vorteile — als auch negativ — Verhängung von Sanktionen) gegenüber seiner Fähigkeit erweckt".

Der Staatsapparat kann in seiner Wirkung als Ganzes behandelt werden, und als solches findet er seinen Widerhall in der öffentlichen Meinung (ihren verschiedenen Gruppen, Klassen usw.), aber es kann in ihm auch eine größere oder kleinere Uneinheitlichkeit auftreten, soweit es sich um die Übereinstimmung mit dem Recht und die Ausübung einzelner Funktionen handelt, was gleichfalls Einfluß auf das gesellschaftliche Meinungsbild hat[11].

K. Opałek unterstreicht an vielen Stellen die begrenzte Bedeutung des „Buchstabens des Gesetzes" und weist darauf hin, daß, obwohl Vorschriften unerläßlich sind, der Schwerpunkt doch in der Praxis, in der Art der Ausübung der Rechtsvorschriften durch die Staatsorgane liegt. Das Gesamtbild der „Praxis" setzt sich in den Augen des Bürgers aus einer ganzen Reihe von Anordnungen und Geboten der Staatsgewalt zusammen, die den Bürger direkt betreffen. Dieser direkte Bezug fehlt meist bei denjenigen Vorschriften, die durch Verfassung, Gesetzesvorschriften, Erlasse oder Dekrete verkündet werden. Das Recht, mit dem der Bürger praktisch zu tun hat, ist schon — wie Opałek schreibt — „ein der Ausübung angepaßtes und oft überarbeitetes oder geradezu verunstaltetes Recht"[12].

Die Tätigkeit offizieller Organe, auf die wir bei Gericht oder in Ämtern treffen oder über welche wir durch Presse, Rundfunk oder auch andere Institutionen informiert werden, kann, wie im vorigen Abschnitt gezeigt wurde, für uns zu einer Informationsquelle über die Norm werden. Das wird eine mittelbare Wirkung der Norm sein, wie sie schon im Abschnitt besprochen wurde, der dem Prozeß der Übermittlung der Rechtsnorm zum Adressaten gewidmet war. Bei dieser mittelbaren Wirkung erhält der Adressat Informationen über die Rechtsnorm durch die „Vermittler" in einer ihr von ihnen verliehenen Bedeutung.

Andererseits kann dieses Verhalten besonders qualifizierter Personen in bestimmten Fällen von den in der Rechtsnorm enthaltenen Mustern abweichen. Ein solches Verhalten kann für uns einerseits zum Muster für das eigene Verhalten werden (z. B. kann die Feststellung der Tatsache, daß Beamte nach Erhalt von Bestechungsgeldern einen Fall schneller erledigen, uns zur Zahlung von Bestechungsgeldern veranlassen, trotz der Kenntnis entsprechender Verbotsvorschriften) oder andererseits zu

[11] Ebd., S. 66.
[12] Ebd., S. 71.

einem Faktor, den wir bei der Entscheidung unseres eigenen Vorgehens einkalkulieren (z. B. in Anbetracht der Dauer und der geringen Erfolgsaussichten von Bemühungen um eine uns gebührende Entschädigung für die Folgen eines Arbeitsunfalles verzichten wir auf die Aufnahme entsprechender Schritte, trotz Kenntnis der Vorschriften und des Bewußtseins der uns zustehenden Rechte).

So wie man beim Prozeß der Übermittlung der Rechtsnorm an den Adressaten unmittelbare und mittelbare Wirkung unterscheiden kann, kann man auch beim Prozeß des Einflusses der Rechtsnorm auf die Entschließung bei der Wahl eines bestimmten Vorgehens unmittelbare und mittelbare Wirkung unterscheiden, abhängig davon, ob der in Betracht gezogene Faktor die Norm selbst sein wird, das Verhalten anderer „mit Rücksicht auf die Norm", oder ein Verhalten anderer, das für uns „binbenden" Charakter hat mit Rücksicht auf die „Rolle", in welcher die handelnde Person auftritt.

3. Die Rationalisierung der Entscheidung und die Rechtsnorm

Da die Rechtsnorm eine Direktive zu einem bestimmten Verhalten ist mit dem Ziel, dem Adressaten im Falle des Eintretens einer vom Recht geregelten Situation ein Verhaltensmuster zu liefern, sollte — in Übereinstimmung mit der Erwartung des Normgebers — die Kenntnisnahme des Inhalts der Norm das Verhalten des Adressaten in eine bestimmte Richtung lenken und die Entscheidung für ein bestimmtes Verhalten beeinflussen, dies unter Ablehnung anderer Verhaltensweisen, die in der gegebenen Situation auch möglich wären[13]. Die Möglichkeit eines anderen Verhaltens und der Augenblick der Wahl sind für die Charakteristik der Rechtswirkung sehr wesentlich, denn die Rechtsnorm umfaßt begriffsnotwendig weder die Anordnung eines Verhaltens, das stattfinden muß, noch eines anderen, das verboten wird[14].

Die als Entscheidungsprozeß untersuchte Wahl ist Gegenstand großen Interesses und bildet eines der Schlüsselprobleme in den Untersuchungen der modernen Gesellschaftswissenschaften, insbesondere jener Zweige, die sich mit dem menschlichen Verhalten befassen. In den um dieses Problem geführten Diskussionen geraten zwei in ihren Grundlagen extreme Anschauungen aneinander. Die erste von ihnen, die ihren Ursprung aus dem Utilitarismus und den klassischen ökonomischen Theorien ableitet, bedient sich des Modells des „homo oeconomicus", eines durch und durch rationalen Wesens, das von der Aussicht maximaler

[13] Vgl. F. Studnicki, Przepływ wiadomości o normach prawa (Informationsfluß über Rechtsnormen), Kraków 1965, S. 21 ff.

[14] L. Kołakowski, Determinizm a odpowiedzialność (Determinismus und Verantwortlichkeit), in: Fragmenty filoficzne, Księga pamiatkowa ku czci T. Kotarbińskiego, Warszawa 1959, S. 27, 36.

Vorteile geleitet wird oder eher von dem heute gängigen Begriff „minimax“, d. h. der Erlangung größter Vorteile auf dem Wege niedrigster Kosten[15]. Dieser Standpunkt trifft auf einen entschiedenen Widerstand von seiten der modernen Psychologie und Soziologie, und das nicht nur von psychoanalytischen Richtungen oder solchen, die unter einem deutlichen Einfluß dieser Theorie stehen, sondern aufgrund der Ergebnisse von Untersuchungen, die von anderen Wissenschaftszweigen über den Entscheidungsprozesse im täglichen Leben durchgeführt wurden. Diese betonen die außerrationalen Faktoren im menschlichen Verhalten.

Bei der Analyse der uns interessierenden Wahl eines bestimmten Verhaltens durch den Adressaten der Rechtsnorm müssen wir vor allem klären, was wir mit dem Ausdruck „rationales Verhalten“ bezeichnen und welche Faktoren den von uns bestimmten Rationalismus der Wahl begrenzen.

Den Begriff „rationales Verhalten“ verbinden wir gewöhnlich mit einem zweckmäßigen Verhalten, das zur Erreichung eines gestellten Zieles durch Anwendung adäquater Mittel führt. Dies im Unterschied einerseits zu einem impulsiven, instinktiven Vorgehen, das die Reaktion ist auf bestimmte innere oder äußere Antriebe oder auch auf in uns bestehende, aber uns unbewußte Zustände, sowie andererseits zu einem Verhalten, das zwar nach der Erreichung eines bestimmten Zieles strebt, aber unter Anwendung gänzlich unzulänglicher Mittel (z. B. die Heilung eines Kranken durch Beschwörungen).

Wie wir schon im ersten Abschnitt zeigten, ist die Wahl oberster Ziele immer mit Bewertungen verknüpft, mittelbare Ziele sind dagegen selbst Mittel zur Erreichung oberster Ziele. Die Wahl der Mittel kann aus der Sicht ihrer Wirksamkeit bei der Verwirklichung des Zieles erwogen werden und der „Rationalismus“ ihrer Wahl kann auf objektive Kriterien gestützt sein, die aufgrund des bestehenden Standes der Wissenschaften nachprüfbar sind. Dies schließt jedoch nicht aus, daß die Möglichkeit bestimmter Bewertungen bei der Wahl dieser und keiner anderen Mittel besteht. Deshalb kann also die Wahl des Verhaltens im Hinblick auf ihren Rationalismus lediglich durch die Hierarchie der Ziele und des zugrundegelegten Bewertungssystems geprüft werden, nach dem wir die Kon-

---

[15] Vgl. als besonders interessanten Beitrag zur Theorie rationaler Wahl die Arbeit des Mathematikers J. Newman und des Wirtschaftlers O. Morgenstern: Theory of Games and Economic Behavior, 1947, Princeton Univ. Press, den Schöpfern der heute sehr populären „Spieltheorie“. Neben den Wirtschaftswissenschaften findet diese Theorie Anwendung bei gewissen Problemen der Politikwissenschaft (das Verhalten bei Wählern, Entscheidungen von Staatsorganen), vgl. M. Shubik (ed.): Readings in Game Theory and Political Behavior, New York 1954; E. Ward, The Theory of Decision-Making, in: Psychological Bulletin, July 1954, ferner in der Organisationstheorie: Nowoczesna teoria organizacji (Moderne Organisationstheorie), hrsg. von M. Haire, Warszawa 1965, S. 23, 129 ff.

sequenzen des gewählten Verhaltens abschätzen können. Dieses Bewertungssystem kann für die einzelnen Individuen, gesellschaftlichen Gruppen und Organisationen verschieden sein. Aus der Sicht subjektiven Verhaltens ist ein solches Verhalten rational, das das zu untersuchende Individuum bei seiner Wahl anderen, möglichen Verhaltensweisen vorzieht und dessen Konsequenzen innerhalb des von ihm akzeptierten Wertsystems abgeschätzt werden können[16].

Bedeutet das aber, daß im Rahmen eines „rationalen Verhaltens" die Wahl auf eine bewußte und überlegte Art getroffen werden muß? Bei der Analyse dieses Problems führt H. Simon[17] das Beispiel einer Sekretärin an, die mit nur zwei Fingern die Tasten schlägt; es fällt schwer, diesem Vorgehen rationalen Charakter abzusprechen, jedoch ist mit aller Bestimmtheit diese Wahl, die sie unter den verschiedenartigsten Möglichkeiten von Schreibsystemen trifft, weder bewußt noch überlegt.

Im Hinblick auf die Erwägungen Simons drängt sich jedoch eine Ergänzung auf. Berücksichtigt werden muß die Tatsache, daß das Verhalten der Sekretärin angelernt ist, daß sie sich auf schon erarbeitete und überlegte Vorbilder stützt, die aus Gründen der Zeitersparnis geschaffen wurden. Die Übernahme dieser Vorbilder befreit die Sekretärin vom Suchen nach einem eigenen „Schlüssel" oder von einer unwirtschaftlichen Zufälligkeit. In einer Gesellschaft mit hoher Kultur beruht der größte Teil des Verhaltens eben auf automatischer, reflexiver Anwendung bestimmter bestehender Vorbilder. Das würde auf die Notwendigkeit hinweisen, auch ein solches Vorgehen als rational anzuerkennen, das von dem die Wahl treffenden Individuum nicht bewußt überlegt ist, das aber gleichwohl von rational konstruierten Vorbildern abgeleitet werden kann, die von dem betreffenden Individuum akzeptiert wurden.

Im Rahmen unserer Überlegungen müssen wir uns die Frage stellen, ob wir als „rationales Verhalten" auch ein Verhalten anerkennen, das bei der Verwirklichung eines bestimmten Zieles fehlerhafte Wirkungen zeigt. Falls diese Fehlerhaftigkeit das Ergebnis falscher Informationen ist, können wir z. B. dann dem Verhalten einer Person rationalen Charakter absprechen, die aufgrund einer falschen Auskunft einen falschen Zug besteigt, oder die zum Erwerb eines Grundstücks den Kaufvertrag lediglich in Gegenwart zweier Zeugen und nicht des Notars abschließt? Es fällt schwer, solchem Vorgehen „rationalen Charakter" abzusprechen. Das Verhalten ist nur subjektiv rational, denn es handelt sich hier um eine Relativierung „rationalen Verhaltens" im Hinblick auf den Stand der jeweiligen Kenntnisse. Daher muß man auch H. Simon zustimmen,

---

[16] H. Simon, Administrative Behavior, New York 1958, S. 62; T. Parsons, The Structure of Social Action, New York 1937, S. 44, 228 - 240.

[17] H. Simon, ebd., S. 76.

der die Verwendung des Ausdrucks „rational" nur im Zusammenhang mit einem bestimmten Eigenschaftswort oder einem Zusatz vorschlägt, also nämlich: subjektiv oder objektiv rational, im gegebenen Moment überlegt oder vorher akzeptiert und adaptiert, rational im Hinblick auf die Ziele des Individuums oder der organisierten Gruppe[18].

Gleichwohl wird eine rationale Wahl immer mit zweckmäßigem Verhalten und einer gewissen Hierarchie der Ziele verbunden sein, auch wenn diese Wahl nicht alle möglichen Alternativen, sondern nur einige von ihnen berücksichtigt. Eine Hierarchisierung der Ziele führt zweifellos zu Schlüssigkeit der getroffenen Wahl und zu Konsequenz im Verhalten. In der Praxis wird jedoch eine schlüssige und konsequente Hierarchisierung der Ziele selten verwirklicht. Und hier kommen wir eigentlich schon zum zweiten Punkt, d. h. zu den Faktoren, welche eine rationale Wahl bei zweckmäßigem Vorgehen begrenzen.

Die Hierarchisierung der Ziele, sowohl im Falle individuellen Verhaltens wie auch beim Verhalten einer Organisation oder Institution, schafft noch keine fortlaufende Kette konsequenten Verhaltens. Grund dafür sind die gewöhnlich ziemlich unklare und allgemeine Formulierung der obersten Ziele, innere Konflikte bei der Wahl von Mitteln zu ihrer Verwirklichung, Schwierigkeiten und manchmal auch die Unmöglichkeit, alle möglichen Alternativen und Konsequenzen, die aus der bestimmten Alternative folgen, in Betracht zu ziehen, Fehler im Voraussehen desjenigen Verhaltens anderer, das für die Verwirklichung unserer Absichten von Bedeutung ist. Beim Fehlen von Verhaltensmustern, ihrer ständigen Veränderlichkeit oder der Konkurrenz zwischen ihnen ist eine sichere Prognose des Verhaltens anderer sehr erschwert[19].

Noch einen sehr wesentlichen Faktor, der den Rationalismus des Verhaltens begrenzt, sieht H. Simon in der für die Menschen in ihrem praktischen Vorgehen typischen Neigung zu einem „genügenden" („good enough") statt optimalen Verhalten, und zwar sowohl bei der Wahl ihrer Ziele als auch bei der Wahl der Mittel zu ihrer Verwirklichung[20].

Die Ergebnisse einer sozialpsychologischen Analyse des Entscheidungsprozesses widersprechen also nicht der Möglichkeit einer rationalen Entscheidung, weisen jedoch auf ihre Grenzen hin. Es sind dies Grenzen, die hauptsächlich mit bestimmten Eigenschaften der psychologischen Struktur und dem menschlichen Geiste verknüpft sind und die in der Schwierigkeit zum Ausdruck kommen, bei einer Entscheidung alle Aspekte, alle Kenntnisse, die das gegebene Problem betreffen und alle akzeptierten Werte und Prognosen des Verhaltens anderer, also die Ge-

[18] Ebd., S. 75 - 77.
[19] Ebd., S. 65.
[20] H. Simon, Models of Men, Social and Rational, New York 1957.

samtheit der Faktoren, die für diese Entscheidung wichtig sind, zu berücksichtigen. Das die Wahl treffende Individuum handelt also in den vom „psychological environment" bezeichneten Grenzen; diese psychologische Umwelt führt schon eine Auswahl jener Faktoren durch, auf die das Individuum seine Entscheidung stützen muß, was in der Konsequenz dazu führt, daß es schon fertige „Daten" übernimmt und das Schema der von ihm getroffenen Wahl sich eher dem Schema „stimulus-response" nähert als einer Wahl zwischen Alternativen.

Eine überlegte Kontrolle dieser Antriebe, ein bewußtes Beeinflussen der umgebenden Verhältnisse, nämlich der Faktoren, die den Entscheidungsprozeß begleiten, erlaubt, diese Entscheidungen in die Richtung auf ferner liegende Ziele zu lenken und eine Einordnung der Wahl in einen bestimmten Plan. Zugleich ist es möglich, dem Individuum soziale Vorbilder zu übermitteln, die zur Anpassung an das Leben in einer bestimmten Gruppe unerläßlich sind, was mit dem Ausdruck „Sozialisierung" bezeichnet wird.

Eine sehr wesentliche Rolle fällt in diesem Prozeß den Rechtsnormen zu, die als Faktoren angesehen werden können, welche das Verhalten einzelner Personen durch gesellschaftlich aufgenötigte „Antriebs-Muster" kollektiven Handelns regeln. Die in den Rechtsnormen enthaltenen Muster „dringen" gewissermaßen in die Entscheidung von Mitgliedern des Staatsverbandes ein und schaffen ferner die Grundlage ständiger und begründeter Erwartungen im Verhältnis zu anderen Verbandsmitgliedern und deren Reaktion auf ein bestimmtes Verhalten. Das bildet eine Vorbedingung aller rationalen Erwägungen über die Folgen irgendwelcher Handlungen im Bereich der Gesellschaft. Rechtsnormen, die Verhaltensmuster, d. h. gewisse Standards auf bestimmten Gebieten menschlicher Tätigkeit liefern, befreien das Individuum von der jeweiligen Entscheidung, wie vorgegangen werden muß. Wie wir schon zeigten, können diese bestimmten Direktiven ein Motiv sein, daß ein bestimmtes Verhalten hervorruft. Meist jedoch lenken sie Verhalten, das durch außerjuristische Motive hervorgerufen wurde, in bestimmte Bahnen.

Wenn es uns daher um eine Verminderung der Begrenzungen des rationalen Verhaltens zu tun ist, die durch die psychische Struktur des menschlichen Geistes bedingt sind, so wird die prinzipielle Aufgabe der Institutionen und gesellschaftlichen Organisationen die Vorbereitung all der „Voraussetzungen" sein, welche eine rationale Wahl erleichtern[21].

Bezogen auf die verschiedenen Arten gesellschaftlicher Gruppen — angefangen von Primärgruppen wie die Familie und endend bei so weit umrissenen Gruppen wie die gesellschaftlichen Klassen oder eine Insti-

---

[21] H. Simon, Administrative Behavior, V. Abschn.

tution wie z. B. der Staat — ist das rationale Verhalten des einzelnen auf jeweils höhere Ziele gerichtet, bis zu den sog. „obersten Zielen". Der Grad der Integration, den das Verhalten des einzelnen erreicht, hängt daher von der Allgemeinheit der Institutionen und gesellschaftlichen Gruppen ab, in denen er wirkt und in denen sich seine Entscheidungen gestalten. Unvermeidliche Konflikte, die infolge der Zugehörigkeit des Individuums zu verschiedenen Gruppen und Organisationen und infolge seines Auftretens in verschiedenen „gesellschaftlichen Rollen" entstehen, bedürfen wenigstens einer Hierarchisierung der Rollen und einer damit verbundenen Hierachisierung der Ziele, die ein unerläßliches Element rationalen Verhaltens bildet. Je stärker der Grad der „Identifikation" ist, je stärker das Empfinden der Einheit mit der Gruppe, die Bejahung ihrer Ziele, die Unterwerfung unter ihre Autorität, unter ihre Gewalt, um so größer ist die Wahrscheinlichkeit, daß die Verhaltensmuster der Gruppe zu Voraussetzungen werden, die über die vom Individuum getroffene Wahl entscheiden.

Im allgemeinen Prozeß gesellschaftlicher Integration, die zu einer Übereinstimmung des Verhaltens mit den verpflichtenden Normen führt, muß die führende Rolle den Rechtsnormen zugeschrieben werden. Natürlich ist dies eine theoretische Sicht vom Standpunkt eines bestimmten sozialen Mechanismus aus, der zwecks Verwirklichung einer gesellschaftlichen Integration erdacht und in Gang gesetzt wurde. Gesellschaftliche Integration ist jedoch niemals völlig erreichbar und ihr Grad von der Verwirklichung sehr vieler Faktoren abhängig (vgl. den III. Abschnitt der vorliegenden Arbeit). Dabei hat der Prozeß, in dem die Norm zu einem Faktor wird, der das Verhalten des Adressaten motiviert oder kanalisiert, nur in einem ziemlich geringen Grade den Charakter eines unmittelbaren Prozesses, der sich zwischen dem Normgeber und dem Adressaten (oder dem Staat und seinen Bürgern) abspielt. Er hat vielmehr hauptsächlich den Charakter eines mittelbaren Prozesses, in dem eine sehr wesentliche Rolle sowohl den formellen wie auch den informellen gesellschaftlichen Gruppen zufällt.

Sechster Abschnitt

Die Kontrollfunktion der Rechtsnorm

1. Die Rechtskontrolle auf dem Hintergrund anderer Formen der sozialen Kontrolle

Eine typische Erscheinung unserer Zivilisation, der modernen Gesellschaft, ist einerseits die Erweiterung der Sphäre persönlicher Freiheit, des „Privatlebens", die weitgehende Freiheit für Überzeugungen, Anschauungen und Entscheidungen auf dem Gebiet persönlicher Angelegenheiten, andererseits dagegen ein weitgehender Konformismus, das Gefühl der „Gebundenheit" durch die Urteile und Anschauungen anderer, die Unterwerfung unter ihre Erwartungen, die Vorherrschaft des „Stereotyps" und der „Massenkultur". All dies gibt Anlaß zu Reflexionen über die Problematik der sozialen Kontrolle im modernen Staat sowie über die gesellschaftliche Rolle des Rechts und seine Stellung im System der sozialen Kontrollen.

In soziologischen Arbeiten bedeutet der Ausdruck „soziale Kontrolle" gewöhnlich die Gesamtheit gesellschaftlicher Einrichtungen, die das Verhalten der Menschen steuern und der Korrektur von Abweichungen von allgemein anerkannten Verhaltensmustern beim Verhalten einzelner Individuen dienen. Sie ist also ein System des Überzeugens, der Überredung, der Ausübung von Druck durch Gebote und Verbote bis hin zur physischen Gewaltanwendung; ein System von Gratifikationen und Sanktionen, die zur Übereinstimmung des Verhaltens mit den gegebenen Mustern führen, zu einer Respektierung akzeptierter Beurteilungskriterien, mit deren Hilfe ein Konformismus der Mitglieder der betreffenden Gesellschaft bewirkt wird. Die Rechtsnormen werden neben den Normen der Moral, Religion und der Sitten als Instrument, als Mittel sozialer Kontrolle behandelt.

Das Problem der Rechtskontrolle kann unter verschiedenen Gesichtspunkten interessieren. Gewöhnlich wird es unter zwei Aspekten betrachtet: der Kontrolle von Staatsorganen (sowohl einer Kontrolle, die von hierarchisch höher stehenden Organen durchgeführt wird, als auch einer Kontrolle dieser Organe durch die Bürger) und der Kontrolle von Bürgern. Im Rahmen einer Abhandlung, die sich auf die positive Wirkung des Rechts konzentriert, interessiert uns die Rechtskontrolle als ein Prozeß des Rechtseinflusses auf die Gesellschaft, der darauf beruht, daß die in Rechtsnormen enthaltenen Verhaltensmuster als Maßstäbe des Vergleichs und der Klassifizierung eines bestimmten Verhaltens dienen. Das nicht nur bei einem empfohlenen oder nicht empfohlenen Muster, wie das bei nichtjuristischen Handlungsnormen der Fall ist, sondern auch bei einem vom Standpunkt der Norm her erlaubten oder unerlaubten und mit besonderen Mitteln geschützten Zwang. Das bewirkt, daß die Rechtskontrolle eine besondere Stellung unter den anderen sozialen Kontrollen einnimmt. Diese anderen Kontrollfunktionen werden in verschiedenen Bereichen und mit verschiedener Intensität durchgeführt durch gesellschaftliche Organisationen, politische Parteien, Gewerkschaftsverbände, die Kirche oder informale gesellschaftliche Gruppen wie Kameradschafts-, Gesellschafts- und Berufskreise, die Familie usw.[1]

---

[1] Mit dem Problem der Rechtskontrolle im Rahmen sozialer Kontrolle befassen sich E. A. Ross, Social Control, 1901; Principles of Sociology, 1921; R.

Hier taucht jedoch die Frage auf: wodurch unterscheidet sich die Rechtskontrolle von anderen Arten sozialer Kontrolle, und wird sie ausschließlich auf formalisierte Art durch dazu berufene Kontrolleure verwirklicht?

Zahlreiche dem Problem sozialer Kontrolle gewidmete Arbeiten beschränkten sich gewöhnlich darauf, im Recht eines der bedeutendsten Instrumente sozialer Kontrolle zu sehen, eine Funktion, die aber auch durch Religion, Gebräuche, Moral und die öffentliche Meinung ausgeübt wird. Dabei werden aber die einzelnen Arten von Kontrolle nicht deutlich voneinander abgegrenzt. Versuche einer engeren Abgrenzung der Rechtskontrolle führen gewöhnlich dazu, den organisierten Zwang als spezifisches Instrument, dessen sich das Recht bei der Durchführung der Kontrolle bedient, in den Vordergrund zu stellen. Typischer Ausdruck dieses nicht nur von Vertretern der Rechtswissenschaft, sondern auch von Soziologen eingenommenen Standpunktes ist das in den Vereinigten Staaten im Jahre 1955 herausgegebene „Soziologische Wörterbuch". Unter dem Stichwort „soziale Kontrolle" lesen wir folgendes:

„Die soziale Kontrolle tritt hauptsächlich in zwei Formen auf: die durch Zwang verwirklichte Kontrolle (coercive control) und die durch Überzeugen durchgeführte Kontrolle (persuasive control). Die durch Zwang verwirklichte Kontrolle geht aus der Handlung des Rechts und des Staates hervor und wird entweder durch Anwendung von Gewalt durchgeführt oder durch das Hervorrufen von Furcht vor ihrer Anwendung. Die Verhaltensweisen, die unter die Kontrolle auf dem Zwangswege fallen, werden zur generellen Kategorie der Vergehen (crimes) gezählt. Die Kontrolle durch Überzeugen wirkt unter Einschaltung verschiedener Institutionen und Einrichtungen, die das Individuum zu einer positiven Reaktion auf Vorbilder, Wünsche und Gebote einer weitläufigeren gesellschaftlichen Gruppe geneigt machen. Die Mittel sozialer Kontrolle sind sehr verschiedenartig und hängen von der Dynamik der kontrollierten Gruppen und Individuen ab. Das Recht ist das am meisten konkrete, öffentliche und offenbare Instrument sozialer Kontrolle, auf keinen Fall jedoch das stärkste und weitreichendste in seiner Wirkung. Ein bedeutend größerer Teil sozialer Kontrolle wird mit Hilfe des Überzeugens durchgeführt und unter Berufung auf Mittel wie Suggestion, Anerkennung, Nachahmung, Stolz, Scham und Belohnung[2]."

Pound, Social Control through Law, 1942; R. T. La Piere, A Theory of Social Control, New York 1954; H. Cairns, The Theory of Legal Science, Chapel Hill 1941; J. Stone, The Province and Function of Law, Sydney 1946.

[2] Dictionary of Sociology, ed. H. P. Fairchild, Ames 1955, S. 279. J. Wiatr, Społeczénstwo (Gemeinschaft), Warszawa 1964, S. 46 ff. unterscheidet im Rahmen der sozialen Kontrolle 4 normative Systeme: Religion, Moral, Sitten und Recht, je nach den in diesen Systemen enthaltenen Typen von Sanktionen. Ein das Rechtssystem kennzeichnendes Merkmal ist, daß Rechtssanktionen sich auf physischen Zwang stützen. In einem weiteren Teil seiner Ausführungen auf S. 84 schreibt er jedoch: „das bedeutet natürlich nicht, daß die Menschen

Die Differenzierung verschiedener Arten von Kontrolle kann auf beliebiger Grundlage geschehen, je nach den Zielen, denen die betreffende Einteilung dienen soll. Man kann sich deshalb — wie hier — auf eine Unterscheidung nach Maßgabe der verschiedenen Mittel wie Zwang und Überzeugung stützen. Weitgehende Vorbehalte erweckt dagegen, daß ausschließlich nur eines dieser Mittel, und zwar der Zwang, der Rechtskontrolle zugeordnet wird. Die Tatsache, daß die Rechtsnormen die einzigen sozialen Normen sind, hinter denen der organisierte staatliche Zwang steht, darf uns jedoch nicht eine andere Tatsache verdecken, daß man nämlich die Beeinflussung durch die Rechtsnorm nicht einzig und ausschließlich mit einem solchen „endgültigen" Motivationsargument, wie es die Sanktion ist, in Zusammenhang bringen kann und daß die Übereinstimmung des Verhaltens mit den in den Rechtsnormen enthaltenen Vorbildern ein Ergebnis der Einwirkung von weit mehr Faktoren ist, unter denen jene besonders zu nennen sind, die vom „Soziologischen Wörterbuch" mit „Kontrolle durch Überzeugen" bezeichnet sind[3]. Übersehen ist hier völlig der komplizierte Prozeß gesetzgeberischer Bemühungen um eine Anerkennung der von ihm erlassenen Vorschriften, das Problem einer freiwilligen Übernahme und Internalisierung der betreffenden Rechtsnormen durch ihre Adressaten. Übersehen wird auch das Problem der Autorität des Rechts und der damit verbundenen legalistischen Haltung, die durch die Anerkennung des Rechts als ein bestimmter gesellschaftlicher Wert, nämlich als Faktor der Ordnung, ausgedrückt wird. Diese legalistische Haltung führt zur Anerkennung der Norm ohne Rücksicht auf eine individuelle Bewertung ihrer Brauchbarkeit, Zweckmäßigkeit und Richtigkeit. Das weist auf die Notwendigkeit hin, auf andere, für unsere Untersuchungszwecke adäquatere und brauchbarere Unterscheidungskriterien zurückzugreifen.

Entscheidend für die Rechtskontrolle ist für uns das Kriterium, nach dem die gegebene Kontrolle durchgeführt wird, nämlich eine Art normativen Vorbildes, mit dem wir ein bestimmtes Verhalten vergleichen. Bei

---

das Recht ausschließlich deshalb respektieren, weil sie dazu durch Gewalt gezwungen werden. Die Rechtsnorm kann internalisiert sein und ist es auch oft, sie wird vom Individuum angeeignet. Was sie jedoch kennzeichnet, ist die Tatsache, daß die Menschen ... sich ihr anpassen müssen, unabhängig davon, ob sie im Innern mit ihr einverstanden sind ... oder sie müssen das Risiko auf sich nehmen, auf offene Gewalt zu treffen ... Gewalt steht hinter jeder Rechtshandlung ... sie ist potentiell anwesend".

[3] Hervorgehoben wird an vielen Stellen die Einwirkung von Rechtsnormen unabhängig von der Strafandrohung in der Sammelarbeit Woprosy tieorii sowietskogo prawa, Moskwa 1960, insbesondere von A. S. Pigołkin im Abschnitt Normy sowietskogo socjalisticzeskogo prawa i ich strukture sowie von N. P. Tomaszewski, O strukturie prawowoj normy i klasyfikacji jewo elemientow. Vgl. auch H. L. Hart, The Concept of Law, Oxford 1961, S. 163: „Sanktionen sind daher nicht als normales Motiv des Gehorsams notwendig, sondern als Garantie dafür, daß diejenigen, die freiwillig gehorsam sind, nicht denen geopfert werden, die es nicht sind."

einem solchen Ausgangspunkt kann man von sozialer Kontrolle, von der Verwendung von Verhaltensmustern, die in Rechts-, Moral-, Organisations- und sozialen Normen enthalten sind, und von der gesellschaftlichen Funktion dieser Norm sprechen. Unabhängig von der kontrollierenden Person und von den Methoden, die nach einer Übereinstimmung mit dem Vorbild streben, haben wir es überall dort, wo wir uns einer Rechtsnorm als Kriterium für den Vergleich eines Verhaltens mit einem Verhaltensmuster bedienen, mit der Kontrollfunktion der Rechtsnorm zu tun.

Die Kontrollfunktion verbleibt in sehr enger Verbindung mit der Motivationsfunktion, denn die Handlungen, aus denen der Prozeß der Kontrolle zusammengesetzt ist, sind gleichfalls eine Abart des Verhaltens unter dem Einfluß von Rechtsnormen oder mit Rücksicht auf diese. Der prinzipielle Unterschied liegt jedoch in dem Zweck, zu dem diese Handlungen unternommen werden, denn sie streben immer nach der Feststellung, ob das bezeichnete Verhalten mit dem normativen Vorbild übereinstimmt oder nicht. Während des Kontrollprozesses wird die Feststellung von Normabweichungen von Handlungen begleitet, die nach einer Beseitigung dieser Abweichungen streben. Dort, wo das nicht möglich ist, streben sie nach einem Vorbeugen dieser Art Abweichungen für die Zukunft durch die Anwendung von Sanktionen. Dort dagegen, wo die Feststellung von Unstimmigkeiten mit der Norm nicht zur Aufnahme solcher Schritte führt und sich lediglich auf die Formulierung einer bestimmten Beurteilung beschränkt (und zwar sowohl einer veröffentlichten wie auch unveröffentlichten), haben wir es im Prinzip nicht so sehr mit einer Kontrollfunktion als mit einer Beurteilungsfunktion zu tun („im Prinzip", da es — wie die weiteren Erwägungen zeigen — aufgrund informaler Rechtskontrolle manchmal sehr schwer fällt, zwischen der zum Ausdruck gebrachten Beurteilung und einer Sanktion von außerjuristischem Charakter eine deutliche Grenze zu ziehen).

Das könnte dafür sprechen, die einzelnen Funktionen zu trennen und in besonderen Abschnitten zu behandeln. Jedoch tritt einerseits ein von Beurteilungselementen freier Kontrollprozeß nur in recht vereinzelten Fällen auf und Beurteilungen spielen meist eine wesentliche Rolle während des gesamten Verlaufes, andererseits wirkt sich der Kontrollprozeß auf die Gestaltung der Beurteilungen aus. Dies spricht für eine Behandlung aller Erwägungen im der Kontrollfunktion gewidmeten Abschnitt, für die Verwendung des erweiterten Begriffs von Rechtskontrolle für alle Verhaltensweisen, die auf einem Vergleich des Verhaltens mit dem in der Rechtsnorm enthaltenen Vorbild beruhen, sowie für die Beurteilung dieses Vergleichs. Diese Beurteilung kann zu Schritten führen, die die Störung beseitigen oder ihr in Zukunft vorbeugen, sie kann sich aber auch lediglich auf eine Feststellung des Normverstoßes beschränken.

Aus der von uns verwendeten Bezeichnung Rechtskontrolle geht hervor, daß wir sie lediglich auf eine Kontrolle „im Hinblick auf das Verhaltensmuster" beschränken. Das ist nicht die einzige Art von Kontrolle, denn wir können einen Sachverhalt auch an anderen Kriterien messen. Ein solches Kriterium kann nicht nur ein bestimmtes Verhaltensmuster, sondern auch ein Plan sein. Eine Kontrolle dieser Art ist besonders im gesellschaftlichen Planungssystem der sozialistischen Länder wichtig, wo Wirtschaftspläne auf lange oder kurze Sicht von Repräsentationsorganen beschlossen werden.

Dieses Problem hängt mit dem allgemeineren Problem des Rechtscharakters einer neuen Art von Rechtsnormen zusammen, die von den „klassischen" Rechtsnormen abweichen: Planungsnormen oder Direktiven zur Organisierung und Leitung des Staatsapparates[4]. In der polnischen Literatur beschäftigen sich mit diesem Problem hauptsächlich Vertreter des Verwaltungsrechts und neuestens auch der Staats- und Rechtstheorie[5].

Wie M. Jaroszyński schreibt, „mußten neue Funktionen und neue Aufgaben eines Staates neuen Typs auch eine ihnen entsprechende neue Gesetzgebungstechnik hervorbringen"[6]. Ein charakteristisches Merkmal der Planungsnormen ist vom Inhalt her gesehen ihr „Direktivcharakter". Sie weisen nämlich in bindender Form die bestimmte Richtung zum

---

[4] W. Brzeziński, Nowe typy norm prawnych w prawie administracyjnym (Neue Typen der Rechtsnormen im Verwaltungsrecht), in: Państwo i Prawo, 9/1966, S. 282, charakterisiert direktive Normen als solche, die in der Regel zusammengesetzt sind aus effektiven Voraussetzungen, die gewöhnlich in den Präambeln des normativen Dokumentes enthalten sind und allgemeine Ziele und Aufgaben bezeichnen, sowie aus Direktiven, welche die Arten der Lösung des gestellten Problems betreffen, wobei die Mittel zum Handeln entweder bezeichnet oder aber dem Ermessen des Adressaten überlassen sein können („Überwachung", „Koordination", „Lenkung"). Der Hauptinhalt der Norm sind Vorschriften, die die Pflicht zu einem Handeln bezeichnen, das zur Erreichung der Ziele und Erfüllung der Aufgabe unternommen werden muß.

[5] M. Jaroszyśski, M. Zimmermann, W. Brzeziński: Polskie prawo administracyjne (Polnisches Verwaltungsrecht), Warszawa 1956, S. 135 ff.; W. Brzeziński, Podstawy prawne planowania gospodarozego i przestrzennego (Rechtsgrundsätze von Wirtschafts- und Raumplanung), Warszawa 1948; W. Brzeziński, J. Kaleta, M. Weralski: Problemy prawne planowania gospodarczego (Rechtsprobleme der Wirtschaftsplanung), Warszawa 1964, S. 82; W. Brzeziński, Nowe typy norm ... (Neue Typen der Norm ...), S. 277 ff.; K. Opałek, Z zagadnień teorii norm prawa socjalistycznego (Über Probleme der Theorie von Normen des sozialistischen Rechts), in: Państwo i Prawo, 9/1966. In der sowjetischen Literatur befaßt sich mit diesem Problem insbesondere S. Sołowiew, Prawowaja priroda socjalisticzeskich płanow, in: Woprosy sowietskogo administratiwnogo i finansowogo prawa, Moskwa 1952.

[6] M. Jaroszyński, ebd., S. 136.

Handeln und bezeichnen gewöhnlich die Ergebnisse in Form gewisser Entwicklungsindexe.

Diese Verwendung von Indexen im Wortlaut der Rechtsnorm ist jedoch „eine bündige Form gesetzlicher Festlegung sehr unterschiedlicher und weitreichender Rechtspflichten, die auf verschiedenen staatlichen, administrativen und wirtschaftlichen Organen sowie auf all den Bürgern lasten, die in einem Verhältnis zum Staat und zu den zur Ausführung des Planes berufenen Wirtschaftseinheiten stehen. Der ökonomische Index ist in diesem Fall eine lapidare Abkürzung, die sich in eine lange Reihe sehr verschiedener, doch dialektisch miteinander verbundener, verpflichtender Verhaltensregeln zerlegen läßt“[7].

Bei einer solchen Interpretation wird die Rechtskontrolle der Planungsnorm auf die Kontrolle eines Komplexes von Verhaltensmustern zurückgeführt, die ein Ergebnis der Übertragung von Planungsindizes in Verhaltensnormen sind. Es verbleibt jedoch noch das für die Problematik der Kontrollfunktion der Rechtsnorm sehr wesentliche Problem der *Art*, in der diese neuen Normen das Verhalten bestimmten, ein Problem, das auch mit der Frage der Sanktion verknüpft ist.

Nach K. Opałek enthalten Aussagen, die eine bestimmte Verhaltensweise bezeichnen, in verschiedenem Maße „normative Elemente“ und „technische Elemente“. In dem Maße, in dem der Gesetzgeber das „normative Element“ seiner Aussagen schwächt und ein bestimmtes — größeres oder kleineres — Feld der Anerkennung des Adressaten überläßt, damit dieser technische Mittel sowie mittelbare Ziele im Rahmen der vom Normgeber gesteckten allgemeinen Ziele eigenständig bestimmt, in dem Maße entsteht eine Abstufung der Normen im Hinblick auf ihre — das Verhalten bestimmende — Funktion[8].

Im Hinblick auf die verschiedenen hier besprochenen Typen von Rechtsnormen zeichnen sich drei Möglichkeiten der Bestimmung des Verhaltens ab[9]:

a) Normen, die unbedingt verpflichten, unter Androhung von Sanktionen im Falle ihrer Nichterfüllung,

b) Normen mit dem Charakter von Direktiven oder Empfehlungen,

c) Normen, die nur das Ziel bestimmen und dem Adressaten die Wahl der Mittel überlassen.

Wir wollen versuchen, sie aus der Sicht der Rechtskontrolle zu vergleichen.

---

[7] Ebd.

[8] Im V. Abschnitt wies ich auf Argumente hin, auf die sich der Normgeber beruft. Hier dagegen erwäge ich die Art der Bestimmung des Verhaltens.

[9] W. Brzeziński, Nowe typy norm (FN 5); K. Opałek (FN 5).

Bei der ersten Art beruht die Kontrolle auf einem Vergleich des bezeichneten Verhaltens mit dem in der Rechtsnorm enthaltenen Vorbild und, im Falle der Feststellung von Abweichungen, auf der Anwendung von rechtlichen Sanktionen.

Bei der zweiten Art, bei der die Rechtsnormen den Charakter von Direktiven oder Empfehlungen haben, kann die Kontrolle nur den Grad der Übereinstimmung mit den Empfehlungen betreffen oder die Argumentation, die das Abweichen von diesen Normen begründet.

Bei der dritten Art, bei der der Normgeber nur die Ziele bezeichnet und die Mittel dazu der freien Wahl des Adressaten überläßt, hat der Adressat neben der allgemeinen (und ursprünglichen) Pflicht, in die vom Normgeber bestimmte Richtung zu handeln, noch die zusätzliche Pflicht, die technischen Modalitäten seiner im einzelnen getroffenen Entscheidung hinsichtlich ihrer Abweichungen von den Vorgaben zu motivieren. Hier werden also „technische" Kriterien verwendet, die auf wissenschaftliche Errungenschaften eines bestimmten Wissenszweiges gestützt sind und in den Empfehlungen berücksichtigt werden. Können derartige Kriterien nicht angeben werden, wird der ganze Prozeß der Kontrolle problematisch und arbiträr. Es fehlen ihm nämlich intersubjektive Kriterien.

Daher müßte also die Rechtskontrolle, die bisher als Kontrolle am Maßstab des in der Rechtsnorm vorgeprägten Musters bezeichnet wurde, im Hinblick auf den neuen Typus der Rechtsnormen um die Kontrolle bezüglich der geeigneten Wahl der Mittel, d. h. um eine Kontrolle am Maßstab des technischen Vorbildes, das sich jedoch außerhalb der Rechtsnorm befindet, erweitert werden.

2. Die Arten der Rechtsnorm

Die Handlungen, aus denen der Kontrollprozeß besteht, könnten entweder von offiziell dazu berufenen Kontrolleuren durchgeführt werden oder aber von gewöhnlichen Bürgern und verbleiben dann entweder in den Grenzen einer „formalisierten" Kontrolle, d. h. einer solchen, deren Formen durch Rechtsnormen bestimmt sind, oder aber sie nehmen die Gestalt von „informeller" Kontrolle an, die durch das außerhalb des Rechts gegebene System gesellschaftlicher Sanktionen und Gratifikationen verwirklicht wird.

Die von offiziellen Kontrolleuren durchgeführte Rechtskontrolle interessiert uns hauptsächlich wegen des Einflusses ihrer Ergebnisse auf das Verhalten der Normadressaten. Dieses Problem wurde schon im vorigen Abschnitt besprochen, weil dieser Einfluß hauptsächlich in der Orientierung des Verhaltens der Bürger an Handlungen und Entscheidungen der Staatsorgane Bedeutung gewinnt. Damit werden die normativen Verhaltensmuster für den Normadressaten nach Maßgabe der formalisierten Entscheidungen gebildet und hinsichtlich ihrer Wirksamkeit an der Regelmäßigkeit und Effektivität der Eingriffe in Fällen der Rechtsverletzung beurteilt; der Einfluß nimmt also eher die Gestalt einer motivierenden als einer kontrollierenden Funktion an. Wir wiesen gleichfalls auf den engen Zusammenhang zwischen der Rechtsstaatlichkeit und dem positiven Einfluß des Rechts auf die Bürger hin.

Es muß hervorgehoben werden, daß eine von offiziellen Kontrolleuren durchgeführte Gerichtskontrolle nur im Fall des Entstehens — oder des Verdachtes des Entstehens — irgendwelcher Abweichungen von den positivierten Verhaltensmustern stattfindet, dagegen kann eine administrative Kontrolle der Bürger auch reinen Präventivcharakter haben (z. B. die Kontrolle von Fahrkarten, Meldekarten, Gesundheitsbescheinigungen, Impfzeugnissen usw.). Zweifellos strebt auch eine solche Kontrolle nach Aufdeckung von Abweichungen von den Verhaltensmustern. Sie setzt jedoch gewissermaßen schon im vorhinein einmal die Tatsache voraus, daß zumindest eine Anzahl der kontrollierten Personen sich nicht gemäß den Vorschriften verhält, oder dann deren Bereitschaft zu einem solchen Verhalten für den Fall, daß die Kontrolle nicht durchgeführt wird. Zu einem Motivationsfaktor wird hier also nicht die Norm selbst, sondern die erwartete Kontrolle.

Der von offiziellen Kontrolleuren durchgeführte Kontrollprozeß beruht auf der Feststellung des Sachverhaltes und der Klassifizierung der Tatsachen als mit dem in der Norm enthaltenen Vorbild übereinstimmend oder von ihm abweichend. Ferner beruht er auf einer Entscheidung (Urteil, Gutachten), die nach Legalisierung der Veränderung strebt, denen der Sachverhalt unterlag (z. B. die Herausgabe einer Todeserklärung), oder nach Wiederherstellung des gesetzlich geforderten Sachverhaltes (eine solche Wiederherstellung kann als eine Abart von Sanktion behandelt werden). Die Entscheidung kann aber auch zur Anwendung von Sanktionen führen, deren Zweck lediglich das Hervorrufen abschreckender, repulsiver Motive für zukünftiges, mit dem Vorbild nicht übereinstimmendes Verhalten sein soll. In bestimmten Fällen sind auch Sanktionen unumgänglich, welche die Isolierung besonders gefährlicher Individuen aus dem Gemeinschaftsleben der Gesellschaft zum Ziele haben.

Die von offiziellen Kontrolleuren getroffenen Entscheidungen sind sowohl für staatliche Organe als auch für gewöhnliche Bürger verbindlich. Darin unterscheidet sich die mit ihrer Hilfe durchgeführte Kontrolle von derjenigen, die von gewöhnlichen Bürgern durchgeführt wird.

Eine Abart der Kontrolle, die an der Grenze der von offiziellen Organen und der von gewöhnlichen Bürgern durchgeführten steht, sind jene

Verfahren, bei denen einzelne Funktionen offizieller Kontrollen den Bürgern anvertraut werden. Ihre Entscheidungen, die während der Ausübung der ihnen anvertrauten Handlungen gefaßt werden, haben „bindenden" Charakter und gehören somit aus formaljuristischer Sicht eher zu der ersten der hier angeführten Kontrollarten. Aus soziologischer Sicht dagegen tendieren sie zweifellos zu den informellen Kontrollen und sind als Instrument des „Gerechtigkeitsempfindens" gedacht, d. h. als Erscheinungen des Rechtsbewußtseins der Laien, das für ein bestimmtes Milieu charakteristisch und typisch ist, und seiner Konfrontation mit den Beurteilungen und Entscheidungen von Berufsjuristen. Wenn wir unter Rechtsbewußtsein die Kenntnis von Rechtsvorschriften sowie ihre Beurteilung verstehen, so spielen im Falle der Teilnahme von Laien an der Rechtspflege folgende Faktoren eine Rolle: Beurteilung des Verhaltens im Lichte der Vorschriften, das Problem der Auslegung, das Problem erlaubter Berücksichtigung „subjektiver" Momente im Verhältnis zur Person des Beschuldigten oder der geschädigten Partei, das Problem objektiver sozialer Schädlichkeit im Empfinden des Laien und seines Milieus und das Problem des Strafmaßes. Als Beispiel für diese Kontrolle kann die Institution der Geschworenengerichte, der Volksschöffen und Schiedsgerichte sowie die aus der Sicht rechtssoziologischer Untersuchungen über das Recht in sozialistischen Ländern besonders interessante Institution der Gesellschaftsgerichte dienen.

Die Frage nach dem Anteil des sozialen Faktors an der Rechtspflege ruft eine Reihe sehr interessanter Probleme sowohl für den Juristen als auch für den Soziologen hervor, so z. B. die Rolle gesellschaftlicher Sanktion als Hilfs oder Ersatzsanktion im Verhältnis zur Rechtssanktion, die offen verkündete oder verheimlichte Funktion der untersuchten Institutionen, der Einfluß der in Verbindung mit der Entscheidungsfindung ausgeübten Funktionen auf eine Veränderung des Rechtsbewußtseins und schließlich die Rolle rechtlicher Subkulturen und des Stereotyps des Milieus im Prozeß der Beurteilung und Hinnahme bestehender, verfassungsrechtlicher Lösungen. Das Hauptproblem aber bilden die Unterschiede (und ihre Ursachen) im Gerechtigkeitsempfinden und dem Rechtsbewußtsein zwischen Berufsjuristen und „Laien". Die hier aufgezählten Probleme stehen in enger Verbindung mit einem bedeutend größeren und heute oft diskutierten Problem: Lassen die Entwicklung der Zivilisation und die damit verbundene Zunahme rechtlicher Regelung — zwei Prozesse, welche die Kompliziertheit der Probleme vervielfachen, die ein Gericht heute lösen muß — genügend Spielraum für die Verwendung eines unqualifizierten, „laienhaften" Faktors übrig?

Die Teilnahme des sozialen Faktors an der Rechtspflege erfolgt in Gestalt einer Ergänzungs- oder einer Ersatzfunktion zu den Berufsrichtern. Als Beispiel für die Ergänzungsfunktion kann die Institution der Volksschöffen (Laienrichter) angeführt werden, deren Rechtspflegefunktion zusammen mit Berufsrichtern auf der Grundlage der Gleichberechtigung ausgeübt wird und die der Einführung sozialer Elemente bei der Rechtsprechung dienen soll. Vom Institut für Rechtswissenschaften der Polnischen Akademie der Wissenschaften durchgeführte Untersuchungen verfolgten das Ziel festzustellen, wieweit das verfassungsmäßige Modell der Verwendung von Schöffen (vollberechtigte Laienrichter, soziale Richter) allgemein akzeptiert und verwirklicht wird. Zugleich untersuchten sie den tatsächlichen Einfluß der Schöffen auf die Rechtspflege sowie Konvergenzen und Gegensätze in Haltung und Beurteilung von „Laien" gegenüber Berufsrichtern bei der Beurteilung eines Falles und bei Strafe oder sonstigen Repressivmaßnahmen[10].

Die Untersuchungsergebnisse widerlegten das übliche Urteil der „Fassadenhaftigkeit" und der nur scheinbaren Rolle der Schöffen bei der Rechtsprechung in Strafsachen. Obwohl ihr Einfluß nicht genügend groß ist, so vertreten doch 40 % der Schöffen ihren eigenen Standpunkt und beeinflussen ständig das Urteil. In einem bedeutenden Teil der übrigen Fälle tritt dagegen die „verheimlichte Funktion" auf, die bewirkt, daß unabhängig vom Grade seiner Aktivität die bloße Teilnahme des Schöffen an der Verhandlung und an der Beratung Einfluß auf das Verhalten sowohl des Richters als auch anderer im Prozeß auftretender Personen hat. Die Verwirklichung der Funktion des Schöffen steht in deutlicher Relation zum richtigen Verständnis der Verteilung der Rollen, die dem Berufsrichter und dem sozialen Faktor, d. h. dem gewöhnlichen Bürger, der zur Teilnahme an der Rechtspflege berufen wurde, zufallen. Das Verhalten des Richters gegenüber dem Schöffen ist ein ungemein wichtiges Element zur Verwirklichung der Funktion des Schöffen. Die Möglichkeit einer Zusammenarbeit hängt jedoch im hohen Grade vom Niveau des Schöffen, seiner Intelligenz, Lebenserfahrung und seinem Interesse an der Erfüllung seiner Funktion ab.

---

[10] Die Untersuchungen wurden in den Jahren 1964 - 1967 durchgeführt von einer Gruppe, die aus Wissenschaftlern und aus praktizierenden Richtern sowie Mitarbeitern des Justizministeriums bestand. Zur Gruppe gehörten: Prof. S. Zawadski (Leitung), Prof. M. Borucka-Arctowa, Prof. J. Kowalski, Dr. J. Kubicki (Sekretär), Doz. A. Podgórecki, Doz. W. Skrzydło, Dr. A. Turska, Prof. Z. Ziembiński. An den Sitzungen der Gruppe nahmen ebenfalls teil Prof. M. Rybicki, Prof. J. Bafia sowie die Richter: A. Frydecki, Z. Krauze, W. Kleniewski und J. Wieczorek. Als Ergebnis dieser Untersuchungen wurde ein reiches und sehr interessantes Material gesammelt, dessen ausführlicher Besprechung eine Reihe von Abhandlungen gewidmet wurde. Außerdem erschien ein Sammelwerk: Udział ławników w postępowaniu karnym (Die Beteiligung von Schöffen im Strafverfahren), Warszawa 1970, das eine synthetische Bearbeitung der erhaltenen Angaben darstellt.

Anmerkung zur deutschen Übersetzung: Eine Besprechung der Untersuchungen in deutscher Sprache findet sich bei M. Borucka-Arctowa, Die Funktion der Laienrichter in der Polnischen Gerichtsbarkeit, Schriftenreihe des Instituts für Soziologie an der Universität Graz, Graz 1970.

Die Untersuchungsergebnisse über die Institution der Volksschöffen geben nicht nur einen sehr interessanten Einblick in das Funktionieren dieser Institution, sondern weisen gleichzeitig auf ein bedeutend weitreichenderes Problem hin, nämlich auf die Konfrontation der Beurteilungen und Anschauungen von „Laien" mit denen beruflicher Kontrollorgane, auf die Entstehung dieser Beurteilungen sowie ihre Rolle bei der Verwirklichung dieser Form rechtlicher Kontrolle, die als Versuch einer wechselseitigen Annäherung von Urteilen der Rechtspflege und den Erwartungen der breiten Masse der Bürger gedacht ist.

Der zweite Weg ist der Ersatz offizieller Kontrolleure durch besondere Gesellschaftsgerichte, denen bestimmte Fälle überwiesen werden. Diese Lösung findet ihre Begründung nicht nur in „technisch-organisatorischen" Argumenten wie der Kürzung der Prozeßdauer und der Entlastung der Gerichte, sondern auch in der Überzeugung — die heute schon von Ergebnissen spezieller Untersuchungen[11] und von praktischen Erfahrungen gestützt ist —, daß bedeutend weitreichendere Präventivfolgen und empfindlichere Repressalien möglich sind als bei der Behandlung dieser Fälle durch offizielle Kontrolleure. Die Mitglieder dieser Gerichte arbeiten auf einem engen und ihnen wohlbekannten Bereich wie Betriebsanstalten, Häuserblöcke, Wohnsiedlungen und werden aus dem Milieu ausgewählt, dem ihr Arbeitsfeld entspricht.

Die Überweisung der Rechtspflege an Gesellschaftsgerichte wird entweder unter Beibehaltung derselben Einwirkungsmittel durchgeführt (Betriebs-Schiedsgerichte) oder unter Verzicht auf Zwangsmittel und ihren Ersatz durch Erziehungsmittel (Gesellschaftsgerichte in den Betrieben, gesellschaftliche Schlichtungsausschüsse). Die besondere Entwicklung dieser Form von Rechtskontrolle in den letzten Jahren scheint weitere Argumente gegen die Anschauung zu liefern, daß Rechtskontrolle ausschließlich mit Repressalien und Zwang verbunden sei.

Die Frage nach der Rolle und der Funktion der Gesellschaftsgerichte ist ein faszinierendes Forschungsproblem, das sich im Mittelpunkt der Interessen und Diskussionen in Polen und in anderen sozialistischen Ländern findet[12]. In Fällen, bei denen die Strafe gering, der Rechts-

[11] A. Podgórecki berichtet in der Abhandlung Eksperyment w socjologii prawa (Ein Experiment in der Rechtssoziologie), in: Państwo i Prawo, 1/1962, S. 36 - 45, über das Ergebnis empirischer Untersuchungen über Arbeitergerichte, die in der Anstalt für Methodologie des Zentral-Institutes für Arbeitsschutz durchgeführt wurden; H. Leszczna gibt in der Abhandlung Społeczne Komisje Pojednawcze (Gesellschaftliche Schiedsgerichte), in: Państwo i Prawo, 5 - 6/1964, S. 784 - 792, Ergebnisse von Untersuchungen bekannt, die im Gebiet von Łódź durchgeführt wurden.

[12] K. Kąkol, Sądy społeczne (Gesellschaftsgerichte), Warszawa 1964: eine ausführliche Besprechung der Institution der Gesellschaftsgerichte in Polen, Angaben über diese Gerichte in anderen sozialistischen Ländern (S. 56 ff.) sowie eine ausführliche Bibliographie; E. Modliński, O społecznych sądach

gang langwierig und das Beweisverfahren schwierig ist, verlieren konventionelle Repressivmaßnahmen ihre Wirkung. Gesellschaftsgerichte sind hier eines der Mittel, die die Gemeinschaft sowohl zum Kampf gegen Rechtsverletzungen heranziehen soll, als auch zum Zwecke, ihren Standpunkt im Falle einer Verletzung prinzipieller Grundregeln des Gemeinschaftslebens zu verdeutlichen und kundzutun[13]. Die Ergebnisse der empirischen Untersuchungen bestätigten deutlich die soziale Funktion und die Wirkungsmöglichkeiten dieser Gerichte: für Beschuldigte sind nicht so sehr die von Gesellschaftsgerichten verhängten Strafen empfindlich (die übrigens sehr begrenzt sind) als das Verfahren selbst, die Notwendigkeit, denjenigen Menschen in die Augen zu sehen, die wir kennen und mit denen wir nicht nur auf dem Arbeitsplatz, sondern oft auch im privaten Leben zusammenkommen. Der dieser Institution zugrunde liegende Gedanke, nämlich daß es keinen Menschen gibt, der nicht mit der Meinung seiner Umwelt rechnen würde, fand hier in der Praxis seine Bestätigung[14].

Das Wissen um die tatsächlichen Folgen der Urteile und deren bindenden Charakter übt zweifellos auf den Beurteilenden Einfluß aus. Die Rolle eines „sozialen Kontrolleurs“ ist nicht nur mit dem Gefühl von Ver-
der Zivilisation und die damit verbundene Zunahme rechtlicher Regelung
antwortung für eine getroffene Entscheidung verbunden, sondern auch mit einer bestimmten Ausrichtung an den Erwartungen anderer Personen, Erwartungen, die mit der ausgeübten Funktion zusammenhängen[15].

Wie wir schon darstellten, kann das Verhalten gewöhnlicher Bürger nicht nur die Gestalt von „formalisierter Kontrolle“, sondern auch die

---

robotniczych (Über gesellschaftliche Arbeitergerichte), in: Państwo i Prawo, 1/1962, S. 36 - 45; A. Kaftanowski, Nowyj etap w diejatielnosti towaryszczeskich sudow na predprijatiach, in: Socjalisticzeskij Trud 8/1960; J. Boguszak, Mistni lidové soudy a otazky dalsiho rozvoje socjalistické zékonnosti, in: Pravnik 3/1961, S. 218 - 231.

[13] A. Podgórecki, Prestiż prawa (Prestige des Rechts), Warszawa 1966, S. 19 ff., behauptet, daß die Mobilisierung der öffentlichen Meinung gegen Verbrechen auf Schwierigkeiten in jenen Anstalten trifft, wo eine eigenartige „Subkultur“ in Gestalt von „Sympathie“ für bestimmte Rechtsverletzungen besteht.

[14] Gesellschaftsgerichte sind die Verwirklichung der allgemeinen These, die schon von Lenin in Staat und Revolution aufgestellt und wieder auf der XXI. und XXII. Parteitagung der KPdSU erhoben wurde über die Rolle der Gesellschaft bei der Erfüllung staatlicher Funktionen und die allmähliche Überweisung dieser Funktionen an gesellschaftliche Organisationen.

[15] Die im II. Abschnitt besprochenen Untersuchungen, die durch die Universität Chicago über das Verhalten von „Laien“ durchgeführt wurden, welche als Mitglieder von Schwurgerichten oder als Handelsschiedsrichter auftraten, berücksichtigen eher das Problem des Einflusses des Kollektivs der „Jury“ auf einzelne Juroren sowie die Bedeutung von Faktoren wie Instruktionen der Richter und Meinungen der Experten für eine Änderung ihrer Entscheidung. In Untersuchungen über Entscheidungen, die von Handelsschiedsrichtern getroffen wurden, unterstreicht S. Mentschikoff lediglich die Unterschiede, die abhängig vom Charakter der Entscheidung auftreten, und zwar ob sie nur für den gegebenen Fall oder auch für alle künftigen bindend sind.

von „informeller Rechtskontrolle“ annehmen. Die Möglichkeit der Ausübung formalisierter Kontrolle durch gewöhnliche Bürger folgt aus ihren rechtlichen Befugnissen, die sie zur gerichtlichen Durchsetzung von Ansprüchen, zur Erstattung von Anzeigen bei der Polizei oder der Staatsanwaltschaft und zur Inanspruchnahme sonstiger Institutionen des Rechtsschutzes ermächtigen. Diese Kontrolle kann nicht nur gegen das Verhalten anderer Bürger gerichtet sein, sondern auch gegen das Verhalten der Staatsorgane, wobei sie sich mit der Frage der Kontrolle von Kontrolleuren und dem Problem des Rechtsstaates verbindet. Die tatsächliche Inanspruchnahme der Befugnisse, die gewöhnlichen Bürgern auf diesem Gebiet zustehen, steht im engen Zusammenhang mit der Verbreitung der Kenntnisse dieser Befugnisse, mit deren Überzeugung von der Wirksamkeit einer eingeleiteten Maßnahme, mit dem Grad der Formalisierung des Verfahrens und mit der allgemeinen Einstellung der Gruppe, in der das gegen die Verletzung von Rechtsnormen auftretende Individuum Unterstützung findet.

Ein prinzipieller Unterschied zwischen einer von offiziellen Kontrolleuren durchgeführten, formalisierten Rechtskontrolle und einer von Bürgern durchgeführten Kontrolle besteht darin, daß die Rolle der Bürger auf die Feststellung von Diskrepanzen zum Vorbild und der Überweisung des Falles an offizielle Kontrolleure beschränkt ist, denn nur diese sind zum Erlaß bindender Entscheidungen in Gestalt von Urteilen und Verwaltungsentscheidungen berechtigt.

Die Kontrollfunktion der Rechtsnormen kann jedoch auch in einem Verhalten der Bürger auftreten, das nicht von dem Begriff „formalisierte Kontrolle“ erfaßt ist. Die Benutzung eines derart verengten Begriffes der Rechtskontrolle kann den Bedürfnissen „dogmatischer“ Wissenschaften entsprechen, genügt jedoch nicht für eine rechtssoziologische Analyse. Eine von Bürgern durchgeführte informelle Kontrolle kann auf einem Vergleich des Verhaltens mit dem in der Rechtsnorm enthaltenen Vorbild beruhen sowie auf der Anwendung eines Systems von Gratifikationen, über das die bestimmte Gruppe oder gesellschaftliche Organisation verfügt. Der gesellschaftliche Mechanismus der Gruppe verfügt über ein eigenes System von Gratifikationen und Sanktionen, dessen Einwirkungskraft nicht kleiner, manchmal sogar größer ist als die negative Sanktion, deren sich das Recht bedient (z. B. das Moment der Achtung und des Prestige in der Gruppe und die Furcht ihres Verlustes, gegenüber den oft ziemlich milden Rechtssanktionen wie Geldbuße, Freiheitsentzug unter Strafaufschub usw.).

Die informelle Kontrolle wird gewöhnlich von einer vergleichenden Beurteilung des Verhaltens begleitet. Zwischen Beurteilungen, Gratifikationen oder Sanktionen dieses Typus verläuft eine sehr variable

Grenzlinie, da z. B. die Beurteilung von Mitgliedern einer Gruppe oder Organisation durch Mitglieder, die Forderung nach Absprechung der Mitgliedschaft, ein Nichtreichen der Hand und gesellschaftlicher Boykott sowohl kundgemachte Beurteilungen als Sanktionen sind, die manchmal sehr schmerzlich empfunden werden. Eine besondere Rolle erfüllen auch Beurteilungen, die von für uns besonders wichtigen Personen oder Gruppen abgegeben werden („Relevant others"), deren Verhalten uns ein Vorbild und deren Beurteilungen uns ein Wertmaßstab sind. All das bestätigt unsere eingangs aufgestellte These von der Schwierigkeit einer genauen Trennung des Kontrollprozesses vom Beurteilungsprozeß.

Der Vergleich des tatsächlichen Verhaltens mit den in den Rechtsnormen enthaltenen Vorbildern sowie eine Beurteilung können jedoch nicht nach außen kundgemacht werden. Auch in einem solchen Fall besitzen sie eine erhebliche sozialmotivierende Bedeutung, denn sie bewirken eine Einstellung, die für das künftige Verhalten entscheidend ist. Wenn ein bestimmtes Verhalten als mit dem in der Rechtsnorm enthaltenen Vorbild übereinstimmend (erlaubt) oder davon abweichend (unerlaubt) klassifiziert wird, so muß hervorgehoben werden, daß dies zu einem Faktor werden kann, der in uns schon vorhandene Dispositionen stärkt, aber auch nicht ohne Einfluß auf eine Änderung unserer Beurteilungen bleibt. Wir haben es hier also mit einer für das Sozialleben sehr wesentlichen Einwirkung des Rechts auf die Gestaltung der Beurteilungen zu tun. Dieses Problem gewinnt besondere Bedeutung in Situationen, in denen der Normgeber nach schnellem sozialem Wandel mit Hilfe des Rechts strebt und wo die gesellschaftlichen Wertvorstellungen zu einem Verbündeten oder aber zu einem gefährlichen Gegner für die Verwirklichung seiner Absicht werden.

3. Rechtsbewertungen und Einstellungen zum Recht

Angesichts der bisherigen Analyse scheint es notwendig zu sein, zwei verschiedene Prozesse zu unterscheiden: den Prozeß der Feststellung eines bestimmten tatsächlichen Zustandes und seine Klassifizierung im Hinblick auf Übereinstimmung oder Divergenz mit dem in der Rechtsnorm enthaltenen Vorbild sowie den Prozeß der Bewertung der Rechtsnorm selbst.

In der rechtstheoretischen wie auch in der sich mit der Ethik auseinandersetzenden Literatur besteht Uneinigkeit darüber, ob die bloße Feststellung der Übereinstimmung oder Divergenz des „tatsächlichen Zustandes" eine Bewertung ist oder nicht. In der polnischen juristischen Literatur der Zwischenkriegszeit findet diese Meinungsverschiedenheit ihren Ausdruck in der Polemik zwischen Lande und Znamierowski. In der Nachkriegszeit waren ihr Arbeiten von Wróblewski und Nowacki gewidmet[16].

J. Lande vertritt den Standpukt, daß die Feststellung von Übereinstimmung oder Abweichung von einer bestimmten Verhaltensnorm immer eine Bewertung sei; denn wenn wir eine Handlung vom Standpunkt der Norm aus betrachteten, so hörten unsere Behauptungen auf, feststellende (theoretische) Behauptungen zu sein und verkünden schon eine Bewertung dieser Wirklichkeit. Es ist dies also keine „Klassifizierung“, sondern eine „Qualifizierung“[17]. Einen gegensätzlichen Standpunkt nimmt Cz. Znamierowski ein, der behauptet, daß die Feststellung der Übereinstimmung der einzelnen Handlungen mit der Norm von einer Bewertung unterschieden werden müsse. Die erste Handlung sei mit den Aufgaben der ausübenden Gewalt verbunden, die zweite mit der Feststellung der Norm, d. h. einer normschaffenden Handlung[18].

Auch wenn ich dazu neige, die Feststellung der Übereinstimmung mit der Norm von einer Bewertung zu unterscheiden, so würde es mir doch schwerfallen, damit übereinzustimmen, daß der Prozeß der Bewertung ausschließlich mit dem Prozeß der Schöpfung von Rechtsnormen verbunden sei; er spielt nämlich auch eine sehr wichtige Rolle beim Prozeß der Entscheidung über ein aktuelles Verhalten und beim Prozeß der Kontrolle. Dies gilt besonders bei dem von uns erweitert aufgefaßten Begriff der Rechtskontrolle, die als ein Vergleich des Verhaltens mit dem in der Rechtsnorm enthaltenen Vorbild verstanden wird. Der Bewertungsprozeß spielt aber auch eine Rolle bei der Feststellung von Übereinstimmung oder Abweichung vom rechtlichen Vorbild sowie bei einem bestimmten Standpunkt gegenüber dem untersuchten Verhalten.

J. Nowacki, der sich der von J. Wróblewski eingeführten Terminologie bedient, stellt drei Aussagen über das Verhältnis eines bestimmten „Wirklichkeitszustandes“ zur Norm dar, welche die Haltung ausdrücken, die derjenige annimmt, der die Übereinstimmung oder Abweichung dieses Zustandes von der Norm feststellt[19]. Eine Unterscheidung dieser Typen betrachtet Nowacki als unerläßliche Bedingung zur Entscheidung

[16] J. Lande, Podstawowe pojęcia teorii prawa (Grundsätzliche Begriffe der Rechtstheorie), in: Prace z dziedziny teorii prawa (Abhandlungen aus dem Gebiet der Rechtstheorie), hrsg. von W. L. Jaworski, Kraków 1925, S. 376; ders., Norma a zjawisko prawne (Die Norm und die Rechtserscheinung), ebd., S. 246; ders., O ocenach (Über Beurteilungen), Kraków 1948, S. 276; Cz. Znamierowski, Logica a teoria prawa (Logik und Rechtstheorie) in: Prace z dziedziny teorii prawa (Abhandlungen aus dem Gebiet der Rechtstheorie), S. 400 ff.; J. Wróblewski, Ocena i norma etyczna (Beurteilung und ethische Norm), Doktorarbeit, Maschinenschrift, Kraków 1949, S. 101 ff.; J. Nowacki, O rodzajach ocen ze względu na norme (Über die Arten der Beurteilungen mit Rücksicht auf die Norm), in: Zeszyty Naukowe Uniw. Lódzkiego, Nauki humanisticzno-społeczne 14, 1959, S. 19 ff.

[17] J. Lande, Podstawowe pojecia teorii prawa (Grundsätzliche Begriffe der Rechtstheorie), S. 376.

[18] Cz. Znamierowski, Logika a teoria prawa (Logik und die Rechtstheorie), S. 400.

[19] J. Nowacki (FN 16), S. 20.

der Streitfrage, ob die Feststellung der Übereinstimmung oder der Abweichung des bestimmten „Wirklichkeitszustandes", der von der Norm gefordert wird, eine Bewertung ist oder nicht.

Zur Bezeichnung der drei Aussagentypen über das Verhältnis eines bestimmten „Wirklichkeitszustandes" zur Norm verwendet er folgende Terminologie:

1. die „Verhältnis-Wendung" („Z stimmt mit der Norm überein", „Z ist mit der Norm nicht in Übereinstimmung"),
2. die Verhältnis-Beurteilung („Z ist gut, weil es mit der Norm übereinstimmt, und gut ist jedes Z, denn es ist nicht in Übereinstimmung mit der Norm N, und gut ist jedes Z, das mit der Norm N übereinstimmt"),
3. die kritische Verhältnis-Beurteilung („Z ist gut, weil es mit der Norm N übereinstimmt, und die Bestimmungen der Norm N sind gut", „Z ist schlecht, weil es mit der Norm N übereinstimmt, und die Bestimmungen der Norm N sind schlecht", „Z ist gut, weil es mit der Norm N nicht übereinstimmt und die Bestimmungen der Norm N sind schlecht").

Der erste Typus von Aussagen ist nach Nowacki keine Bewertung, sondern lediglich eine Feststellung, der zweite und dritte Typus sind Bewertungen. Der Unterschied zwischen ihnen liegt in der Art der Begründung, in der Berufung auf verschiedene Werte. Beide Typen enthalten die „Verhältnis-Wendung", welche Übereinstimmung oder das Abweichen des Tatsachenzustandes von der Norm feststellt. Daneben aber drücken sie auch eine Bewertung aus.

Die bloße Feststellung der Übereinstimmung oder des Abweichens der untersuchten Situation von dem in der Rechtsnorm enthaltenen Vorbild kann einer der Faktoren sein, die die tatsächliche Wahl unseres eigenen Verhaltens entscheiden, kann aber auch zu keinem nach außen kundgemachten Verhalten führen und sich nur auf unser früheres oder künftiges Verhalten beziehen, jedoch ohne die Absicht einer sofortigen Verwirklichung (z. B. die Feststellung, daß im Falle einer Auslandsreise die Mitnahme fremder Währungen, ohne bei der Zollabfertigung davon Meldung zu machen, eine mit den Devisenvorschriften nicht übereinstimmende Handlung ist). Gewöhnlich wird die Feststellung einer Übereinstimmung oder eines Abweichens unseres Verhaltens von der Rechtsnorm von einer bestimmten Beurteilung begleitet, doch ist das nicht unerläßlich. Besonders oft werden wir es mit einer rein „informatorischen" Feststellung der Übereinstimmung oder des Abweichens des „Wirklichkeitszustandes" von der Norm zu tun haben, wenn die jeweilige Person schon eine bestimmte Handlung vollbracht hat oder schon den Entschluß dazu gefaßt hat und in der Folge in den Rechtsnormen nur die notwendige Begründung sucht oder aber ganz einfach bemüht ist, die Norm auf eine für sie bequemste und vorteilhafteste Art zu interpretieren[20].

Eine ähnliche Situation kann auch bei einem Verhalten entstehen, das die Kontrolle des Verhaltens anderer zum Ziel hat, insbesondere wenn z. B. der Richter bei seiner Entscheidung, die er aufgrund einer ganzen Reihe außerjuristischer Faktoren getroffen hat, die Rechtsnorm lediglich zur Begründung der bereits gefällten Entscheidung braucht. Die juristische Klassifizierung des Wirklichkeitszustandes wird hier zu einem Element der Begründung einer schon gefällten Entscheidung. Daher braucht sie auch nicht vom Prozeß der Bewertung begleitet zu sein.

Man kann hier natürlich nicht die Bemerkung umgehen, daß in allen Fällen die Rechtsnormen immerhin bestimmte Grenzen setzen, welche die Möglichkeit einer Begründung „jeder" Entscheidung begrenzen und dadurch zu einem Faktor werden, der zumindest in einem gewissen Grade das gewählte Verhalten lenkt. Es fällt jedoch schwer, in diesem Prozeß der Anpassung der Entscheidung und des Verhaltensmusters irgendwelche Elemente der Bewertung des Verhaltens (das fand schon bedeutend früher statt und war auf andere Kriterien als die Rechtsnorm gestützt) oder auch der Norm selbst zu sehen. Diese hat in diesem Fall für den Handelnden eher den Charakter einer Art technischen Information.

Eine Haltung, bei der sich die Feststellung der Übereinstimmung oder des Abweichens von dem in der Rechtsnorm enthaltenen Vorbilde mit einer bestimmten Bewertung verbindet, kann eine „legale Haltung" oder eine „kritisch-beurteilende Haltung" sein. (Gleichbedeutend sind die von Nowacki unterschiedenen Aussagetypen „Verhältnis-Beurteilung" und „kritische Verhältnis-Beurteilung".)

Bei legaler[21] Haltung verbindet sich die Feststellung des Übereinstimmens des Verhaltens mit dem in der Rechtsnorm enthaltenen Vorbild mit der Bejahung dieses Verhaltens; denn die grundsätzliche Voraussetzung für eine legale Haltung ist die generelle Akzeptierung aller in den Rechtsnormen enthaltenen Vorbilder. Im Prozeß der Bewertung liegt die Betonung nicht auf der Einstellung zum Inhalt der Norm, sondern auf ihrer formalen Anerkennung. Eine optimale Situation, nach der natürlich jeder Normgeber strebt, ist die gleichzeitige inhaltliche Aner-

---

[20] S. Frydman, Dogmatyka prawa w świetle socjologii (Dogmatik des Rechts im Lichte der Soziologie), Wilno 1936, S. 11, bezeichnet einen solchen Typ der Auffassung des Gesetzes als „scheinbar objektiv": „das Individuum hat schon im voraus die Entscheidung getroffen, die sein Vorgehen bezeichnet. Es will aber in dem Gesetz eine Begründung für sein Verhalten finden und paßt die Auffassung des Gesetzes entsprechend an."

[21] M. Borucka-Arctowa, Legalizm a konformizm i oportunizm (Legalismus und Konformismus sowie Opportunismus), in: Ruch Prawniczy, Ekonomiczny i Socjologiczny 2/1964, S. 239 - 257.

kennung der erlassenen Normen, jedoch ist dieser Faktor keine unerläßliche Bedingung für die Charakterisierung der legalen Haltung.

Die legale Haltung schließt auch nicht die Möglichkeit einer kritischen Bewertung der Rechtsnorm im Hinblick auf ihre Unwirksamkeit, ihre Gegensätzlichkeit zu anderen Normen oder ihren Verlust an Aktualität usw. aus. Ausgeschlossen wird auch nicht die Einleitung (erlaubter) Schritte, die auf eine Änderung dieser Norm gerichtet sind. Die legale Haltung bedeutet jedoch, daß das oberste Kriterium, welches über das eigene Verhalten oder über die Bewertung des Verhaltens anderer entscheidet, die Übereinstimmung dieses Verhaltens mit dem in der geltenden Rechtsnorm enthaltenen Vorbild ist[22].

Auf die Entstehung der legalen Haltung übt die Stetigkeit der Rechtssysteme einen sehr starken Einfluß aus. Ähnlichen Einfluß haben das Gefühl nationaler Einheit mit dem Schöpfer der Rechtsnormen, die Beachtung der Prinzipien eines Rechtsstaates und die Stabilität des Beurteilungssystems in den wichtigsten Gruppen. Die legale Haltung wird durch die Anerkennung der Rechtsnormen mit der Überzeugung von der Konvergenz eigener Interessen mit den vom Staat verwirklichten Interessen zu einem erstrangigen Instrument der gesellschaftlichen Ordnung. Sie verbleibt also im engen Zusammenhang mit der vom Staat verwirklichten Hiearchisierung von Zielen und Werten.

Die legale Haltung muß nicht immer mit einer völligen oder teilweisen Anerkennung der Ziele verbunden sein, die durch das aktuelle Staatssystem verwirklicht werden, sondern kann sich auch auf die Überzeugung stützen, daß ein zu den Rechtsnormen im Gegensatz stehendes Verhalten zu einem Zerfall des ganzen Systembereiches und zur Unmöglichkeit einer Ausübung unerläßlicher Handlungen und gesellschaftlicher Dienstleistungen durch dieses System führen könnte, so daß ein Kampf um die Änderung der obersten Ziele mit anderen Mitteln geführt werden muß.

Faktoren, die die Legalität stärken, können auch — mindestens teilweise — Haltungen sein, die von Mitgliedern von Organisationen vertre-

---

[22] Ein gleichbedeutender Ausdruck für „legale Haltung“ in der von L. Petrażycki und J. Lande, den Vertretern der psychologischen Richtung in der Rechtstheorie, benutzten Terminologie ist die „grundsätzliche Motivation“ (im Gegensatz zur „zweckmäßigen Motivation“), deren Genese Petrażycki mit Hilfe seiner Theorie der gesellschaftlichen Entwicklung erläutert. A. Ross bedient sich des Begriffs „uneigennützige Haltung“, die mit Erlebnissen der Rechtsgeltung ohne Rücksicht auf Zwang verbunden ist (Towards a Realistic Jurisprudence, Kopenhagen 1946). K. Opałek unterstreicht bei der Charakterisierung der legalen Haltung das Wirken von immanenten Motiven im Verhältnis zum geltenden Recht: „dem Recht muß man gehorchen, und der Grund dazu ist die bloße Tatsache, daß es ein geltendes Recht ist“ (K. Opałek und W. Zakrzewski, Z. zagadnień prworzadności socjalistycznej (Über Probleme sozialistischer Rechtsstaatlichkeit), Warszawa 1958, S. 54.

ten werden, in denen generell Gehorsam und Disziplin herrscht (Militär, Familie etc.) und die von uns wegen der Gewohnheit zum Gehorchen leicht übernommen werden[23].

Die Stellungnahme zu den geltenden Rechtsnormen kann auch eine kritisch-beurteilende Haltung sein, bei der neben der Bewertung des Verhaltens im Hinblick auf eine bestimmte Rechtsnorm auch eine Bewertung dieses Verhaltens sowie der Rechtsnorm als solcher auftritt; das wird eine Beurteilung des Inhalts der Norm und nicht nur ihres Charakters sein. Die kritisch-beurteilende Haltung kann somit sowohl zur Anerkennung als auch zur Ablehnung der geltenden Rechtsnormen führen.

Die inhaltliche Anerkennung der Rechtsnorm kann aus der Bejahung der Ziele hervorgehen, die durch ein bestimmtes Rechtssystem als Ganzes verwirklicht werden (z. B. der Aufbau des Sozialismus). Diese Ziele können aber auch durch einen bestimmten Zweig dieses Rechtssystems oder durch eine Gruppe von rechtlichen Institutionen (z. B. Ziele des Familienrechts, Ziele der Institution der Unfallentschädigung) oder endlich durch konkrete Normen (z. B. das Antialkoholgesetz) verwirklicht werden[24].

Das Rechtssystem verwirklicht sehr allgemeine Ziele, die durch das Interesse bestimmter sozialer Gruppen bedingt sind (vor allem der herrschenden Klasse), die einen entscheidenden Druck auf das geltende Recht ausüben. Die Ziele des Rechtssystems sind auf politischer Ebene ziemlich allgemein gefaßt und nicht immer allgemein bekannt. Die Ziele der einzelnen Zweige des Rechtssystems sind schon konkreter bezeichnet. Verhältnismäßig am genauesten werden die Ziele der einzelnen Rechtsnor-

---

[23] A. Podgórecki berichtet in seiner Arbeit Prestiz prawa (Prestige des Rechts), S. 107 ff., 157 über die Ergebnisse von Untersuchungen über Legalismus, die durch das Meinungsforschungsinstitut des Polnischen Rundfunks und Fernsehens durchgeführt wurden. Der Fragebogen enthielt Fragen zum Thema, ob das Recht immer befolgt werden muß, sogar dann, wenn es nach Meinung des Rechtsunterworfenen unbillig ist. Die knappe Mehrheit sowohl der Stadt- als auch der Landbevölkerung spricht sich für eine unbedingte Befolgung des Rechts aus: Stadt 44,3 %, Land 45,3 %; die Minderheit spricht sich für eine Umgehung oder Mißachtung des Rechts aus, falls es, der Meinung des Rechtsunterworfenen nach, unbillig ist: Stadt 40,4 %, Land 43,3 %. Genaue Tabellen siehe ebd., S. 108. Nach Podgórecki zeichnen sich aufgrund von Untersuchungsergebnissen zumindest drei Arten des Legalismus ab (welche er mit bestimmten Persönlichkeitstypen in Beziehung setzt). Die erste Art ist die Anerkennung des Rechts aus Prinzip (die Rechtskonzeption von Kant), die zweite ist ein instrumental verstandener Legalismus: Recht als Mittel, um andere zu kontrollieren. Sie beruht auf einer Respektierung des Rechts auch dann, wenn es als unbillig angesehen wird. Die dritte Art beruht auf einem Gehorsam gegenüber den Befehlen Vorgesetzter auch dann, wenn sie als unbillig beurteilt werden (es scheint, daß es sich hier im Rahmen des Legalismus lediglich um Befehle handeln kann, die mit dem Inhalt der Rechtsnorm übereinstimmen, M. B.). K. Opałek, a.a.O., S. 78.

[24] J. Wróblewski, Zagadnienia teorii wykładni prawa ludowego (Probleme der Theorie der Auslegung des Volksrechts), Warszawa 1959, S. 354 ff.

men bezeichnet; der Grad ihrer „Politisierung" hängt vom Charakter der einzelnen Rechtszweige ab.

Die Anerkennung allgemeiner oberster Ziele ist, wie wir schon bemerkten, eher für die „legale Haltung" charakteristisch. Sie führt nämlich gewöhnlich zu einer totalen Bejahung des gesamten Systems geltender Rechtsnormen, kann jedoch auch als Bejahung nur solcher Normen auftreten, die der Beurteilende für wirksame, erlaubte Mittel zur Verwirklichung dieser akzeptierten Ziele anerkennt.

Die Anerkennung kann sich auch lediglich auf mittelbare Ziele oder endlich auf konkrete Ziele beziehen, zu deren Verwirklichung die bestimmte Rechtsnorm dient. In allen diesen Fällen werden wir es natürlich mit teleologischen Bewertungen zu tun haben, die im engen Zusammenhang mit dem Grad der Konvergenzen zwischen persönlichen Interessen und den Interessen der Gruppe verbleiben, mit der wir uns verbunden fühlen.

Die Anerkennung der Rechtsnorm kann auch aus der Übereinstimmung dieser Norm mit einer bereits anerkannten Norm höheren Grades im Bereich desselben Rechtssystems hervorgehen oder auch aus der Übereinstimmung mit der Norm eines anderen Systems, insbesondere mit dem Normsystem der Moral. Das Problem der Hierarchisierung verschiedener, oft miteinander konkurrierender normativer Systeme bildet daher — ähnlich wie die Hierarchisierung der Ziele — ein Schlüsselproblem für den Prozeß der Bewertung. Dabei muß hervorgehoben werden, daß bei einer kritisch-beurteilenden Haltung die Hierarchisierung hinsichtlich der Wahl eines konkreten Verhaltens oder der Bewertung einer konkreten Situation niemals unbedingt dauerhaften und unveränderlichen Charakter besitzen wird. Anderenfalls wäre sie nämlich schon ein Ausdruck legaler oder auch konformistischer Haltung.

Die unmittelbare Bewertung irgendeiner Norm oder irgendeines Verhaltens kann auf rein emotionalem Wege erfolgen. Ursache einer solchen Bewertung bildet bei Petrażycki und Lande die „apulsive" oder die „repulsive Emotion"; in der modernen Psychologie der aus der Psychoanalyse geschöpfte Begriff „cathexis": das Begehren oder die Abneigung gegenüber Gegenständen und Personen. Sehr oft werden unsere Beurteilungen auch „gewohnheitsmäßig" abgegeben. Sie stützen sich auf keine teleologische Begründung, sondern nehmen die Gestalt von — wie es Petrażycki bezeichnet — „prinzipiellen Bewertungen" an (gut, weil so vorgegangen werden muß)[25]. Sozial gesehen unterliegen emotionale Bewertungen dem Prozeß sozialer Anpassung und Anerkennung. Gerade normative Systeme mit dem Recht an der Spitze sind mächtige „Kanäle",

[25] L. Petrażycki, Wstęp do nauki prawa i moralnósci (Einführung in die Wissenschaft des Rechts und der Moral), Warszawa 1959, S. 191.

die das Verhalten lenken und den Bewertungen einen einheitlichen Ausdruck verleihen und so das Gemeinschaftsleben der Gruppe ermöglichen. Gewohnheitsmäßige Bewertungen sind bereits das Ergebnis einer langwährenden Einwirkung bestimmter Wertsysteme und Verhaltensnormen oder auch von Erfahrungen, die soziale und individuelle Folgen eines bestimmten Verhaltens betreffen. Das verleitet oft zu einer Vermischung aller rationalen Begründungen für irgendwelche offenkundige Wahrheiten, für unbedingte Werte und Prinzipien, die eigentlich keiner Begründung bedürfen[26].

Auf eine der Legalität ähnliche Haltung, die ihren Ausdruck in der Bejahung des mit bestimmten normativen Vorbildern übereinstimmenden Verhaltens findet, treffen wir nicht nur bei rechtlichen Bewertungen, die mit der Mitgliedschaft in der hierarchisch höchsten gesellschaftlichen Organisation, wie es der Staat ist, zusammenhängen. Sie können auch verknüpft sein, mit der eigenen Vorstellung, den Erwartungen anderer gegenüber der „Rolle des Bürgers" oder mit all jenen Fällen, in denen unsere Anerkennung bestimmter Verhaltensmuster von der Bejahung und der Unterwerfung unter eine vorhandene Autorität und der von ihr getroffenen Entscheidungen diktiert wird. Dies kann entweder auf der persönlichen Autorität und dem Vertrauen beruhen, die die vorgesetzte, die Entscheidung treffende Person genießt oder aber auf der Identifizierung mit einer organisierten Gruppe und der Anerkennung der durch sie verwirklichten Ziele. Im Verhältnis zu Mitgliedern gesellschaftlicher Organisationen von geringerer Allgemeinheit als der Staat, wie politischen, religiösen und Jugendorganisationen oder informellen Gesellschafts-, Nachbarschafts- oder Berufsgruppen, verwenden wir den Begriff „konformistische Haltung".

Das besondere bei der Einwirkung einer staatlichen Organisation liegt in der vergleichsweise großen Allgemeinheit der Verhaltensmuster (die zu einem großen Teil an alle Bürger gerichtet sind), sowie im Zwang zur Anpassung an sie. Das hat einerseits Einfluß auf die große Bedeutung der Rechtsnormen für den allgemeinen Prozeß der Vereinheitlichung des Handelns und der gesellschaftlichen Integration der Bewertungen, andererseits bedarf es hier einer Stütze durch das bestehende System formeller und informeller sozialer Gruppen als Vermittler. Eine deutliche Einbeziehung wenigstens einiger Rechtsnormen in die durch diese Gruppe akzeptierten normativen Systeme bewirkt, daß die „konformistische Haltung" wenigstens in einem gewissen Grade die Rolle der „legalen Haltung" erfüllt. Gleichgültigkeit, das Fehlen einer deutlichen Stellungnahme zu den in den Rechtsnormen enthaltenen Verhaltensmustern oder ihre deutliche Mißbildung durch die Gruppe entscheidet im hohen

[26] J. Lande, Studia z filozofii prawa (Studien über die Philosophie des Rechts), Warszawa 1959, S. 436.

Grade über die Haltung ihrer Mitglieder. Auch hier kann also der Prozeß der Rechtseinwirkung auf das gesellschaftliche Verhalten nicht in ein einfaches Schema „Normgeber — Adressat" gefaßt werden, sondern verlangt eine Ergänzung durch ein weit komplizierteres Schema von „Vermittlern".

Das Problem des Einflusses sozialer Gruppen auf das Verhalten von Individuen wird von mir in den nächsten Abschnitten behandelt. Hier möchte ich dagegen der „konformistischen Haltung" und ihrer Unterscheidung von der schon vorher charakterisierten „legalen Haltung" etwas Aufmerksamkeit widmen. Diese beiden Haltungen spielen nämlich eine besonders wichtige Rolle bei der gesellschaftlichen Anerkennung geltender Rechtsnormen.

Unter „Konformismus" verstehe ich ein Vorgehen in Übereinstimmung mit dem in der Norm enthaltenen Vorbild, das sich auf eine formale Anerkennung dieser Norm stützt (diese formale Bejahung kann, muß aber nicht, von inhaltlicher Bejahung begleitet sein; sie entscheidet über den Grad des Konformismus, d. h. darüber, ob es ein Konformismus des Verhaltens oder einer der Werte und Anschauungen ist)[27]. Dabei kann es eine Bejahung der Norm sein, weil andere, mit denen wir rechnen und die für uns eine „Bezugsgruppe" bilden, diese Norm anerkennen, oder es handelt sich um eine Bejahung unpersönlicher religiöser, moralischer und juristischer Normen. Es kann auch zu einer „Entpersönlichung" einer bestimmten persönlichen Autorität kommen. Immerhin erfolgt auch im zweiten Fall die Anerkennung der Norm wegen des Charakters dieser Norm, wegen der Überzeugung von ihrer „Geltung" und wegen des Gefühls der Verbundenheit mit ihr, nicht aber wegen der Anerkennung durch andere Personen. Dies bedeutet nicht, daß die Entstehung dieser Norm sich nicht auf die schon weit zurückliegende Anerkennung und Befolgung durch andere Personen zurückführen läßt. Entsprechend der vorher behandelten Charakteristik der „legalen Haltung" müssen wir sie daher als Abart der „konformistischen Haltung" einreihen.

Im Rahmen des „Konformismus" hat dagegen ein Verhalten keinen Platz, das sich auf die bereits oben charakterisierte kritisch-beurteilende Haltung stützt, bei der schon für die Anerkennung der Norm eine inhaltliche Beurteilung der in ihr enthaltenen Direktiven entscheidend ist, und nicht nur der bloße Normencharakter oder die Bejahung und Befolgung durch andere. Es verbleibt auch außerhalb des Konformismus eine mit der Norm übereinstimmende Haltung, die jedoch aus nur zu-

---

[27] R. K. Merton in der Abhandlung Social Conformity, Deviation and Opportunity Structures, in: American Sociological Review 2/1959, unterscheidet „attitudinal conformity", „behavioral conformity", „doctrinal conformity". Vgl. auch D. Krech, R. S. Critchfield, E. L. Ballachey, Individual in Society, New York 1962, S. 504 ff.

fälliger Normentsprechung des Verhaltens hervorgeht, manchmal sogar bei Unkenntnis der Norm[28], aus einer augenblicklichen normentsprechenden Interessenlage, aus persönlichen Vorteilen, aus rein physischem Zwang oder aus Furcht vor Sanktionen (natürlich bei einem engen Begriff der Sanktion; denn bei einer Erweiterung dieses Begriffes können wir gleichfalls den Verlust an Prestige, den Boykott oder eine kundgemachte Mißbilligung als eine Art gesellschaftlicher Sanktion betrachten. Dies waren Faktoren, die bei einer auf die Anerkennung durch andere gerichteten konformistischen Haltung eine sehr wesentliche Rolle spielen).

Begleitet werden kann ein solches Verhalten von a) Unkenntnis der Norm oder b) dem Fehlen einer deutlichen Stellungnahme zur Norm, Wankelmütigkeit bei ihrer Beurteilung und sogar Nichtanerkennung der Norm. Die von Punkt b) erfaßten Situationen können zu einem mit der Norm übereinstimmenden oder von ihr abweichenden Verhalten führen und günstige Bedingungen für eine Haltung schaffen, die mit dem Namen „Opportunismus" bezeichnet wird.

Die in Lexika enthaltenen Definitionen umschreiben den „Opportunismus" folgendermaßen: Bereitschaft zur Ausnützung einer günstigen Gelegenheit, Milderung bestimmter Grundsätze, um sofortige Vorteile zu erzielen, oft skrupelloses Verhalten entsprechend den gestellten Zielen oder auch, abhängig von den Umständen, Versöhnungspolitik und Neigung zu Zugeständnissen.

Ein sehr charakteristisches Beispiel einer opportunistischen Haltung ist die Gestaltung unserer Beurteilungen und unseres Verhaltens durch die Orientierung an anderen Personen, von denen wir in bestimmten Umständen irgendwie abhängig sind; Beamte, Richter, Lehrer, Bekannte mit ausgedehnten Verbindungen, vor allem aber „Vorgesetzte" im Apparat der Bürokratie.

Der hier unternommene Versuch einer Abgrenzung bestimmter gesellschaftlicher Haltungen und des damit verbundenen Verhaltens bedeutet jedoch keinesfalls, daß diese Haltungen sich nicht miteinander dekken können. So kann z. B. ein bestimmtes Verhalten, das mit dem in der Rechtsnorm enthaltenen Vorbild übereinstimmt, Ausdruck legaler Haltung sein — eine Anerkennung der Norm wegen ihrer Geltung. Zusätzliche Faktoren — z. B. Bejahung der Norm — können aber gleichzeitig

[28] Einen ähnlichen Standpunkt nimmt H. M. Johnson ein in Sociology, A Systematic Introduction, New York 1960, S. 552. Er schreibt: „Konformismus" und ein „vom Vorbild abweichendes Verhalten" haben Bedeutung lediglich im Hinblick auf die Tatsache, daß die in gesellschaftlichen Systemen „Handelnden" an gesellschaftlichen Normen orientiert sind und daß diese Normen einer Internalisation unterliegen ... Konformismus ist daher keine zufällige Konvergenz mit erlaubtem Verhalten. Die bestimmte Norm oder Normen sind oft eine Motivation des Handelnden."

von Bedeutung sein: dies wäre eine Abart des Konformismus. Für Forschungszwecke jedoch, besonders für die Klarheit der Analyse, muß eine bestimmte Künstlichkeit der Einleitung und Systematisierung eingehalten werden.

4. Quellen der Divergenz zwischen dem Verhalten und der Bewertung einer Norm

Nicht immer führt die Anerkennung einer Rechtsnorm auch zu einem mit ihrem Wert übereinstimmenden Verhalten. Es lassen sich vielmehr im Hinblick auf die Befolgung der Rechtsnorm und ihre Anerkennung folgende Verhaltenstypen unterscheiden:

1. Ein mit dem Vorbild übereinstimmendes Verhalten bei Bejahung der Norm,
2. ein mit dem Vorbild nicht übereinstimmendes Verhalten bei Mißbilligung der Norm,
3. ein mit dem Vorbild nicht übereinstimmendes Verhalten bei Bejahung der Norm,
4. ein mit dem Vorbild übereinstimmendes Verhalten bei Mißbilligung der Norm.

Ein Verhalten vom Typ 1 und 2 bedarf keiner ausführlichen Besprechung. Es besteht eine Übereinstimmung des Verhaltens mit der Beurteilung der Norm. Dies ist bereits in unseren früheren Erwägungen enthalten, die der Gestaltung von Beurteilungen im Rahmen der legalen (Typ 1) und der kritisch-beurteilenden Haltung (Typ 2) gewidmet sind.

Ein Verhalten vom Typ 3 — bei Bejahung der Norm mit dem Vorbild nicht übereinstimmend — bezieht sich bereits auf eine Situation, in der die Rechtsnorm ihre Aufgabe, das Verhalten zu lenken, nicht erfüllt. Da jedoch die Tatsache der Bejahung der Norm darauf hinweist, daß die Norm für den Adressaten irgendeinen Wert besitzt (der jedoch im Verhältnis zu all den anderen Werten ungenügend ist, welchem beim Entscheidungsprozeß, bei der Wahl des eigenen Verhaltens oder auch bei der Beurteilung des Verhaltens anderer mitspielen), so bedarf diese Situation keiner Besprechung in den Erwägungen über die positive Wirkung des Rechts.

Die Nichtübereinstimmung des Verhaltens mit dem in der Rechtsnorm enthaltenen Vorbild trotz ihrer Anerkennung beruht sehr häufig auf einem individuellen Interessenkonflikt mit den Direktiven der Norm wegen objektiver Schwierigkeiten. So können z. B. schwierige Wohnungsverhältnisse und die Unwirksamkeit aller legalen Interventionen zu Bestechungen und zur Zahlung eines vom Recht untersagten „Abstandsgeldes“ verleiten, trotz der Überzeugung, daß die Rechtsnorm, die solche Transaktionen verbietet, im Prinzip richtig ist. Ein solches Verhalten tritt insbesondere bei Schwierigkeiten in der Verwirklichung und Erreichung bestimmter Ziele auf dem rechtlich erlaubten Wege auf. Dies oft wegen der Unmöglichkeit alle sich Bemühenden zu befriedigen (Wohnungsmangel) wie auch wegen der Unfähigkeit oder Unehrlichkeit der ausübenden Verwaltungsorgane. Die Unfähigkeit eben dieser Organe bildet oft die „Entschuldigung" für die Person, die ein Verhalten wählt, das mit den Direktiven der von ihr im Prinzip anerkannten Norm nicht übereinstimmt. Ähnlich ist die Situation in den folgenden Fällen: Diebstähle und Unterschlagungen bei sehr niedrigem Einkommen, schwierige materielle Verhältnisse und Ausnahmesituationen wie die Erkrankung eines Familienmitgliedes. Grund für dieses Verhalten können auch andere Faktoren sein wie z. B. übertriebener Ehrgeiz und der Drang, schnell eine gesellschaftliche „Position" zu erlangen. Dabei können jedoch wie in den früheren Fällen weitere Faktoren eine Rolle spielen: Bejahung der verletzten Norm, Suche nach irgendwelchen „Entschuldigungen" für deren Verletzung oder sogar „Schuldgefühle", die jedoch durch die Vorteile kompensiert werden, die aus einem mit den Direktiven der Norm nicht übereinstimmenden Verhalten erwachsen.

Besonders gefährlich ist ein Verhalten, das von dem in der Norm enthaltenen Vorbild abweicht, jedoch völlige Sicherheit in der Verwirklichung der Ziele bietet. Es führt nämlich zu einem Untergraben anerkannter Normen bei einem immer größeren Personenkreis. Diese Jagd nach „Erfolg", sogar unter Zuhilfenahme von Mitteln, die von Legalität weit entfernt sind, und die uneingeschränkte Anerkennung durch andere im Falle eines Erfolges ist für einige Gesellschaftsarten typisch, vor allem in den Vereinigten Staaten. Darauf lenkt Merton[29] die Aufmerksamkeit, wenn er hervorhebt, daß dort Erfolg den höchsten, alles überdeckenden Wert darstellt und daß sein Fehlen die größte „Sünde" ist. Dagegen legt die öffentliche Meinung in anderen Ländern (England, skandinavische Länder) den größten Nachdruck auf eine „Legalität" der Verhaltensweise.

Ein mit dem Vorbild nicht übereinstimmendes Verhalten bei gleichzeitiger Bejahung der Norm kann auch aus irgendeiner „momentanen" Situation hervorgehen: besondere Eile bei der Verletzung von Verkehrsvorschriften, die wir gewöhnlich beachten, Nichtlösen einer Fahrkarte wegen Verspätung und Fehlen von Geld für eine zusätzliche Gebühr beim Schaffner.

Ein mit dem Vorbild nicht übereinstimmendes Verhalten trotz Bejahung der Norm kann auch aus einem von einer Gruppe ausgeübten

---

[29] R. K. Merton, Social Theory and Social Structure, Glencoe 1957, S. 136, 180, insbesondere Anmerkungen.

Druck hervorgehen, an deren Verhalten und Beurteilungen wir uns gebunden fühlen. Ein Beispiel dafür ist die Hilfe beim Holzdiebstahl durch eine Person, die nach längerer Abwesenheit vom Dorf ein solches Verhalten negativ beurteilt, gleichwohl aber sich dem von Eltern und Nachbarn allgemein ausgeübten Druck nicht widersetzen kann. Ein anderes Beispiel: die Abgabe falscher Erklärungen, die den Schutz eines Bekannten vor einer ihm drohenden Strafe bezweckt und lediglich aus Furcht vor den Konsequenzen und der Reaktion aus dem Kreis der nächsten Freunde und Bekannte im Falle belastender Aussagen erfolgt.

Hier muß ferner hervorgehoben werden, daß auch in allen früher schon erwähnten Situationen das Verhältnis zur nächsten Umgebung oder zur Gruppe, nach deren Beurteilungen wir uns bei unserem Verhalten richten, ein Faktor ist, der uns in der Entscheidung für ein Verhalten bestärkt, das mit den Vorbildern der von uns im Prinzip anerkannten Rechtsnorm nicht übereinstimmt.

Eine Anpassung des Verhaltens an die Erwartungen der Gruppe entgegen den eigenen Beurteilungen tritt besonders oft beim Wechseln der Gruppe auf, besonders bei einem Wechsel, der aufgrund anderer Faktoren als einer freien Wahl stattfand. In diesem Fall ist das Individuum bemüht, obwohl es noch die Beurteilungen der früheren Gruppe beibehalten hat, sich wenigstens äußerlich möglichst schnell der neuen Gruppe anzupassen, um alle Konflikte zu vermeiden. Eine solche Situation kann übrigens auch zu einem mit der Norm übereinstimmenden Verhalten führen, trotz der schon in Punkt 4 erwähnten Mißbilligung der Norm. Das ist für uns besonders interessant, denn diese Situation betrifft die positive Wirkung des Rechts, also jene Faktorengruppe, die über das mit dem Recht übereinstimmende Verhalten der Menschen entscheidet. Zugleich bezieht sie sich auf Fälle, die wir als Beispiele wirksamer Einwirkung der Rechtsnorm klassifizieren, wobei jedoch die Divergenz zwischen der Beurteilung der Norm und dem Verhalten (ähnlich wie beim vorigen Typ) uns eine deutlichere Abgrenzung des Einflusses des Rechtsbewußtseins vor dem anderer Faktoren auf den Entscheidungsprozeß erlaubt.

Ein mit der Norm übereinstimmendes Verhalten trotz Mißbilligung kann sich auch an den Konsequenzen orientieren, die unser Verhalten bei uns selbst oder bei anderen Personen hat. So kann es sowohl ein Ergebnis der Furcht vor Sanktionen, die auf dem Wege organisierten staatlichen Zwangs verwirklicht werden, als auch die Folgen eines Zwangs oder einer Reaktion sein, denen wir durch die für uns „wichtigen" gesellschaftlichen Gruppe ausgesetzt sind. Es kann auch mit der Erwartung einer Gratifikation in Gestalt eines Prestigegewinns oder eines Zuwachses an Autorität verbunden sein. Es wird also eine besondere Abart von „konformistischer Haltung" sein, die jedoch nicht auf der Übernahme von Beurteilungen beruht, sondern ein rein äußerlicher Konformismus ist, der durch zweckorientierte Anpassung an die Ansprüche der Gruppe und der Unterwerfung unter ihren Druck ohne eine Änderung der eigenen Anschauungen gekennzeichnet ist.

Eine solche Haltung, die wir im täglichen Leben oft antreffen, wird vom ethischen Standpunkt aus als besonderer Opportunismus und als Verlogenheit gewöhnlich negativ beurteilt[30]. Bestimmte positive Aspekte gesellschaftlicher Disziplin und der unerläßlichen Notwendigkeit einer Vereinheitlichung gesellschaftlichen Verhaltens werden dabei nicht berücksichtigt. Der Prozeß des Wandels der Anschauungen ist langwierig und verlangt oft einen Bruch mit tiefverwurzelten Traditionen und Vorurteilen, manchmal sogar mit der Weltanschauung, und trifft oft auf zusätzliche Schwierigkeiten bei weit fortgeschrittener Differenzierung der Beurteilungen. Daher fällt es auch schwer, eine völlige Übereinstimmung des Verhaltens mit den Überzeugungen des gesellschaftlichen Lebens zu erwarten, denn dies erfordert eine sehr weit fortgeschrittene Einheitlichkeit des Verhaltens und die Systematisierung der Vorbilder, wie dies in den durch das Recht geregelten gesellschaftlichen Verhältnissen geschieht.

Ein Verhalten, das mit dem in der Rechtsnorm enthaltenen Vorbild übereinstimmt, kann, ähnlich wie die Kundmachung einer positiven Beurteilung eines solchen Verhaltens, trotz einer inneren negativen Beurteilung der Norm als solcher zu einem Faktor werden, der diese negativen Beurteilungen umgestaltet[31]. Dieser Prozeß steht dem der Sozialpsychologie bekannten Prozeß der Änderungen von Überzeugungen durch „aktive Teilnahme" sehr nahe[32]. „Aktive Teilnahme" bezeichnet hier eine Situation, in der wir zum Auftreten in einer bestimmten Rolle von bestimmter Dauer gezwungen sind. Gemeint ist auch die Situation, in der die Erwartungen anderer sich lediglich darauf richten, daß wir von Zeit zu Zeit irgendeinen Standpunkt einnehmen, entsprechende An-

[30] L. Petrażycki, O pobudkach postępowania i o istocie moralnósci i prawa (Über die Motive des Handelns und vom Wesen der Moral und des Rechts), Warszawa 1924, S. 64 ff.; ders., Teoria Państwa i Prawa (Staats- und Rechtstheorie), Warszawa 1959, Bd. I, S. 222; J. Lande, Studia, S. 873.

[31] Problemen der Dissonanz zwischen Überzeugungen ist die Arbeit von L. Festinger gewidmet: The Theory of Cognitive Dissonance, New York 1957, ihre Besprechung in polnischer Sprache: A. Malewski, Rozdźwiek miedny używanymi przekonaniami i jego konsekwencje (Der Zwiespalt zwischen benutzten Überzeugungen und seine Konsequenzen), in: Studia Socjologiczne 1/1961, S. 61 - 91.

[32] C. Hovland, I. L. Janis, H. Kelley: Communication and Persuasion, S. 215 ff. Die Beschreibung eines Experimentes, das zur Änderung der Überzeugungen zweier gegensätzlicher Gruppen — einer „aktiven" und einer „passiven" — vorgenommen wurde: I. L. Janis, B. T. King, The Influence of Role Playing and Opinion Change, in Journal of Abnormal Social Psychology 58 (1959), S. 203 ff.

schauungen kundtun oder uns in einem konkreten Fall entsprechend verhalten.

Sozialpsychologische Untersuchungen bestätigen die aufgestellte Hypothese vom Einfluß äußeren Verhaltens — sogar wenn es nur auf einem rein wörtlichen Konformismus beruht — auf eine Änderung unserer Anschauungen (international process). Wenn Menschen in einer Situation die eine Unterwerfung unter eine Autorität oder unter die Erwartung der Gruppe erfordert, unter äußerem Zwang stehen, kann die Übereinstimmung ihres Verhaltens mit der Norm hauptsächlich daraus folgen, daß ein von der Norm abweichendes Verhalten entdeckt werden und auf Mißbilligung oder Strafe treffen kann. Allmählich jedoch wird eine Haltung unter ein Verhalten, das durch eine äußere Autorität dem Individuum, der Institution oder der Gruppe aufgezwungen wird, von diesen akzeptiert und angenommen. Dies auch ohne Aufsicht anderer und auch bei Fehlen von Umständen, die ein Bekanntwerden eines solchen Verhaltens ermöglichen könnten. In den Aussagen moderner Sozialpsychologen fällt die Übereinstimmung mit den Anschauungen Petrażyckis über die erzieherische Rolle des Rechts auf.

Ein Problem, das immer noch weitläfige Untersuchungen erfordert, ist die Beantwortung der Frage, welche Faktoren auf die Umwandlung von rein äußerlichem Konformismus in eine innere Überzeugung Einfluß haben. Bisherige psychologische Erklärungsversuche wiesen auf Momente hin wie: Abscheu vor Heuchelei, Inkonsequenz des eigenen Verhaltens und Befriedigung, die die Akzeptierung anbefohlener Anschauungen im Falle starker emotionaler Bindungen mit der Gruppe mit sich bringt.

Im Rechtssystem können wir die gesellschaftlich institutionalisierte Rolle offizieller Kontrollen erkennen, von denen wir entsprechend den Erfordernissen eines Rechtsstaates Entscheidungen erwarten, die mit der Norm übereinstimmen, unabhängig von den inneren und persönlichen Überzeugungen der Kontrolleure. Doch auch hier können Fälle vorkommen, in welchen die „öffentliche Meinung" ein mit dem „Gewissen des Richters" übereinstimmendes Urteil fordern wird. In diesem Fall jedoch werden die Erwartungen mit der Hoffnung verbunden sein, daß sich das „Gewissen des Richters" mit den Beurteilungen dieser Meinung deckt und nur im Widerspruch zu seiner Entscheidung im Sinne des „Buchstaben des Gesetzes" steht. Auch die Rolle jeder Art von Rechtsberatern verbindet sich mit der Erwartung, daß die Streitfälle unter Berücksichtigung ihrer Übereinstimmung mit der Norm beurteilt werden und nicht nach persönlicher Überzeugung. Selbstverständlich handelt es sich nur um die Beurteilungen im Rahmen der Rechtsberatung oder des Auftretens vor Gericht. Schließlich kann ein Konflikt zwischen persönlichen Überzeugungen und den in den Rechtsnormen enthaltenen Vorbildern auch als Ergebnis eines Rollenkonflikts auftreten.

Der Grad der Aktivität des Beurteilenden ist ein Faktor, der die Veränderung in der Normenbeurteilung beschleunigt und Einfluß auf ihre Anpassung an die kundgemachte Anerkennung oder auch auf die Wahl eigenen Verhaltens hat. Sehr oft begleitet diesen Prozeß eine zusätzliche Rationalisierung, die der Beurteilende zur Begründung des anbefohlenen Verhaltens wählt, z. B. der Hinweis auf besondere Verhältnisse des gegebenen Landes oder aber eine völlig künstlich und im Prinzip wenig überzeugende Begründung.

Das Streben nach Beseitigung der Disharmonie zwischen dem Verhalten und den Beurteilungen ist mit der psychologischen Theorie der Vermeidung von Konflikten verknüpft[33]. Beobachtungen des Konfliktverhaltens weisen einerseits auf Erscheinungen unaufhörlicher Unschlüssigkeit hin, auf Apathie und fehlendes Interesse an den die Konflikte herbeiführenden Situationen, andererseits auf Bemühungen, Informationen über die Konflikte zu vermeiden, den Sinn der die Konflikte bewirkenden Norm zu verdrehen und die Autorität und den Wert von Personen herabzusetzen, die zum Erlaß oder zur Anerkennung der Norm beigetragen haben.

Im Falle der Rechtsnormen kann eine Unkenntnis der Vorschriften oder ihre falsche Auslegung kein Entschuldigungsgrund vor Gericht sein. Trotzdem ist das Verhalten des Individuums — wie wir schon bemerkten — nicht immer und nicht nur am Gericht oder an anderen offiziellen Kontrolleuren orientiert, sondern in erheblichem Maße auch an der Gruppe oder wenigstens einem Teil von ihr (den für uns wichtigen „anderen"). Das Verschweigen des Normeninhalts, seine bewußt falsche Auslegung, die Verdrehung des Inhalts und manchmal sogar das Vermeiden der Kenntnisnahme kann ein Bestreben sein, zu verhindern, daß der entsprechende Inhalt der Norm ins Bewußtsein der Gruppenmitglieder vordringt und von ihnen eventuell akzeptiert wird. Dieses Verhalten kann ferner zum Ziele haben, eine Grundlage für eventuelle Entschuldigungen gegenüber Vorwürfen der Gruppe zu schaffen, die den Inhalt der Norm schon kennt und die in ihr enthaltenen Vorbilder schon anerkannt hat, die aber im Unterschied zum Gericht in einem weit höheren Maße ein Abweichen von der Norm, ihre Unkenntnis oder das fehlende Verständnis als entschuldigenden Faktor anerkennen kann.

In Situationen, in denen das Individuum als Folge der Divergenz zwischen seinem Verhalten und den Beurteilungen, die von ihm oder der für ihn „wichtigen" Gruppe abgegeben wurden, in einen Konflikt gerät,

[33] S. A. Stouffer, An Analysis of Conflicting Social Norms, in: American Sociological Review 14/1949, S. 707 - 717.

ist dieses Individuum bemüht, sich zu helfen und den Konflikt zu verringern. Dies ist mit verschiedenen Mitteln möglich: durch Deformation der Vorschrift, durch oft geradezu rabulistische Auslegung oder auch durch falsche Darstellung des Sachverhaltes dergestalt, daß sich das eigene Verhalten den in der Norm bezeichneten Voraussetzungen weitgehend annähert.

Alle Bemühungen und Maßnahmen dieser Art sind darauf gerichtet, den Eintritt voraussehbarer individueller Folgen „formeller“ oder „informeller“ Kontrolle, zu verhindern.

Besonders interessant wird die Behandlung der Frage sein, welche Rolle in dieser weitläufig aufgefaßten informellen Rechtskontrolle verschiedene Arten gesellschaftlicher Gruppen spielen und in welchem Grade die Zugehörigkeit oder die Verbindung zu diesen Gruppen das Verhalten der Individuen und ihre Beurteilungen bestimmt.

DRITTER TEIL

Wirksamkeit des Rechts und gesellschaftliche Anerkennung

Siebenter Abschnitt

Die Rolle sozialer Gruppen bei der Einwirkung des Rechts auf die Bürger (Eine strukturelle Analyse)

1. Systematisierung der Problematik

In allen bisher behandelten Problemen, d. h. im Prozeß der Übermittlung der Rechtsnorm an den Adressaten, im Prozeß der Lenkung des Verhaltens der Adressaten in eine mit dem normativen Vorbild übereinstimmende Richtung sowie im Prozeß der Kontrolle und Beurteilung, also in allen Teilen des allgemeinen Prozesses der gesellschaftlichen Einwirkung des Rechts auf das Verhalten aller Bürger, fällt der sozialen Gruppe eine besondere Rolle zu. Ihre Bedeutung im Verhältnis zu anderen Faktoren, die auf den Entscheidungsprozeß des einzelnen einwirken, zeigt sich in ihrer Funktion als „Vermittler" bei der Übertragung von Informationen über die Norm, als „Regler" des Verhaltens durch Einbeziehung oder Umgehung der Rechtsnorm in das eigene System normativer Vorbilder, als „informeller Kontrolleur", der über ein eigenes System von Sanktionen und Gratifikationen verfügt, und endlich in der Funktion als „Arbiter", dessen Beurteilungen zu einem Bewertungskriterium für die Gruppenmitglieder werden.

Daher erfolgt der Entscheidungsprozeß bei einem Verhalten, das durch Rechtsnormen geregelt ist, niemals isoliert, sondern stets mit Bezug auf konkrete gesellschaftliche Strukturen. Die Adressaten der Rechtsnormen sind Mitglieder verschiedener sozialer Gruppen, die sich voneinander durch ihre Größe, den Charakter gegenseitiger Einwirkung, die Häufigkeit des Zusammentreffens ihrer Mitglieder, den Grad der Formalisierung und Beständigkeit, die Ziele sowie eine Reihe anderer Merkmale unterscheiden. Die Einteilung dieser Gruppen und ihre gegenseitigen Beziehungen bilden zusammen den Begriff der gesellschaftlichen Struktur[1].

Je nachdem, ob das Wechseln von einer Gruppe in die andere auf Schwierigkeiten stößt oder nicht, ob wirkliche Mobilität stattfindet und ob dieser Prozeß nicht zu einer gesellschaftlichen Desintegration und Isolierung der Individuen führt, können wir „geschlossene" oder „offene", mehr stabilisierte oder mehr veränderliche Strukturen unterscheiden, die den Perioden der Veränderung und weitreichenden sozialen Wandels entsprechen.

Bei einer Analyse der gesellschaftlichen Wirkung des Rechts tritt das Problem der Rolle sozialer Gruppen und ihres Einflusses auf das Verhalten der Individuen in den Vordergrund. Das führt dazu, daß wir uns eine Reihe von Fragen stellen: Welche dieser Gruppen hat eine besondere Bedeutung für den Prozeß der Information über Rechtsnormen, für den Prozeß der Übermittlung von Verhaltensmustern sowie für den Prozeß der Rechtskontrolle als eine der Formen sozialer Kontrolle? In welchem Grade wird die Zugehörigkeit zu einer bestimmten Gruppe oder die Änderung der Zugehörigkeit zu einem wesentlichen Faktor für den Entscheidungsprozeß in einem vom Recht geregelten Verhalten sowie auf die Beurteilung des Verhaltens anderer? Unter welchen Bedingungen begünstigt ein Konformismus gegenüber der Gruppe das Entstehen einer legalen Haltung? Worauf beruht die soziale Rolle von Nonkonformismus? Welche Bedeutung hat ein nonkonformistisches Verhalten für die Rechtssoziologie? Welche Rolle spielen endlich bestimmte soziale Gruppen in Perioden weitreichenden sozialen Wandels, insbesondere in welchem Grade kann ihre Rolle im System gesellschaftlicher Planung und bei der uns interesiserenden Problematik raschen sozialen Wandels berücksichtigt und verwertet werden?

Wenn wir die marxistische Theorie großer sozialer Strukturen zum Ausgangspunkt nehmen und den Nachdruck auf den Konflikt zwischen den Motiven und den Beurteilungen des Verhaltens legen, so sehen wir in aller Deutlichkeit die Rolle und die Wichtigkeit von Konflikten, die durch Klassengegensätze bedingt sind. Vorherrschend ist dieser Kon-

---

[1] J. Szczepański, Socjologia (Soziologie), Warszawa 1961, S. 504, weist auf verschiedene Bedeutungsinhalte hin, die in verschiedenen Definitionen der gesellschaftlichen Struktur enthalten sind: „Struktur nennen wir eine Anordnung von Klassen, Schichten und soziale Gruppen, aus denen ein bestimmtes Kollektiv besteht und die untereinander nach bestimmten Prinzipien angeordnet sind, welche die unter ihnen bestehende Über- oder Untergeordnetheit bezeichnen. Unter dem Begriff Struktur verstehen wir auch eine Anordnung von Stellungen und Positionen, die durch die Mitglieder im Rahmen der Gemeinschaft eingenommen werden. Wir können also von einer Makrostruktur der Gemeinschaft sprechen, d. h. von einer Anordnung der Klassen, Schichten und Gruppen in ihrem Rahmen, aber auch von einer Mikrostruktur. Unter dem letzten Wort verstehen manche eine Anordnung kleiner Gruppen, aus denen jede größere Gemeinschaft zusammengesetzt ist, und zwar vor allem informale Gruppen, andere dagegen bezeichnen als Mikrostruktur eine Anordnung der Stellungen und Positionen der Mitglieder im Rahmen der Gruppe."

flikt in jenen sozialen Gruppen, deren soziale Lebensbedingungen radikal verschieden sind und deren Interessen sich in einem Zustand objektiver Kollision befinden. Angewandt auf das Recht kann dieser Konflikt seinen Ausdruck in der Mißbilligung der höchsten Ziele des Staates finden, die durch eine bestimmte herrschende Klasse verwirklicht werden, sowie in einer weit fortgeschrittenen Divergenz in den rechtlichen Beurteilungen, die die Rechtsnormen und ein von ihnen geregeltes Verhalten betreffen, was — wie wir es schon im vorigen Abschnitt zeigten — nicht ohne Einfluß auf den ganzen Prozeß des Verhaltens unter dem Einfluß von Rechtsnormen bleibt.

Die Vorherrschaft der durch Klassengegensätze bedingten Konflikte erklärt jedoch noch nicht den ganzen komplizierten Prozeß der Bewertung und der Wahl eines bestimmten Verhaltens in einer wesentlich differenzierteren sozialen Struktur, d. h. in kleinen Gruppen sowohl formaler wie auch informaler Art, die manchmal durch den Ausdruck „Kollektiv" bezeichnet werden. Sie erklärt auch nicht das Verhalten gegenüber sozialen Organisationen, territorialen Gemeinschaften, Stadt-Typen, Regionen und endlich gegenüber dem Staat. Der bis zu einer bestimmten Zeit vorherrschende Standpunkt, daß die Zugrundelegung der marxistischen Theorie großer Strukturen die Notwendigkeit einer soziologischen Analyse von kleinen oder größeren Gruppen, die auf andere Kriterien der Zugehörigkeitseinteilung als die Klassenzugehörigkeit gestützt sind, ausschließt, fand seinen Ausdruck auch in dem praktischen Wirken einzelner Zweige der Sozialpolitik und in der Auffassung, daß es genügt, sich „um die höchsten Angelegenheiten großer Strukturen zu bemühen und das Gruppenleben einer automatischen Regelung zu überlassen"[2].

Auf den simplifizierenden Charakter dieser Art Auffassung weist E. Lipiński hin: „Die Überzeugung von der Einheitlichkeit und der Konvergenz der Ziele des Individuums mit den Interessen der Allgemeinheit in einer sozialistischen Gesellschaft ist ein zu lösendes Problem, aber kein Problem, das sich mechanisch lösen läßt. Das Leben in Gruppen, das Zusammenwirken bei der Ausführung konkreter Aufgaben, gebiert und wird auch in Zukunft immer wirkliche Konflikte gebären. Eine Verwischung der Konflikte ist keine Methode zu ihrer Lösung[3]." Im Rahmen des Rechts trat dieses Problem mit besonderer Deutlichkeit in der Praxis auf, als die Organe der Rechtspflege vor den Folgen von Rechtsstörungen in diesen Gruppen standen, die in einem Ansteigen der Kriminalität zum Ausdruck kamen, sowie vor Symptomen, die den in der Soziologie

---

[2] A. Kłoskowska, Zagadnienie małych grup społecznych w socjologii (Das Problem kleiner gesellschaftlicher Gruppen in der Soziologie), in: Przeglad Socjologiczny, 1958, Vol. XII, S. 26.

[3] E. Lipiński, Bodźdce (Anregungen), in: Kultura i Społeczeństwo, 1 - 2/1960, S. 58.

mit „Anomie“ bezeichneten Erscheinungen entsprechen, d. h. vor dem Fehlen eines Gefühls der Bindung an irgendwelche Verhaltensnormen.

Der Mechanismus der Einwirkung des Rechts auf soziale Gruppen kann aus der Sicht struktureller Analyse untersucht werden. Untersucht werden die Arten von Gruppen, ihre Rolle als Bestandteil des allgemeinen Systems, ihre gegenseitigen Beziehungen, Abhängigkeiten und Einwirkungen. Möglich ist auch die funktionale Analyse; Untersuchungsgegenstand ist dann die Dynamik der Gruppen, ihr Wandel, die damit verbundenen Konsequenzen sowie die Störungen und Hindernisse bei der Wirkung des analysierten Mechanismus.

Im Rahmen dieses Abschnitts beschränken wir uns auf eine strukturelle Analyse und konzentrieren uns hauptsächlich auf die Bestandteile großer Strukturen, d. h. auf Kleingruppen, auf soziale Organisationen und territoriale Gemeinschaften sowie auf die Rolle des Staates, oder besser gesagt, auf den Einfluß der Staatszugehörigkeit auf das Verhalten des in der Rolle eines Bürgers auftretenden Individuums. (Das schließt selbstverständlich nicht die Möglichkeit des Einwirkens vieler anderer sozialer Gruppen aus, die aufgrund verschiedenartiger Klassifikationskriterien unterschieden werden.) Der nächste Abschnitt geht dagegen über die Problematik der Gruppenzugehörigkeit hinaus und befaßt sich im Rahmen einer funktionalen Analyse mit der „Theorie der Rolle“ und der „Bezugsgruppen“ sowie der Brauchbarkeit dieser Konzeption für Untersuchungen über die gesellschaftliche Wirkung des Rechts.

2. Die Entwicklung der Untersuchungen über die Kleingruppe und ihre Bedeutung für die Problematik der gesellschaftlichen Wirkung des Rechts

Theoretische Versuche einer Darstellung der Abhängigkeit der effektiven Wirkung des Rechts vom Funktionieren kleiner Strukturen stehen in enger Verbindung mit bestimmten Veränderungen in den Anschauungen über die Kleingruppe.

In der Sozialpsychologie und Soziologie treffen wir gegenwärtig auf ein großes Interesse für die Probleme der Kleingruppen, was natürlich nicht ohne Einfluß auf die Thematik empirischer Untersuchungen und auf alle die Arbeiten mit Modellcharakter bleibt, die einen Versuch der Konstruktion allgemeiner Schemata über menschliche Verhaltenstypen, über Entscheidungsprozesse oder über Theorien der Wahl bilden. Bei all diesen Schemata wird der Rolle kleiner Gruppen besondere Aufmerksamkeit geschenkt[4].

[4] Arbeiten von Übersichtscharakter, welche die Entwicklung von Anschauungen über die Kleingruppe schildern: in der polnischen Literatur die zitierte Abhandlung von A. Kłokowska, ferner A. Matejko, Mała Grupa (Die kleine

Das Interesse an der Kleingruppe beschränkte sich früher eher auf die Konzeption der „Primärgruppe“. Diese war mit der früheren Periode der Soziologie verknüpft (erste Hälfte des XIX. Jahrhunderts), mit den Untersuchungen von T. Le Play über die Familie sowie mit der von ihm hervorgehobenen Bedeutung lokaler Gruppen für eine Stabilisation der gesellschaftlichen Struktur. Die zweite Hälfte des XIX. Jahrhunderts bringt eine für die Soziologie der bürgerlichen Gesellschaft — die an „Gesellschaften von großen Ausmaßen“ interessiert ist — typische Tendenz zur Verfolgung der Entwicklung der Gesellschaft vom „Status“ zum „Kontrakt“ (H. Maine), von der „Gemeinschaft“ bis zur „Gesellschaft“ (Tönnies) und von „mechanischer Solidarität“ zur „organischen Solidarität“ (Durkheim). Diese Arbeiten brachten bestimmte Unterscheidungen, die für eine genauere Charakteristik von Kleingruppen und der für sie typischen Eigenschaften wesentlich waren, die jedoch andererseits, insbesondere in der Auslegung des englischen Evolutionismus, zum Verständnis der Primärgruppe als historischer Kategorie führten. Dieses Verständnis ist zur Darstellung des Entwicklungsgangs moderner Gesellschaften zwar nötig, ist jedoch ein archaisches Überbleibsel der Agrargesellschaft oder eine nunmehr überlebte Form, die typisch war für Kleinstädte mit einem Übergewicht handwerklicher Bevölkerung. Die Entwicklungslinie moderner Gesellschaften sollte in Richtung auf Großgruppen gehen, die formalisiert und weit entfernt von den emotionalen und unmittelbaren Verhältnissen sind, auf die sich die Primärgruppe stützt.

Die weitere Entwicklung der Arbeiten über Primärgruppen ging jedoch in eine etwas andere Richtung und war besonders stark in der amerikanischen Soziologie vertreten. Die Konzeption der „Primärgruppe“ wurde anfangs unseres Jahrhunderts von Ch. Cooley in die amerikanische Soziologie eingeführt und übte auf alle folgenden Formulierungen großen Einfluß aus. Nach Cooley bezeichnet sie eine auf unmittelbare Kontakte („face-to-face“) gestützte Gruppe mit dem Charakter einer vom Formalismus befreiten Unmittelbarkeit. Der „primäre“ Charakter dieser Gruppe erweist sich einerseits darin, daß sich in ihr die ersten moralischen Standards und Verhaltensmuster kristallisieren, die Voraussetzung für den Prozeß der Vergemeinschaftung (Sozialisation) sind, andererseits darin, daß in diesen Gruppen die soziale Persönlichkeit des Menschen entsteht, aus der das elementare Gefühl sozialer Bindung hervorgeht[5]. Cooley unterschied drei Hauptkategorien von Primärgruppen:

Gruppe), in: Studia Socjologiczne 2/1962, S. 5 - 34, dort auch eine Besprechung zahlreicher empirischer Untersuchungen; in der amerikanischen Literatur: E. Shils, The Study of the Primary Group, in: The Policy Sciences, Stanford 1951, S. 44 ff.

[5] C. H. Cooley, Social Organization, New York 1909, S. 23; R. F. Clow, Cooley's Doctrine of Primary Group, in: American Journal of Sociology 1919, XXV, S. 326 ff.

die Familie, die Gruppe der Jugendfreunde und die Nachbarschaftsgruppe, wobei er jedoch andere Arten von — seiner Meinung nach — geringerer Bedeutung nicht ausschloß.

Die Untersuchungen von zwei anderen hervorragenden amerikanischen Soziologen aus derselben Periode — W. I. Thomas und R. E. Park[6] — hoben gleichfalls die Bedeutung der Primärgruppe für ihre Mitglieder hervor, besonders die für die Entwicklung der Persönlichkeit wesentlichen Momente wie das Gefühl der Sicherheit, des Rückhalts und des inneren Gleichgewichts. Sie konzentrieren sich jedoch hauptsächlich auf die Prozesse der Desintegration und der Störungen, die durch ein Zersplittern der Primärgruppe in dörflichen Gemeinschaften oder in Kleinstädten als Folge von Auswanderungsprozessen hervorgerufen wurden. Mit dem gleichen Interesse wird die Desintegration von Primärgruppen, die in Großstädte verpflanzt wurden, untersucht. Diese Untersuchungen verbanden also die Primärgruppe mit einem bestimmten Gesellschaftstyp und wandten ihre Aufmerksamkeit den Folgen der Desintegration dieser Gruppen unter neuen Verhältnissen zu.

Erst die Untersuchungen von E. Mayo, J. L. Moreno und insbesondere von K. Levin fanden in der Kleingruppe die Grundlage der Empfindungen und Handlungen der Individuen. Sie lenkten die Aufmerksamkeit auf die Motive des Handelns, auf die Folgen gegenseitiger Einwirkung, auf die Arten der Aufstellung und Änderung von Verhaltensnormen sowie auf den Einfluß der Gruppe auf Haltung und Verhalten ihrer Mitglieder. Dabei betonten alle Forscher die Unmöglichkeit, das Individuum außerhalb einer solchen Gruppe zu sehen. Damit verbanden sie den Begriff der Primärgruppe für immer mit jeder gesellschaftlichen Struktur und nicht nur mit Strukturen eines bestimmten Typs.

Aus der Sicht der Theorie der Kleingruppe machen die Untersuchungen von Mayo — die übrigens hauptsächlich den Problemen der Industriesoziologie gewidmet waren — in weitläufigeren Organisationen, die Aktivierung ihrer Mitglieder für die gestellten Aufgaben vom Grad der Verbundenheit dieser Mitglieder mit Primärgruppen abhängig[7]. Die Bedeutung von Moreno besteht vor allem in der Vervollkommnung der

---

[6] W. I. Thomas, Persistence of Primary Group Norms in Present Day Society, in: Suggestions of Modern Science Concerning Education (ed. H. S. Jennings), 1917, S. 157; W. I. Thomas, F. Znaniecki: Polish Peasant in Europe and America, 1918 - 1920; R. E. Park, The City, Suggestions for the Investigations of Human Behavior in the City Environment, in: American Journal of Sociology 5/1915, XX., S. 577 ff.

[7] E. Mayo, The Human Problems of an Industrial Civilization, New York 1933; E. Lipiński schreibt in der oben zit. Abhandlung auf S. 60, daß unabhängig von der Verschiedenheit der Ziele bei der Durchführung dieser Art von Untersuchungen unter kapitalistischen und sozialistischen Verhältnissen ihre Fortsetzungen und aktuellen Ergebnisse darauf hinweisen, daß für die Altersproduktivität eine entscheidende Bedeutung die Haltung der Arbeits-

Untersuchungstechnik bei Kleingruppen. Seine Soziometrie war bemüht, in die psychologischen Untersuchungen Mathematisierung einzuführen und die Ergebnisse in Formeln und Tabellen zu fassen, deren Vorbild die exakten Wissenschaften waren[8].

Die Arbeiten von K. Lewin trugen sowohl zur Verbesserung der technischen Seite der Untersuchungen über Kleingruppen als auch zur theoretischen Klärung bei. K. Lewin sah das Ziel seiner Untersuchungen in der Entwicklung wissenschaftlicher Begriffe und Methoden und in der Theorie des Gruppenlebens, was nicht nur zu einem besseren Verständnis dieser Prozesse beitrug, sondern auch ihre rationalere Lenkung ermöglichte. Er wies auf den engen Zusammenhang zwischen dem Verhalten des Individuums und der Struktur der Kleingruppe hin, war dabei jedoch weit entfernt von der für viele Wissenschaftler charakteristischen Neigung, Untersuchungen über Kleingruppen mit der Mikrosoziologie enden zu lassen[9]. Indem er die Notwendigkeit einer Erweiterung der Untersuchungen auch auf große Strukturen hervorhob, ging er jedoch nicht so weit wie die Simplifizierungen einiger Enthusiasten von Kleingruppenexperten, die die Möglichkeit sehen, von derartigen Untersuchungen unmittelbar zur Konstruktion einer allgemeinen Gesellschaftstheorie überzugehen. Viel Aufmerksamkeit widmete Lewin auch der Rolle der Kleingruppen bei der Gestaltung der Entscheidung des

gruppe besitzt und nicht die Haltung einzelner, die auf unmittelbare Art auf das System materieller Antriebe reagieren sollte. Vgl. auch A. Matejko, Socjologia zakładu pracy (Soziologie im Betrieb), Warszawa 1961.

[8] J. L. Moreno, Who Shall Survive? Washington 1934. Ein grundlegendes Untersuchungsinstrument ist für Moreno der „soziometrische Test", der zugleich eine eigenartige Sozialtherapie bildet und der darin besteht, daß für das untersuchte Individuum Bedingungen für eine spontane Wahl der Mitglieder seiner nächsten Gruppe geschaffen werden (Mitbewohner, Arbeitsgenossen, Ausflugsgemeinschaft). Dieser Test soll die Tatsache enthüllen, daß sich die Mitglieder einer solchen Gruppe gänzlich anders zusammenfinden würden, falls das von ihrem Willen abhängig wäre, und daß die Aufdrängung gewisser Gruppenformen durch — im Verhältnis zum Individuum — vorgesetzte Behörden und das Unmöglichmachen einer freien Wahl zu einer potentiellen Quelle von Konflikten wird. Unabhängig von der physischen Einheit bestimmter Gruppen entstehen durch psychologische Einwirkung neue Kontakte und neue Gruppen, und die Anordnung dieser Kontakte bildet eine Grundlage zur Untersuchung der öffentlichen Meinung; sie bilden nämlich Wege und Kanäle gegenseitiger Einwirkung der Menschen, Wege zur gesellschaftlichen Integration. Nach den ehrgeizigen Versprechungen der Soziometrie können ihre Methoden bei Untersuchungen über das Recht Anwendung finden und eine Aussonderung sog. „verbrecherischer Regionen" erlauben und die Anwendung von Präventivmitteln gegen sie noch in ihrem Anfangsstadium ermöglichen. Ein erheblicher Teil dieser Vorhaben überschritt nicht den Rahmen der Mikrosoziologie. Dagegen erwies sich die soziometrische Technik von beschränkter Anwendbarkeit im Verhältnis zu komplizierteren Erscheinungen des Soziallebens.

[9] K. Lewin, Resolving Conflicts: Selected Papers on Group Dynamics, 1935 till 1946, ed. G. W. Lewin, New York 1948; ders., Forces Behind Food Habits and Methods of Change, in: National Research Council Bulletin 108/1943, S. 59.

Individuums sowie der Verwendung der Entscheidung der Gruppe als Mittel zur Änderung des sozialen Verhaltens. Er sah darin ein Mittel, das zur Überwindung des Widerstandes gegen Änderungen zur Überwindung des Traditionalismus geeignet ist[10].

In eine ähnliche Richtung gingen spätere Untersuchungen über die Kleingruppe. Das Interesse am Einfluß der Gruppe auf Anschauungen und Beurteilungen des Individuums findet seinen Ausdruck in der Verlagerung des Untersuchungsschwerpunktes von den sog. Massenmedien (Presse, Rundfunk, Fernsehen usw.), die sich an die Masse, d. h. an den anonymen Adressaten richten, auf andere Beeinflussungsfaktoren, insbesondere auf die Kleingruppe, durch die sich erst auf mittelbarem Wege die Anschauungen, Wertmaßstäbe und Verhaltensmuster gestalten, die den Gegenstand der Einwirkung der Massenmedien bilden[11]. Detaillierte Untersuchungstechniken für Kleingruppen befassen sich mit der Analyse des Interaktionsprozesses zwischen einzelnen Mitgliedern der Gruppe, mit dem allmählichen Wandel der Anschauungen unter dem Einfluß der Beurteilung anderer, sowie mit der Rolle, die in der Gruppe Personen mit besonderer Einwirkungskraft und mit Autorität spielen (Meinungsführer)[12].

---

[10] Seine Untersuchungen über eine Änderung der Ernährungsart von Erwachsenen und Säuglingen durch das Propagieren bestimmter Nahrungs- und Nährmittel erwiesen, daß Entscheidungen, die als Ergebnis von Diskussionen in Kleingruppen gefaßt wurden, bedeutend wirksamer und dauerhafter sind als individuelle Entscheidungen, die unter dem Einfluß eines Vortrags oder einer individuellen Belehrung gefaßt wurden. Diese individuellen Entscheidungen waren Ausdruck eines Verhaltens, das mit den Wünschen oder Direktiven einer gewissen Autorität übereinstimmte, die jedoch persönlich nicht mit derjenigen Gruppe verbunden war, an deren Mitglieder diese Direktiven gerichtet waren. Folgerungen über das Thema von Gruppenentscheidungen faßt Lewin zusammen in der Abhandlung Group Decision and Social Change, in: Readings in Social Psychology (ed. T. M. Newcomb, E. L. Hartley), New York 1947, S. 330 ff. Untersuchungen über den Einfluß von Diskussionen auf die Entscheidung durch die Kleingruppe werden von Schülern Lewins fortgesetzt, insbesondere von A. Ravelas im Massachusets Institute of Technology.

[11] T. Klapper: The Effects of Mass Communication, Glencoe 1960, weist auf der Grundlage einer Übersicht von über tausend empirischen Untersuchungen und Skizzen auf eine neue Tendenz: die Behandlung von Informationsmitteln als notwendige und ausreichende Ursache von Bewußtseinsänderungen der Empfänger ersetzt die Meinung, daß die Einwirkung dieser Mittel inmitten einer Verflechtung von Faktoren und vermittelnden Einwirkungen stattfindet; vgl. J. Kubin, Rola prasy ,radia i telewizji (Die Rolle von Presse, Rundfunk und Fernsehen), Kraków 1963, S. 35.

[12] Dem Problem des Einflusses der Primärgruppe und insbesondere ihrer „leader" auf die politische Meinung, auf Entscheidungen in diesem Bereich und auf das Verhalten der Wähler sind folgende Arbeiten gewidmet: P. F. Lazarsfeld, B. Berelson, H. Gaudet: The Peoples Choice, Glencoe 1944; E. Katz und P. Lazarsfeld, Personal Influence, Glencoe 1955; R. M. Merton, Patterns of Interpersonal Influence and of Communications Behavior in a Local Community, in: Communication Research, 1948 (ed. P. E. Lazarsfeld, F. Santon). Dem Problem der Rolle von „Meinungsführern" der Kleingruppen im Prozeß der Kommunikation waren die Untersuchungen von A. Siciński gewidmet, als

Eine große Bedeutung für die Entwicklung von Untersuchungen über Kleingruppen hatte die Verbesserung der Untersuchungstechnik und der Beobachtungsmethoden dadurch, daß verschiedene Arten des Verhaltens von Gruppenmitgliedern in zahlreichen und sehr genau aufgestellten Kategorien erfaßt wurden. Damit wurde ein rasches und genaues Aufzeichnen des Verlaufes derjenigen beobachteten Verhaltensweisen ermöglicht, die zu den theoretisch erarbeiteten und damit als erheblich erkannten Kategorien gehören[13]. Die Untersuchungen wenden Methoden an, die immer mehr zur rigorosen und gewissenhaften „Entschlüsselung" all dessen führen, was im Verhalten von experimentellen Gruppen beobachtet werden kann (eingeschlossen die Aufzeichnung des Gesprächsverlaufes auf Tonband, das Drehen von Filmen oder wenigsten Aufnahmen der wesentlichsten Momente). Sie konzentrieren sich hauptsächlich auf experimentelle Untersuchungen der klinischen Psychologie und der Psychoanalyse und legen die Betonung ausschließlich auf innere Faktoren — unter Umgehung wirtschaftlicher und ökologischer Faktoren, die außerhalb der Gruppe stehen — sowie auf deren Rolle bei der Entstehung oder beim Zerfall von Primärgruppen.

Die Popularität der Untersuchungsmethoden von Kleingruppen beruht zum Teil auf der bedeutend größeren Möglichkeit zur Durchführung von Experimenten und ihrer Annäherung an quantifizierende Methoden. Durchgeführt werden die Untersuchungen in Situationen, die den natürlichen Verhältnissen in verschiedenartigen Institutionen und Organisationen entsprechen. Untersucht werden manchmal sogar auch natürliche Gruppen, die ein Bindeglied größerer Vereinigungen bilden, wie Ämter, Schulen, Industriebetriebe, ferner Gruppen, die ausschließlich zu Zwekken eines unter künstlichen Bedingungen durchgeführten Experimentes gebildet wurden.

Obwohl experimentelle Untersuchungen von Kleingruppen oft keinen „Entdeckungs-Charakter" haben, sondern lediglich Anschauungen über die Abhängigkeit der Haltung und der Präzeption des Individuums von

---

eine Besprechung siehe: Kontakty osobiste a masowe kommunikowanie (Persönliche Kontakte und Massenkommunizierung), in: Studia Socjologiczne 2/1962, S. 71 - 98.

[13] R. Bales, Interaction Process Analysis. A Method for the Study of Small Groups, Cambridge 1950. Diese Kategorien sollen bei der Rekonstruktion des Grades der Unterschiedlichkeit in den Verhältnissen zwischen Gruppenmitgliedern behilflich sein. Bales geht von der Voraussetzung aus, daß gesellschaftliche Verhältnisse der Kleingruppen ihren Ausdruck in verschiedenen Rollen und Positionen finden, die während des Prozesses der Lösung von Ausgaben und Problemen der Gruppe eingenommen werden. Im Laufe einer weiteren gegenseitigen Einwirkung der Gruppenmitglieder untereinander nimmt diese Unterschiedlichkeit Kennzeichen von Stabilisation an, was aus bestimmten Verallgemeinerungen hervorgeht, die gestützt sind auf das vorherige Handeln der gegebenen Person sowie auf die Erwartungen, die die Folgen dieses Handelns in der Zukunft betreffen.

der Gruppe und den Einfluß der Gruppe auf das Verhalten des Individuums bestätigen, fällt es doch schwer, in diesem Bereich ihren Wert zu bestreiten, denn sie bestätigen die Hypothesen durch Anwendung eines weit präziseren, experimentell-quantifizierenden Untersuchungsapparates. Gleichzeitig fällt es schwer, in Abrede zu stellen, daß eine Reihe von Untersuchungen ohne Konzeption und ohne bestimmtes Ziel oft zu der eigenartigen Mode gehören, Untersuchungen eines bestimmten Typs durchzuführen[14] und dadurch lediglich zu einem „Modetrend" und zum Sammeln von Material beizutragen, das zu keiner breiteren, theoretisch-verallgemeinernden Arbeit verwendet werden kann.

Das bedeutet keine kritische Einstellung zu jenen Untersuchungen über Kleingruppen, die von oft sehr weit ausgebauten Forschungszentren durchgeführt werden, deren Leiter bestimmte weitere Perspektiven nicht aus dem Blickfeld verlieren. Soziologen wie Lewin, Parsons, Shiels, Stouffer, Bales und Festinger verzichten trotz ihres Interesses für Kleingruppen weder auf die theoretische Arbeit noch auf ein Formulieren von darüber hinausgehenden Hypothesen, die empirisch nachprüfbar und in ihren Verallgemeinerungen nur durch den Stand unseres Wissens über Gesellschaft, Kultur und Persönlichkeit begrenzt sind.

Besonders nützlich für die Problematik der gesellschaftlichen Wirkung des Rechts sind Untersuchungen über den Prozeß spontaner Entscheidungen durch das Individuum in der Gruppe, über die Bedeutung einer gemeinsamen Diskussion für solche Entscheidungen, über die Rolle von Individuen mit dominantem Einfluß auf die anderen Gruppenmitglieder und schließlich über die Bedingungen, von denen die „Rolle" der einzelnen Gruppenmitglieder abhängig ist. Von Interesse sind hier Entscheidungen, die ein von Rechtsnormen geregeltes Verhalten betreffen, Beurteilungen eines solchen Verhaltens oder Beurteilungen der Rechtsnormen. Insbesondere kann bei einer Analyse des Wandels bisheriger Verhaltensmuster durch Rechtsnormen der Einfluß der Kleingruppe auf die Entscheidung des Individuums nicht umgangen werden (vgl. die hier besprochenen Untersuchungen von Lewin und Bavelas). Unter den bisher konkret durchgeführten Untersuchungen über das Recht bei Anwendung von Methoden der Kleingruppenforschung verdienen die hier schon erwähnten Untersuchungen über Geschworenengerichte, die während der letzten Jahre an der Universität in Chicago durchgeführt wurden, eine besondere Beachtung.

---

[14] F. L. Strodtbeck: The Case for the Study of Small Groups, in: American Sociological Review 6/1954 gibt eine Aufstellung bekannt, nach der in den Jahren 1890 - 1909 nur eine Arbeit über Kleingruppen veröffentlicht wurde, in den Jahren 1930 - 1939 schon 21 Arbeiten, in den Jahren 1945 - 1949 55 Arbeiten und in den Jahren 1949 - 1953 152 Arbeiten.

3. Die Rolle von Primärgruppen

Die bisherigen Erwägungen konzentrieren sich auf das allgemeine Problem der Rolle und der Stellung der Kleingruppe in der gesellschaftlichen Struktur. Die Schilderung der Entwicklungslinie der Untersuchungen über die Kleingruppe führte uns zu Folgerungen von fundamentaler Bedeutung für eine ausführlichere Analyse der Rolle, die diese Gruppe im gesellschaftlichen Prozeß des Einflusses des Rechts auf den Bürger spielt. Unerläßlich scheint hier eine Abgrenzung der Begriffe „Kleingruppe" und „Primärgruppe", obwohl die moderne, den Kleingruppen gewidmete Literatur den Begriff „Kleingruppe" sehr oft zugleich in der Bedeutung von „Primärgruppe" verwendet, ohne das Spezifikum der letzteren hervorzuheben.

Der Begriff „Kleingruppe" kann sowohl natürliche als auch künstliche Gruppen umfassen, die lediglich für experimentelle Zwecke geschaffen wurden. Sie kann über längere Zeit oder nur sporadisch auftreten; sie kann sich sogar jedesmal anders zusammensetzen (z. B. ein Kollegium von Wissenschaftlern, ein Geschworenen-Kollegium). Ein Kennzeichen, das die Kleingruppe von all den andern Gruppen unterscheidet, die Gegenstand der soziologischen Forschung sind, ist nicht ihre Größe, sondern die Unmittelbarkeit der Kontakte („face-to-face") der Gruppenmitglieder. Dieses Erfordernis der Unmittelbarkeit zieht jedoch eine ganze Reihe von Konsequenzen nach sich. So wird z. B. eine kleinere Anzahl sich untereinander nicht näher kennenden Personen, die gemeinsam eine politische Rede oder eine Predigt hören, noch nicht die Bedingungen der Kleingruppe erfüllen; dagegen erfüllt sie eine gleichgroße Anzahl von Personen, die an einer wissenschaftlichen Versammlung teilnehmen, welche aus einem Vortrag und daran anschließender Diskussion über ihn besteht, ohne Rücksicht darauf, ob es eine Gruppe von dauernder Zusammensetzung aus den gleichen Teilnehmern ist oder nicht.

Eben dieses Erfordernis der Unmittelbarkeit der Kontakte bindet die Primärgruppe mit der Kleingruppe und bewirkt, daß eine ganze Reihe von Untersuchungsmethoden, die an Kleingruppen erarbeitet wurden, ihre Anwendung bei Untersuchungen über Primärgruppen findet. Diese bilden eine der Gattungen der Kleingruppe, und zwar eine Gattung, die einen bedeutenden Einfluß auf das Funktionieren der ganzen gesellschaftlichen Struktur ausübt.

Die „Primärgruppe" ist meist eine spontan gebildete, natürliche Gruppe von wenigstens einer bestimmten Zeitdauer, ohne Formalismus bei der Schaffung von Verhaltensmustern und mit einer weit fortgeschrittenen Identifizierung mit anderen Gruppenmitgliedern und deren Symbolen. Wir wiesen schon darauf hin, daß ihr „primärer" Charakter darin besteht, daß sich in ihr die ersten moralischen Standards und Verhaltensmuster kristallisieren, die den Prozeß der Sozialisation bedingen, sowie daß sich in diesen Gruppen die Persönlichkeit des Individuums gestaltet. Ihnen fällt daher die Rolle zu, grundlegende Verhaltensmuster in Verbindung mit wenigstens einigen Mustern, die in Rechtsnormen enthalten sind — als einen Teil der Kultur — zu vermitteln. Zu den Schlüsselproblemen gehört eben diese Übernahme und Einreihung von in Rechtsnormen enthaltenen Vorbildern in das eigene Normensystem einer bestimmten Primärgruppe. Dazu gehört aber auch die Rivalität der Normen einer Primärgruppe mit den Rechtsnormen; das Verhältnis einer Primärgruppe zu den bestehenden rechtlich-politischen Institutionen und insbesondere der Grad von Legalismus bei den Mitgliedern einer bestimmten Primärgruppe. Auch die Ausformung ihrer Beurteilungsmaßstäbe im Hinblick auf die Rechtsnorm gehört dazu. Der Primärgruppe fällt ferner die entscheidende Rolle bei der informellen Rechtskontrolle zu, die sie beim Individuum unter Verwertung ihres eigenen Systems von Gratifikationen durchführt und auf deren Bedeutung wir schon im VI. Abschnitt hingewiesen haben.

Die aufsehenerregende Arbeit von S. Stouffer: The American Soldier[15], die sich auf Untersuchungen während des zweiten Weltkrieges stützt, schildert, wann Untersuchungen über kleine, spontane Gruppen von informaler Struktur für die Analyse großer Strukturen von Nutzen sind, wann sie sich zur Erklärung der Funktion dieser großen Strukturen eignen und wann sie wirksame Einwirkungsmittel auf ihre Funktionen aufzeigen. Die Untersuchungen Stouffers zeigen die relativ geringe Bedeutung der unmittelbaren Identifizierung mit allgemeinen Symbolen, um die der Kampf geführt (total symbols wie militärische Organisationen, der Staat, die „politische Angelegenheit"). Viel stärker ist die Bindung an den nächsten Kameraden aus der Primärgruppe der Armee. Nach Stouffer bildet die Motivation des Kampfes vor allem die Notwendigkeit des Schutzes der eigenen Primärgruppe und ein Verhalten, das mit deren Erwartungen übereinstimmt. Dagegen erlangt der Militärapparat innere Disziplin gegenüber formalen Vorgesetzten nicht so sehr durch Gehorsam als eher durch die Primärgruppe. Die wirksame Übermittlung von Befehlen und Direktiven von Vorgesetzten und deren Ausführung ist unabhängig vom Grad der Übereinstimmung mit dem System informeller Gruppen.

Zu ähnlichen Ergebnissen kamen auch andere Untersuchungen über die Organisation der Landwirtschaft in Südamerika und der Bundesrepublik Deutschland[16]. Diese zeigten, daß die Entscheidungen der zentra-

---

[15] S. A. Stouffer, The American Soldier, Studies in Social Psychology in World War II, Princeton 1949.

[16] Ch. P. Loomis, Studies of Rural Social Organization in the United States, Latin America and Germany, East Lansing 1945.

len Behörden zu den Mitgliedern der Gemeinschaft effektiv durch ein Netz von Primärgruppen vordringen, deren informelle Führer die Rolle von Vermittlern im System der Überweisung von Informationen und der darauffolgenden Verwirklichung der überwiesenen Entscheidungen spielen.

Alle diese Untersuchungen zeigten die Notwedigkeit einer engen Verknüpfung der Untersuchungen über die Dynamik von Gruppen innerhalb großer Strukturen mit der Funktion, die in diesen Strukturen die Primärgruppe erfüllt. Eine klare Betrachtung des Funktionierens dieser Primärgruppe ist — wie Shils schreibt — ein Schlüssel zum Verstehen des Integrationsprozesses einer weitläufigeren gesellschaftlichen Struktur[17]. Die Bedeutung einer Primärgruppe für größere soziale Gruppen wird — nach Shils — dann bedeutend adäquater beurteilt, wenn man nicht nur die Bedeutung der Gruppe für das Verhalten ihrer Mitglieder innerhalb der Gruppe untersucht, sondern sich auch mit der Einwirkung der Primärgruppe auf die Struktur der Persönlichkeit ihrer Mitglieder und auf ihr Verhalten in anderen Gruppen befaßt.

Auf dem Hintergrund unserer eigenen gesellschaftlichen Erfahrungen offenbarten sich die Folgen von Störungen der Gruppenfunktion in einem Anwachsen der Kriminalität. Sie ging parallel zur Urbanisierung und der massenweisen Umsiedlung vom Land in die Stadt. Ursachen der Kriminalität wären viele zu nennen: Familienzerrüttung, Arbeitsaufnahme beider Elternteile, Widerstreit der Erziehung von Schule und Elternhaus, Zahl der Ehescheidungen, Anwachsen der Prostitution und schließlich das Fehlen irgendeiner Reaktion der nächsten Umgebung auf die immer größeren Umfang annehmenden Fälle von Wirtschaftskriminalität. Diese Problematik wurde zum Gegenstand des Interesses und von Untersuchungen polnischer Soziologen und Kriminologen[18]. Für Rechtstheoretiker bildet sie ein Material für die Schilderung von Störungen im Mechanismus der gesellschaftlichen Einwirkung des Rechts auf das Verhalten des Individuums unter Vermittlung von Primärgruppen als Ergebnis des Zerfalls dieser Gruppn und des Fehlens irgendwelcher Ersatzgruppen. Grund der Störung kann auch die Lösung des Individuums aus den bisherigen Gruppen sein, wobei gleichzeitige Schwierigkeiten der Eingliederung in die seinen neuen Lebensverhältnissen entsprechende Gruppe auftreten. Diese Tatsachen zeigen, daß die ausschließliche Einwirkung größerer, auf Dauer angelegter und institutionalisierter Gruppen auf das Individuum solange nur begrenzt und unsicher ist, wie das Individuum seine bisherigen Verbindungen auch nach der

[17] E. Shils, The Study of the Primary Group, in: The Policy Sciences, Stanford 1951, S. 69.

[18] J. Szczepański, A. Czapow, J. Majchrzak, A. Kłoskowska, St. Batawia, A. Pawełczyńska, P. Zakrzewski.

Desintegration der Primärgruppe nicht aufgibt (z. B. der Besuch derselben Schule, die Zugehörigkeit zu derselben Jugendorganisation, das Verhalten im Bereich desselben Staates und Rechtssystems).

Die Untersuchungen über die Primärgruppen haben gezeigt, eine wie wichtige Rolle sie spielen, welche Bedeutung sie für die Entwicklung der Persönlichkeit haben und wie sie auf das Verhalten ihrer Mitglieder in anderen Gruppen und anderen gesellschaftlichen Rollen, insbesondere in solchen, die institutionalisierten Charakter besitzen, einwirken.

Die Erkenntnis der besonderen Rolle der Primärgruppe findet nicht nur in Versuchen zur theoretischen Bearbeitung des Problems ihren Ausdruck, sondern auch in der Gesellschaftspolitik. Die Bemühungen des Normgebers können auf die Erhaltung oder Stärkung von Gruppen wie die Familie gerichtet sein. Er wird dann versuchen, gesellschaftliche Bedingungen zu schaffen, die ihnen vorteilhaft sind und die Umbildung aufgelöster Gruppen begünstigen, wie z. B. durch den Bau neuer Siedlungen bestimmter Wohnbauten mit Gemeinschaftsräumen und -einrichtungen, die während des Prozesses der Urbanisierung ein rasches Entstehen lokaler Gemeinschaften und Nachbarschaftsgruppen fördern. Wie Kłoskowska schreibt, muß eine neue Integration durch neue Formen von Verbindungen der Bevölkerung in kleinen sozialen Gruppen entstehen, denn durch diese Gruppen verwachsen die Individuen mit großen Strukturen[19].

Die Versuche einer Einwirkung des Normgebers auf die Schaffung günstiger Voraussetzungen für das Funktionieren von Primärgruppen dürfen jedoch in ihren Möglichkeiten nicht überschätzt werden. Wir haben hier ein besonders charakteristisches Beispiel einer Sphäre des Soziallebens vor uns, die sich trotz ungemein großer Bedeutung für die effektive Einwirkung des Rechts auf das Verhalten der Menschen selbst irgendwie dem Einfluß des Rechts „entzieht" und im Rahmen der Gesellschaftspolitik einer behelfsmäßigen Einwirkung durch andere Mittel bedarf als die, deren sich das Recht bedient.

4. Die Rolle sozialer Organisationen

Mit dem Namen Organisationen bezeichnen wir hier weitläufigere Kollektive als Kleingruppen, mit genau bestimmten Zielen und Funktionen, die mit Hilfe bestimmter Handlungsformen, organisatorischer Struktur und dem System der vorgesetzten Behörden verwirklicht werden[20]. Das Individuum handelt in ihnen nicht völlig frei, sondern erfüllt

---

[19] A. Kłoskowska (FN 2), S. 30.

[20] Nach E. W. Bake ist „die soziale Organisation ein dauerhaftes System differenzierter und koordinierter menschlicher Handlungen, das eine spezifische Zusammensetzung menschlicher, materieller, kapitaler, ideeller und natürlicher Mittel benutzt, umgestaltet und in eine Problemations-Einheit

eine bestimmte Funktion. In den Beziehungen zwischen den Mitgliedern einer bestimmten Organisation wird eher ein Ausscheiden emotionaler Momente gefordert, die in Kleingruppen, insbesondere in der Primärgruppe, eine sehr bedeutende Rolle spielen[21].

Die Entscheidungen des Individuums, das Gegenstand des Einflusses einer organisierten gesellschaftlichen Gruppe ist, sind nicht nur das Ergebnis seines eigenen Denkprozesses, sondern auch ein Abbild der Erfahrungen, des Wissens und der Anschauungen der Gruppe. Die Mitglieder einer solchen Gruppe erhalten Informationen und die in ihnen enthaltenen Verhaltensmuster mittels der Informationsübermittlung, die von der gegebenen Organisation oder Institution gestaltet und vorbereitet wurde (der Grad der Formalisierung dieser „Kanäle" hängt weitgehend vom Grad der Formalisierung der einwirkenden Organisation ab). Die Mitglieder treffen also ihre Wahl schon auf der Grundlage bestimmter, von der organisierten Gruppe angewandten Kriterien. Sehr wesentlich ist hier das Moment der Einheit und der Gemeinschaft mit der Gruppe und ihren Zielen (Identifizierung) oder wenigstens das der Loyalität zur Gruppe, ein Moment, welches bewirkt, daß die eigene Entschließung gleichwohl mit den Wünschen der organisierten Gruppe übereinstimmt.

Bei Erwägungen über das Verhältnis des Individuums zur Organisation kann man selbstverständlich nicht das Element der Gewalt übergehen, eine Autorität also, durch die sich das Individuum gebunden fühlt. In einer Situation, in der das auf eine Koordination des Verhaltens der

---

zusammengefügt, und sich mit der Befriedigung einzelner menschlicher Bedürfnisse in gegenseitiger Einwirkung mit anderen Systemen menschlichen Wirkens und den Ressourcen in ihrer Umgebung befaßt" (Der Begriff soziale Organisation, in: Moderne Organisationstheorie, hrsg. von M. Haire, Warszawa 1965, S. 67). So kann hier also unterschieden werden: „a) die Art der Verbindung und Koordinierung differenzierter menschlicher Handlungen oder eben die Anordnung der Rollen und der Charakter der Institution, die die Erfüllung dieser Rollen regelt; b) die Art der Ressourcen, die den Gegenstand des Handelns bilden und die Bedürfnisse, deren Befriedigung das Ziel des Handelns ist. Der Charakter der Ressourcen und der Bedürfnisse bezeichnet zusammen die Sphäre des Soziallebens, in welcher die Organisation handelt — aus dieser Sicht kann man die Organisationen in politische, ökonomische, kulturelle, religiöse, sportliche usw. einteilen. Die im wesentlichen einseitige Spezifizierung der Wirkungssphäre ist ein Merkmal, welches Gruppen, die auf persönliche Bindungen gestützt sind, von Gruppen mit persönlichen Bindungen unterscheidet, die in der Regel universalistische Tendenzen aufweisen und die Regelung aller Lebenssphären ihrer Mitglieder für sich beanspruchen" (Z. Baumann, Zarys socjologii (Abriß der Soziologie), Warszawa 1962, S. 275 - 276).

[21] „Zahlreiche Erfahrungen in bezug auf solche Institutionen wie Unternehmungen, Ämter, Militär, Lehranstalten, Rechtspflege usw. zeigen die Notwendigkeit einer Formalisierung der Beziehungen und des Ausschlusses emotionaler Momente und persönlicher Bindungen, wenn auch nur mit Rücksicht auf die Verwirklichung des Postulates ‚Gleiche Behandlung aller Parteien'" (L. Broom, Ph. Selznick: Sociology, Evanston 1957, S. 127).

Gruppenmitglieder gerichtete organisatorische Wirken sich nicht lediglich auf Information beschränkt, sondern auch auf eine bewußte Einwirkung auf das Verhalten der Mitglieder gerichtet ist, tritt gewöhnlich das Bedürfnis nach Macht und Autorität auf. Das Problem der Macht zeigt sich beim untergeordneten Individuum im Verzicht auf eine selbständige Entscheidung und in seiner Einwilligung darein, daß die Mitteilung der Entscheidung durch die als „Macht" und „Autorität" anerkannten Person die Wahl dieses Individuums lenkt[22].

Das kennzeichnende Element der Macht besteht im Hinblick auf die Koordination des Verhaltens hauptsächlich darin, daß sie eine Entscheidung sogar dann erlaubt, wenn die Übereinstimmung der Gruppenmitglieder mit der Wahl dieses und keines anderen Verhaltens durch den Entscheidenden fehlt. Dieses „arbiträre" Moment darf natürlich nicht überschätzt werden. Es wird nämlich die Reichweite der Anerkennung durch die Untergeordneten begrenzt. Dieser Wirkungsbereich hängt im hohen Grade von den Sanktionen ab, über die die vorgesetzte Person verfügt, und von Faktoren wie Persönlichkeit des Vorgesetzten, Grad seiner Popularität, Gemeinschaft der Ziele und allgemeine Zustimmung zu seinem Wirken.

Aus der Sicht des Entscheidungsprozesses könnte man die „Autorität" als diejenige Macht zu einer Entscheidung bezeichnen, die das Verhalten anderer lenkt, wobei jedoch das Verhältnis zwischen der vorgesetzten Person oder Organisation und den Untergebenen kein einseitiges Verhältnis ist, da ja das vorgesetzte Organ sich bei seinen Entscheidungen von der voraussichtlichen Wirksamkeit und der Aussicht auf Anerkennung seiner Entscheidung durch die Untergebenen leiten läßt. Diese wiederum erwarten Entscheidungen bestimmten Inhalts vom vorgesetzten Organ. Daher richten sich beide Seiten im hohen Grade nach dem voraussehbaren Verhalten der Gegenseite (the rule of anticipated reaction)[23].

In jeder organisierten Gruppe muß ein bestimmtes Verfahren eingehalten werden, daß eine Übereinstimmung des Verhaltens und des Zu-

---

[22] H. Simon, Administrative Behavior, New York 1958, S. 123 ff. Vgl. auch Z. Baumann, Zarys marksistowskiej teorii społeczeństwa (Abriß der marxistischen Theorie der Gesellschaft), Warszawa 1964, S. 278 - 279: „ein Zeichen der von dem Individuum oder der Gruppe X besessenen Macht über das Individuum oder die Gruppe Y ist die Möglichkeit von Entscheidungen von X, die für Y bindend sind und daher auf wirksame Art — im Sinne der Intention von X — das Verhalten von Y regeln. Über jemanden Gewalt besitzen, bedeutet soviel wie die Möglichkeit des Veranlassens, daß dieser Jemand sich im Sinne meiner Wünsche verhält." Über das Thema der Vieldeutigkeit des Ausdruckes Gewalt in der modernen Soziologie siehe Z. Baumann, O pojęciu władzy (Über den Begriff der Gewalt), in: Studia Socjologiczno-Polityczne 12/1962, S. 15.

[23] H. Simon, ebd., S. 129.

sammenwirkens einzelner Individuen sichert. Nötig ist auch ein bestimmter, wenn auch nur ganz allgemein umrissener Handlungsplan, was in der Folge ein Informationssystem erfordert. Eine Beteiligung, die auf der Bejahung von Verhaltensmustern und auf Mitteln der Übertragung von Informationen beruht, kann zu einer weitgehenden Integration der Gruppe führen und ihren Ausdruck in einem konformistischen Verhalten finden. In der Periode der Festlegung oberster Ziele und fundamentaler Werte besitzen formale Organisationen keine solche Bedeutung wie traditionelle, alte Institutionen wie die Familie. Mit steigender ökonomischer Abhängigkeit sowie der so typischen Abhängigkeit der modernen Gesellschaft von den Dienstleistungen des Staates gewinnen jedoch formale Organisationen eine immer größere Bedeutung. Neben Gefahren, die mit den negativen Folgen der Bürokratie verbunden sind, hat diese Erscheinung auch ihre guten Seiten, da formale Organisationen einen gewöhnlich bedeutend größeren Freiheitsbereich hinsichtlich bestimmter traditioneller Einrichtungen besitzen, was ihnen wenigstens auf einigen Gebieten eine größere Fähigkeit der Anpassung ihrer Einrichtungen an neue Bedürfnisse gibt[24].

Jede Organisation besitzt eine „formale" und „informale" Struktur[25]. Die „formale" Struktur beruht auf offiziell bestätigten Verhaltensmustern, die den Machtbereich derjenigen Organisation bezeichnen, welche die Beziehungen zwischen den vorgesetzten Behörden und den Mitgliedern der Organisation, die gegenseitigen Beziehungen zwischen den Mitgliedern, und endlich das System der Überweisung und des Empfanges von Informationen (communication) regelt. Die „informale" Struktur bezeichnet die Gruppe von Verhaltensmustern, die durch spontanes Handeln von Individuen und Gruppen innerhalb der Organisation geschaffen werden. Eine Basis für das spontane Entstehen solcher informalen Gruppen sind Beziehungen von Sympathie, Freundschaft, gemeinsame Interessen, Neigungen, persönliche Schwierigkeiten, die zum Entstehen von Freundschaftsgruppen, Fraktionen, Cliquen und dgl. führen.

Auf diese Weise entstehen neue Wege der Informationsübertragung und der Beeinflussung und Gestaltung von Bewertungen und Entscheidungen. So entstandene Primärgruppen können zu einem Faktor werden, der die förmlich festgesetzten Verhaltensmuster stützt oder untergräbt; sie können mobilisierend zur Erreichung der von der Organisation gestellten Ziele wirken oder auch zu einem destruktiven Element werden. Je stärker der Grad der Verknüpfung der Primärgruppen mit weitläufigeren Organisationen ist und je größeren Anteil Kleingruppen an

---

[24] Ebd., S. 102.

[25] J. Szczepański, Socjologia (Soziologie), S. 505; L. Broom, Ph. Selznick (FN 21), S. 213; S. Matejko, Więź społeczna w przedsiębiorstwie (Soziale Bindungen im Unternehmen), in: Kultura i Społeczeństwo 1 - 2/1960, S. 83.

der Übermittlung von Vorbildern und Bewertungen an die weitläufigeren Organisationen haben, desto fortgeschrittener ist die gesellschaftliche Integration.

Durch ihren formalisierten Charakter sind soziale Organisationen weit leichter einer bewußten Einwirkung im Sinne einer bestimmten Rechtspolitik zugänglich als Primärgruppen. Bei größerer sozialer Integration und einer starken Verknüpfung der Primärgruppen mit anderen Organisationen können die letzteren eine sehr bedeutende Rolle bei der Übermittlung von Informationen über die Norm spielen, indem sie nämlich ihr Informationssystem für die Überweisung von Kenntnissen über die neue Norm und für die Popularisierung schon geltender Vorschriften benutzen. Die Rolle von Hilfsfaktoren bei der Propagierung und Stärkung vorgenommener Veränderungen in den bisherigen Verhaltensvorschriften fällt in erster Linie eben den sozialen Organisationen zu (so z. B. die Einbeziehung einer bestimmten Organisation in den Kampf gegen Wirtschaftsvergehen im Zusammenhang mit dem Erlaß einer neuen Rechtsnorm, die auf eine andere Art, als es bisher geschah, die Kontrolle von Betrieben und die Verantwortlichkeit für Wirtschaftsvergehen regelt).

Organisationen, deren Programme und Wirkungsziele mit den Zielen des Staates und einer aktuell verwirklichten Staatspolitik weitgehend übereinstimmen und die sich die Erfüllung bestimmter, vom Staat bewußt ihrer Kompetenz überlassene Aufgaben stellen, können zu einem die positive Wirkung des Rechts stärkenden Faktor werden. Sogenannte „oppositionelle Organisationen“ können im Rahmen ihrer legalen Tätigkeit ihre Mitglieder nicht öffentlich zu einer Verletzung der geltenden Vorschriften anhalten, sie können nur für eine Änderung bestimmter Rechtsnormen und Bewertungssysteme kämpfen, die im Gegensatz zu ihrem Rechtsbewußtsein stehen. Sie können auch ihre Mitglieder zu einem Verzicht auf die ihnen zustehenden Berechtigungen veranlassen (z. B. die Nichtbenutzung des Rechts auf Ehescheidung, der Verzicht auf den rechtlich erlaubten Eingriff einer Schwangerschaftsunterbrechung) oder aber zu ganz bestimmter Benutzung anderer Berechtigungen auffordern (z. B. die Teilnahme an politischen Massenveranstaltungen). Der öffentliche Charakter dieser Art Forderungen kann ein wertvolles Informationsmaterial für die weitere politische Wirkung des Rechts bilden, insbesondere beim Appell um Hilfe durch andere Formen der Sozialpolitik. Es muß ferner unterstrichen werden, daß soziale Organisationen eine fundamentale Bedeutung für die Repräsentation der öffentlichen Meinung haben (siehe Abschnitt IX), daher fällt ihnen auch die ungemein wichtige Rolle eines Kritikers der geltenden Normen sowie die eines Urhebers für den Erlaß neuer oder veränderter Normen zu.

Der von uns bereits behandelte Prozeß der Rationalisierung der Entscheidung (siehe V. Abschnitt) im Bereich eines von Rechtsnormen geregelten Verhaltens kann dadurch verstärkt werden, daß bestimmtere, bereits getroffene Entscheidungen der Organisationen, die ihren Mitgliedern übermittelt wurden, allgemein bekanntgemacht werden.

5. Der Einfluß umfassenderer Strukturen

Bei einer Analyse des Einflusses umfassenderer sozialer Strukturen auf das Verhalten des Menschen im Bereich des Rechts werden uns territoriale Gemeinschaften interessieren wie die Stadt, die Provinz oder der Staat als die älteste territoriale Gemeinschaft und hierarchisch am höchsten stehende soziale Organisation (selbstverständlich unter der Voraussetzung, daß wir hier die ungemein interessante und komplizierte Problematik internationaler Organisationen nicht berühren).

Der Einfluß territorialer Gemeinschaften zeigt sich gewöhnlich in der Besonderheit der Struktur und des Charakters der einzelnen Gruppen; so kann man am Beispiel der Familie, der Nachbarschaftsgruppe oder der Berufsgruppe weitgehende Besonderheiten in Abhängigkeit vom Gebiet, von der Stadt oder vom Dorf zeigen, und das sowohl beim unterschiedlichen Einfluß, der durch diese Gemeinschaften auf das Individuum ausgeübt wird, als auch bei der Rolle, die diese Gruppen als Ganzes in der Struktur der Gesellschaft spielen. Mit einem bestimmten Typ territorialer Gesellschaften verknüpften sich auch Probleme des Absterbens bestimmter Gruppen und der Übernahme ihrer Funktionen durch andere Personen oder Gruppen. In diesen Typ gehört auch das Auftauchen spezifischer Gruppen mit pathologischen Erscheinungen, wie z. B. mit der Gemeinschaft großer Städte verbundene kriminelle Gruppen.

Interssant ist für uns auch der Prozeß der Entstehung von Verhaltensmustern und sozialen Bewertungen, die für die gegebene territoriale Gemeinschatt eigentümlich sind und ihren Ausdruck finden in einer veränderten Moral, im Einfluß dieser Moral auf Rechtsbeurteilungen und in der Stellungnahme zu ganz bestimmten Rechtsnormen: Ehescheidungsrecht, Normen, die die Gewissensfreiheit garantieren, eine Zwangsbehandlung sozialer Krankheiten einführen oder auch gesellschaftliche Erscheinungen regeln, die für bestimmte Gegenden mehr oder weniger typisch sind wie z. B. Alkoholismus, Körperverletzung mit Todesfolge, Wirtschaftsvergehen, Rassenvorurteile usw. Eine große Bedeutung hat hier die Berücksichtigung von Ereignissen, die mit der Vergangenheit des betreffenden Gebiets verbunden sind, Verbindungen also aus einer bestimmten Rechtskultur, den Resten von Einwirkungen verschiedener Rechtssysteme und der Beständigkeit des gegebenen Systems. Rechtshistorische Besonderheiten unserer Gebiete bilden ein interessantes Feld für soziologisch-vergleichende Untersuchungen über Rechtsbeurteilungen, insbesondere über die legale Haltung, die Beachtung des Rechts und das Respektieren aktuell geltender Vorschriften.

Hier scheint der Begriff „rechtliche Subkultur“ besonders brauchbar zu sein. A. Podgórecki unterstreicht, daß die „Besonderheit dieser Subkulturen darauf beruht, daß ihnen Werte eigentümlich sind, die in unterschiedlichen traditionellen Milieus beheimatet sind. ... Sehr oft kann man auch ein eigenartiges Verhalten in der gegebenen Gruppe nicht verstehen, wenn man nicht zusätzlich ausführliche Angaben der Subkulturen eben dieser Gruppe berücksichtigt“[26].

Der Staat wird in der marxistischen Staats- und Rechtstheorie als politische Institution behandelt, wobei besonderer Nachdurck auf seine Funktion und seinen Charakter gelegt wird. Ausgehend von der marxistischen These vom Staat als einer Organisation der Gewalt müssen wir uns jedoch darüber Rechenschaft ablegen, daß der Staat ein Instrument des Klassenkampfes und gleichzeitig ein Instrument gesellschaftlicher Integration ist, eine Gewalt also, die der Zerschlagung eben dieser hierarchisch am höchsten stehenden und territorial umfassendsten Gruppe durch Klassengegensätze und Widersprüche vorbeugt. Wenn wir den Staat als eine Institution betrachten, deren Wirken bestimmte gesellschaftliche Folgen auslöst, so müsesn folgende Probleme untersucht werden: die Einwirkung des Staates auf die ökonomische Struktur, auf die Beziehungen zwischen den Klassen, auf das Funktionieren kleinerer gesellschaftlicher Strukturen, auf die Stabilisierung ihrer Formen sowie auf eine Dissoziation anderer Formen. Untersuchungen über die Struktur und das Funktionieren von Gruppen im modernen Staat können die Tatsache nicht verschleiern, daß immer eine bestimmte Klasse durch Organisationen der Staatsgewalt ihr Bewertungssystem und die damit verbundenen Ziele aufdrängt und über den Erlaß oder die Stärkung derjenigen Verhaltensnormen entscheidet, die ihre Interessen und Beurteilungen ausdrücken. Dabei ist diese Klasse bemüht, den Einfluß von Normen und Werten zu verringern, die mit ihren Interessen im Widerspruch stehen und den Ansprüchen des bestimmten politisch-gesellschaftlichen Systems nicht entsprechen.

Im Rahmen dieser grundlegenden Voraussetzungen, die auf Erkenntnisse der marxistischen Wissenschaft gestützt sind, interessiert uns hauptsächlich das Problem des Einflusses, den der Staat auf das Verhalten gewöhnlicher Bürger in den durch Rechtsnormen geregelten Verhältnissen ausübt. Kann man hier von einer unmittelbaren Einwirkung der Staatsorganisation auf ihre Bürger-Mitglieder sprechen oder beruht dieser Einfluß lediglich auf einer Einwirkung durch Vermittlung von Gruppen, die einen Bestandteil der staatlichen Gesellschaft bilden?

Lange Zeit legte die traditionelle Rechtswissenschaft hauptsächlich Nachdruck auf die Problematik Staat - Bürger und oft beschränkte sie

---

[26] A. Podgórecki, Prestiż prawa (Prestige des Rechts), Warszawa 1966, S. 179.

sich auch ausschließlich auf diese Problematik, ohne die Bedeutung vieler anderer, oft konkurrierender Rollen zu beachten, die mit der Teilnahme in anderen Gruppen verbunden waren. Zum ersten Mal stellte eigentlich der Marxismus auf solch entschiedene und konsequente Art die Frage, welchen Einfluß die Zugehörigkeit zu anderen Gruppen als dem Staat — insbesondere die Klassenzugehörigkeit — auf den Prozeß der Schöpfung, Anwendung und Beachtung des Rechts hat. Er schritt jedoch in seinem Interesse nicht über die Klassen, d. h. über umfassende soziale Strukturen, hinaus.

Psychologische und soziologische Richtungen, die die Vorherrschaft des Einflusses der Klassenzugehörigkeit verwerfen, standen vor der Frage, welche Faktoren tatsächlich das Vorgehen der Menschen gestalten und welchen Platz unter diesen Faktoren die Normen des geltenden Rechts einnehmen, die vom Staat erlassen werden. Empirische rechtssoziologische Untersuchungen, die in den Vereinigten Staaten durchgeführt wurden, bleiben — wie wir schon zeigten — unter einem deutlichen Einfluß der Mikrosoziologie; sie verlegten die Untersuchungsmathematik auf das Verhalten des Individuums in formalen Gruppen oder sogar in künstlichen Gruppen, die speziell für Untersuchungszwecke geschaffen wurden.

Die Erweiterung der Untersuchungsthematik auf den Einfluß formaler Organisationen, insbesondere des Staates, auf das Verhalten der Bürger verknüpft sich mit der Entwicklung von Disziplinen wie der politischen Wissenschaften, der politischen Soziologie, der Soziologie politischer Beziehungen sowie soziologischer Untersuchungen über Probleme des Staates und der Politik. Unabhängig von „Kompetenz"-Streitigkeiten im Bereich des Untersuchungsgegenstandes, die öfter zwischen den erwähnten Disziplinen zu beobachten sind, müssen wir feststellen, daß sowohl das gesammelte Material als auch seine Bearbeitung von Staats- und Rechtstheoretikern verwertet werden kann. Dies gilt besonders für Untersuchungen über das Verhalten gewöhnlicher Bürger, ihr Entscheidungsverhalten und ihre Wahl im Rahmen des sog. „politischen Verhaltens", wie wir im II. Abschnitt zeigten. Auch die Interessen eines Teiles der Soziologen gingen in die Richtung formaler Organisationen, eingeschlossen den Staat, insbesondere hinsichtlich ihrer Funktion im allgemeinen Prozeß gesellschaftlicher Integration.

Wenn wir die Rechtsnormen als Verhaltensnormen betrachten, die von der in der Hierarchie am höchsten stehenden und im Verhältnis zu anderen übergeordneten sozialen Organisationen erlassen werden und die an alle, im weitesten Sinne verstandenen Mitglieder dieser Organisation gerichtet sind, so müssen wir feststellen, daß trotz des Widerstandes, auf den die Anerkennung dieser Normen trifft — hervorgerufen durch soziale Faktoren, unter denen die Klassenunterschiede dominieren — diese

Normen eine sehr wichtige Funktion im Bereich der Integration des Verhaltens, der Beurteilungen und der gesellschaftlichen Haltungen erfüllen[27].

Dieser Integrationsprozeß folgt nicht nur aus dem Zwangscharakter und der Allgemeinheit der Rechtsnormen, die in sehr vielen Fällen an alle Bürger gerichtet sind, sondern auch aus der Möglichkeit einer wenigstens teilweisen Einwirkung von Gruppen, die einen Bestandteil der staatlichen Gesellschaft bilden, auf den Inhalt normativer Systeme, und zwar durch einen Ausschluß oder ein Lenken der Normen, aus denen dieses System besteht. Der Prozeß gesellschaftlicher Integration ist auch mit dem Einfluß verbunden, den der Staat mit Hilfe von Rechtsnormen auf die Anordnung, die innere Struktur und den Charakter wenigstens einiger dieser Gruppen ausübt. Verknüpft ist auch die Tatsache, daß der Staat eine Institution ist, die in einem größeren Ausmaße über Mittel der Massenübertragung von Informationen verfügt.

Im allgemeinen Prozeß gesellschaftlicher Integration, die zu einer Übereinstimmung des Verhaltens mit den normativen Mustern und zu einem konformistischen Verhalten führt, fällt die herrschende Rolle dem Recht zu, denn es bildet das höchste normative System einer politisch organisierten Gesellschaft.

Das Bestehen von normativen Systemen, die vom System der Rechtsnormen abweichen oder in einem deutlichen Widerspruch zu ihnen stehen, zeugt vom Fehlen von Integration der Gesellschaft auf normativer Ebene[28]. Natürlich ist das ein theoretischer Gesichtspunkt, der unter der Voraussetzung eines bestimmten gesellschaftlichen Mechanismus erdacht wurde und bestimmt ist, gesellschaftliche Integration, die in der Praxis nie völlig erreichbar und von sehr vielen Faktoren abhängig ist, zu verwirklichen. Ein grundsätzlicher Faktor ist hier der Grad von Konvergenz der obersten Ziele und Interessen, die durch die Staatsgewalt vertreten werden, mit den Wertsystemen inzelner Individuen und sozialer Gruppen. Hieraus folgt der grundsätzliche Unterschied im Integrationsgrad, der in den gegenwärtigen exploitierenden Staaten und in sozialistischen Staaten möglich ist.

Im System sozialer Planung ändert die Notwendigkeit der Steuerung oft schnellen sozialen Wandels mittels der Rechtsnormen völlig den traditionellen Verlauf der Umgestaltung sozialer Verhaltensmuster. Gesellschaftliche Veränderungen der Verhaltensmuster vollziehen sich gewöhn-

[27] Die vereinigende Funktion des Staates — neben seiner zentralen Funktion, die auf der Verwirklichung der Klassenherrschaft beruht — wird von Z. Baumann sehr deutlich hervorgehoben, Zarys marksistowskiej teorii społeczeństwa (Abriß der marxistischen Theorie der Gesellschaft), S. 222.

[28] T. Parsons, The Principal Components of the Institutional Structure of a Society, vervielfältigter Text, 1959.

lich im Wege allmählicher Umgestaltung bisheriger Muster in einzelnen sozialen Gruppen, denen sowohl die Rolle der Anregung als auch der Verwirklichung der Veränderungen zufällt (was natürlich die Möglichkeit der Übernahme solcher Muster von anderen Gruppen nicht ausschließt). Im System sozialer Planung kann sich die Initiative zu Änderungen aus der Regelung wirtschaftlicher Beziehungen ergeben. Bei Änderungen auf lange Sicht kann eine entsprechende Sozialpolitik und eine Propagandakampagne den Grund für zukünftige Änderungen vorbereiten. Im Fall schnellen Wandels werden Rechtsnormen oft gerade zum Zweck einer völligen Änderung derjenigen bisherigen Verhältnisse erlassen, denen das System der Verhaltensnormen und Beurteilungen einzelner sozialer Gruppen noch nicht entspricht. Dem Staat fällt dann die Rolle eines Anregers der Änderung durch Einbeziehung neuer Verhaltensmuster in das System geltender Rechtsnormen zu. Da jedoch die tatsächliche Verwirklichung neuer Normen und die Effektivität der angeregten Änderungen im hohen Grade von der Unterstützung der einzelnen Gruppen abhängig ist — insbesondere von Primärgruppen, die unmittelbaren Einfluß auf das Individuum ausüben —, so kann die Rechtspolitik des Staates sich nicht nur auf ein formales Erlassen neuer Normen beschränken, sondern muß alle ihr zugänglichen Mittel der Massenübertragung von Informationen sowie die sozialen Organisationen als „Vermittler der Änderung“ benutzen, oft auch außerrechtliche Mittel zu Hilfe nehmen wie z. B. ökonomischen Druck oder auch ideologische und erzieherische Einwirkung usw.

Die Ausübung wirtschaftlich-administrativer und kulturell-erzieherischer Funktionen im modernen, insbesondere im sozialistischen Staat bleibt nicht ohne Einfluß auf die Benutzung des Rechts als eines wichtigen Instruments zur Verwirklichung dieser Funktionen. Die Ausübung einer ganzen Reihe wirtschaftlicher und kulturell-erzieherischer Tätigkeiten durch den Staat benötigt den Erlaß von Rechtsnormen, die die neuen Verhältnisse zwischen den Bürgern und dem Staat in dieser Beziehung regeln, und den Nachdruck auf die erzieherische Wirkung des Rechts legen. Die Verwirklichung dieser Funktion in Verbindung mit der allmählichen Abschaffung ausbeuterischer Klassen und einer bedeutenden Verminderung extremer Divergenzen im Bereich der Rechtsbeurteilungen bewirkt, daß der sozialistische Staat auf die Bürger mit Hilfe des Rechts in einem bedeutend weiteren Bereich und auf verschiedenartigen Gebieten des gesellschaftlichen Lebens einwirkt.

So fällt also im gesellschaftlichen Prozeß der Einwirkung auf die Bürger dem auf das System gesellschaftlicher Planung gestützten Staat vor allem die Rolle eines Faktors zu, der das Verhalten von Mitgliedern derjenigen Gruppen integriert, aus denen er sich zusammensetzt, wobei er Einfluß auf die Struktur und den Charakter dieser Gruppen ausübt.

Der Staat ist demnach ein Faktor, der im weitesten Umfang über Mittel von Massenübertragungen von Informationen verfügt und im hohen Grade neue Verhaltensmuster anregt.

Achter Abschnitt

Die funktionale Analyse des Systems sozialer Gruppen

1. Der normative Begriff der „sozialen Rolle" und die Einbeziehung von Rechtsnormen in bestimmte Rollen

Legen wir den Nachdruck auf den Prozeß sozialen Wandels, der durch Rechtsnormen vermittelt wird, so darf Gegenstand unseres Interesses nicht nur die gesellschaftliche Struktur sein, die sich mit dem statischen Bild eines stabilisierten Systems sozialer Verhältnisse von relativ unveränderlichen Verhaltensmustern verbindet, sondern es muß uns auch der dynamische Prozeß interessieren, der sich innerhalb der Struktur als Ganzes oder in ihren Bestandteilen vollzieht.

Bei der strukturellen Analyse bildete den Ausgangspunkt unserer Erwägungen die Feststellung, daß das Verhalten jedes einzelnen auf seine Gruppenzugehörigkeit hin untersucht werden muß. Die Zugehörigkeit des Individuums zu vielen verschiedenen sozialen Gruppen schuf das Problem der Differenzierung des Einflusses dieser Gruppen. Die Beobachtung des Verhaltens des Individuums in einer bestimmten Gruppe zeigte die Konsequenzen, die aus der Zugehörigkeit zu anderen Gruppen folgen und die zu der Feststellung führten, daß das Verhalten eines Individuums nicht einfach dadurch erklärt werden kann, daß man es als Folgewirkung des Einflusses der Gruppe versteht, in deren Bereich das Individuum gegenwärtig lebt. Man kann es auch nicht schlicht als „Resultante" seiner Zugehörigkeit zu verschiedenen sozialen Gruppen auffassen. Dagegen bewirken die Verbindungen des Individuums zu vielen sozialen Gruppen, daß sein Verhalten sich entsprechend verschiedenen Arten von „sozialen Rollen" gestaltet, in denen es in bestimmten Situationen auftritt.

Die Theorie der Rolle ist eine funktionale, dynamische Auffassung. Sie erklärt uns das Verhalten des Individuums oder der Gruppe mit Hilfe von ihnen aufgedrängten oder von ihnen akzeptierten „Rollen". Wenn wir alle Werte und normativen Systeme der Gruppen, zu denen das Individuum gehört, zu „seinen eigenen Werken" machen wollten, müßte das zu einem Zustand der Desorganisation der Persönlichkeit führen. Im Ergebnis ist ihr konformistisches Verhalten die Folge der Anpassung an die Erwartungen, welche sowohl das Individuum selbst als auch andere Personen mit der sozialen Rolle verbinden, in der es in einer bestimmten Situation auftritt. In verschiedenen Rollen liegt der Nachdruck auf verschiedenen Stufen des Konformismus: dem Verhalten, den Wertvorstellungen und den zum Ausdruck gebrachten Anschauungen. Die Verschiedenheit der „Rollen", in denen das Individuum auftritt, hängt mit seiner Zugehörigkeit zu verschiedenen sozialen Gruppen zusammen und führt oft zu einem Konflikt der Rollen und zur Notwendigkeit einer Modifizierung des Verhaltens im Rahmen einer bestimmten Rolle.

Obwohl der Begriff der Rolle heute einen zentralen Ausdruck in sehr vielen theoretischen Modellen bildet, führt die Definition dieses Begriffes noch immer zu Diskussionen infolge von Unterschieden in der Auffassung und Interpretation[1]. Die überwiegende Mehrheit der Formulierungen läßt sich auf die Bezeichnung der „Rolle", oder öfters auch der „sozialen Rolle", als eine Bezeichnung aller Erwartungen gegenüber dem Verhalten des Individuums zurückführen, die sowohl das Individuum selbst als auch andere Personen mit dessen gesellschaftlicher Position verbinden. Entschieden überwiegt die normative Auffassung, in der die Erwartungen gegenüber dem Individuum die Frage betreffen, wie es sich verhalten soll. Deshalb kann man die Auffassung der Rolle nicht auf die Prognose von irgend jemandes Verhalten zurückführen, denn man kann z. B. bestimmte Erwartungen darauf setzen, wie der Richter oder die Richter im allgemeinen vorgehen sollen — die Auffassung der Rolle des Richters — und gleichzeitig voraussehen, daß der Richter X oder die Richter im gegebenen Bezirk auf diese und keine andere Weise vorgehen werden.

In dieser normativen Auffassung besitzt die Rolle den Charakter einer Erscheinung aus dem Bereich des gesellschaftlichen Bewußtseins: die Rolle besteht in der Vorstellung bestimmter Menschen. Wir würden uis jedoch irren — schreibt J. Wiatr[2] — wenn wir ihr einen beliebigen und gänzlich subjektiven Charakter zuschreiben würden. Für jedes einzelne Individuum ist eine ihm von der Vorstellung der Allgemeinheit aufgedrängte Rolle etwas „Äußerliches", Objektives. Das Individuum ist nicht imstande — wenigstens nicht, ohne sich empfindlichen Reaktionen auszusetzen — die ihm von der Gruppe bestimmte soziale Rolle zu ignorieren. Unter den Faktoren, die menschliches Verhalten bestimmen, haben diese Zusammensetzungen von Normen und Erwartungen, die den Namen einer sozialen Rolle tragen, ungemein große Bedeutung.

---

[1] N. Groß, W. S. Mason, A. W. McEachern, Explorations in Role Analysis, New York 1958; T. R. Sarbin, Role Theory. Handbook of Social Psychology, ed. G. Lindzey, Cambridge 1954; J. W. Hughes, The Problem of the Concept of Role. A Resurvey of the Literature, in: Social Forces 1951, XXX. Die Frage der sozialen Rolle ist eines der zentralen Probleme in den Arbeiten von Parsons, Linton und Newcomb.

[2] J. Wiatr, Społeczeństwo (Die Gesellschaft), Warszawa 1964, S. 111.

Es fällt nicht schwer wahrzunehmen, in welch hohem Maße der Inhalt dieser Erwartungen von den auferlegten Pflichten oder auch Berechtigungen abhängen kann, die bestimmten Personen zustehen und zu einer Institutionalisierung bestimmter Rollen führen[3]. Die Institutionalisierung der Rolle beruht auf einer völligen Anpassung der Rolle an die Erwartungen, die im Verhältnis zur gehobenen Rolle überwiegen. Dabei stimmen bestimmte sanktionierte Vorbilder und Wertsysteme überein, die von den Mitgliedern der sozialen Gruppe, in der die gegebene Rolle wirkt, akzeptiert werden. Hier entsteht das Problem einer Wertehierarchie der Rollen aus der Sicht des sozialen Mechanismus der mit der Rollenverteilung verbundenen Erwartungen, Konflikten und Frustrationen, die aus fehlerhaftem Handeln in Rollen mit besonderer Bedeutung folgen können.

Bei normativer Auffassung würde sich der Begriff der „Rolle“ auf einen Komplex vocn Normen beziehen, deren Befolgung man bei der Person erwartet, die eine bestimmte soziale Position und Stellung in der allgemeinen gesellschaftlichen Struktur einnimmt. Stark betont wird die Annahme, daß eine Vereinigung der einzelnen Normen ihnen eine besondere Bedeutung verleiht.

Die „Rolle“ ist im Unterschied zur „Position“ oder zum „Status“ ein dynamischer Begriff, sie bezieht sich nämlich auf das erwartete Verhalten, und daher kann man sie „spielen“, ausführen oder verwirklichen. „Position“ und „Status“ sind statische Begriffe. Sie bezeichnen nämlich den Platz in der gesellschaftlichen Struktur, der von den Mitgliedern der Gesellschaft oder von bestimmten Gruppen anerkannt und durch sie dem Individuum oder Individuen zugeteilt wird.

Größte Unklarheit und Mißverständnisse ruft der Begriff der *Übereinstimmung* der Erwartungen bei einer bestimmten Rolle hervor[4]. Die Einbeziehung der „sozialen Position“ (Status) in den Begriff „Rolle“ erlaubt eine Verengung der Erwartungen auf nur ein Vorgehen, das mit dieser Position verbunden ist, sowie eine nähere Bestimmung der Personen, deren Erwartungen hier in Betracht gezogen werden können. Die anderen werden — nach Parsons — Personen sein, die in „complementary roles“ auftreten, d. h. in ergänzenden Rollen, wie z. B. Wähler im Verhältnis zum Abgeordneten, Klienten im Verhältnis zum Rechtsanwalt[5]. Hier entstehen Probleme, die die Verschiedenheit der Definition derselben Rolle durch Mitglieder verschiedener, manchmal sogar derselben Gruppe betreffen. Dabei geht es um die Definition einerseits von Rollen, die in der gegebenen gesellschaftlichen Struktur eine Schlüssel-

---

[3] N. Groß u. a., FN 1, S. 62; T. Parsons, E. Shils, Towards a General Theory of Action, Cambridge, Mass. 1959, S. 191, 211.

[4] N. Groß u. a., FN 1, S. 31 ff.

[5] T. Parsons, The Social Systems, Glencoe 1951, S. 38 - 39.

stellung einnehmen, andererseits von Bestimmungen von höherem oder geringerem Grade der Übereinstimmung bei der Definition der Rolle im gesellschaftlichen System. Hier entsteht auch die für dieses Problem sehr wesentliche Frage, in welchem Grade ein vom Vorbild abweichendes Verhalten eine Folge verschiedener Definitionen der Rolle ist.

Ziele, die zu Antriebskräften unserer Bestrebungen und Bemühungen werden, werden im Bereich verschiedenster sozialer Rollen gesteckt: die Beendigung des Studiums, die Beförderung an der Arbeitsstelle, das Erhalten einer Wohnung oder der Abschluß einer vorteilhaften Abmachung. Sie können wesentlich oder „wichtig" sein im Hinblick auf nur eine oder mehrere oder aber alle Rollen, in denen die gegebene Person auftritt.

Die Wahl des Zieles, die ein unerläßliches Element eines rationalen Verhaltens bildet, wird vor allem durch die Hierarchisierung der Rollen und die damit verbundene Hierarchisierung der Ziele bedingt.

Eine grundsätzliche Quelle konfliktblidender Situationen ist die Vielfältigkeit der Rollen, in denen jedes Individuum auftritt. Die Rolle eines „guten Bürgers" kann oft mit der Rolle des Mitglieds irgendeiner religiösen Organisation kollidieren, die in bestimmten Situationen andere Verhaltensmuster besitzt, als die in den Rechtsnormen enthaltenen (z. B. die Situation eines katholischen Arztes angesichts einer Entscheidung über die Vornahme einer Schwangerschaftsunterbrechung oder bei der Erteilung von Ratschlägen auf dem Gebiet der Geburtenplanung; die Rolle von Eltern, die ihren Kindern ein bestimmtes Verhalten anempfehlen, kann in bezug auf die in den Rechtsnormen enthaltenen Verhaltensmuster im Widerspruch zu ihren persönlichen Überzeugungen stehen). Solche Situationen können auch im Bereich ein und derselben Rolle entstehen (so kann z. B. in der Rolle des Vaters die Pflicht zur Erziehung der Kinder mit Zeitmangel kollidieren, der infolge zusätzlicher Arbeit für den Lebensunterhalt der Familie entstand; die Rolle des Rechtsanwaltes als eines Vertreters der Interessen seines Klienten kann mit seiner eigenen Rolle als einer Person kollidieren, die an Rechtsvorschriften gebunden ist; im Widerspruch stehen kann die Rolle des Richters als Verteidiger der Rechtssicherheit, wenn er gleichzeitig ein Fürsprecher für die Anpassung des Rechts an neue Bedürfnisse ist[6].

[6] Dem Einfluß von konfliktschaffenden sozialen Rollen sind die Arbeiten von F. P. Lazarsfeld und seinen Mitarbeitern gewidmet (sie betreffen das Wahl-Verhalten). Der von ihm eingeführte Begriff von „sich schneidenden Pressionen" bezeichnet eine Situation, in der das Individuum unter dem Druck der sich widersprechenden sozialen Rollen und der mit ihnen verbundenen abweichenden Erwartungen seines Verhaltens in gewissen Situationen steht. P. F. Lazarsfeld, R. Berelson und H. Gaudet, The People's Choice, New York 1944. Untersuchungen von L. Killian (The Significance of Multiple-Groups, in: Group Dynamics, ed. D. Cartwight und A. Zander, New York 1953) über eine

Wenn die „Rolle" ein Komplex von Erwartungen ist, wie die in dieser Rolle auftretende Person sich verhalten soll, also eine Verbindung normativer Verhaltensmuster, so nehmen unter ihnen auch die Rechtsnormen — abhängig von der Rolle — einen mehr oder weniger großen Platz ein. Die Wirksamkeit des Rechts beruht in hohem Maße auf der Häufigkeit der Einbeziehung der in den Rechtsnormen enthaltenen Vorbilder in bestimmte soziale Rollen und hängt von der Anzahl und dem Intensitätsgrad konfliktbildender Rollen ab, die aus der Zwiespältigkeit mit anderen Rollen hervorgehen, in denen das gegebene Individuum auftritt. Ein entscheidendes Moment für die Wirksamkeit des Rechts ist jedoch die Hierarchisierung der Rollen und der mit ihr verbundenen Verhaltensmuster.

Die Konzeption verschiedener sozialer Rollen, in denen eine bestimmte Person auftritt, erleichtert daher unsere Vorstellung von ihr und das Verständnis ihres Verhaltens gegenüber der Zugehörigkeit zu verschiedenen sozialen Gruppen, ohne sie jedesmal in den Rahmen einer bestimmten Gruppe „einschließen" zu müssen. Sie ist daher wirklichkeitsnah.

2. „Bezugsgruppen" und das Problem geplanten sozialen Wandels

Das Verhalten des Individuums und seine Bewertung (ähnlich übrigens wie das der ganzen Gruppe) kann auch an einer Gruppe orientiert sein, zu der das gegebene Individuum nicht gehört, zu der es aber strebt und mit der es sich identifiziert, und bei der es wenigstens in einem bestimmten Bereich das von der Gruppe anerkannte System von Normen und Bewertungen akzeptieren kann. Eine solche Gruppe wird in der Terminologie der Soziologie, Sozialpsychologie und der Anthropologie mit dem Namen „Bezugsgruppe" bezeichnet[7].

Gruppe, die in zwiespältiger Situation gewählt wurde, und die durch die Unmöglichkeit der Erfüllung unterschiedlicher Rollen gekennzeichnet war, also eine deshalb besonders geschätzte Gruppe, die einen starken psychischen Einfluß ausübt, bestätigen die aufgestellte Hypothese, daß in einem solchen Konflikt eher Primärgruppen die Oberhand behalten werden. Vgl. J. Sowa, Teoria grup odniesienia (Die Theorie der Bezugsgruppe), in: Studia Socjologiczne 4/1962, S. 52.

[7] R. K. Merton, Social Theory and Social Structure, Glencoe 1957, VIII. und IX. Abschn.; Sociological Theory: A Book of Readings, ed. L. A. Coser, B. Rosenberg, New York 1957, VIII. Abschn.; T. M. Newcomb, Personality and Social Change, New York 1943; C. Hovland, I. Janis, H. Kelly, Communication and Persuation, New Haven 1959, S. 134 ff. In der polnischen Literatur J. Sowa, FN 6, S. 41 ff. In diesem Artikel lenkt die Verfasserin die Aufmerksamkeit darauf, daß man sich des Begriffs „Bezugsgruppe" auch in einer gänzlich anderen Bedeutung bediente, nämlich zur Bezeichnung einer Situation, in der Merkmale, welche Mitglieder von bestimmten gesellschaftlichen Gruppen charakterisieren, eine Größenordnung bilden, in der die Person eigene und fremde Merkmale bemerkt. Diese Zweideutigkeit behandelt H. H. Kelley, Two Function of Reference Group, in: Readings in Social Psychology, ed. G. E. Swanson, T. M. Newcomb und E. L. Hartley, New York, 1952. — „Bezugsgrup-

Der Begriff „Bezugsgruppe“ wuchs aus dem Bestreben nach Beantwortung der Frage, wonach sich das Individuum bei seinem Verhalten richtet, das von den durch seine Mitgliedsgruppe anerkannten Vorbildern abweicht. Und weiter: auf welchem Wege sich der Prozeß des Übergangs von einer Gruppe zur anderen vollzieht oder auf welche Art Systeme von Verhaltensmustern bestimmter sozialer Gruppen einer allmählichen Umwandlung unterliegen. Die Theorie der Bezugsgruppen ist bei der Bearbeitung folgender Probleme behilflich: gesellschaftliche Mobilität, gesellschaftlicher Aufstieg, Anpassung an das neue Milieu usw. Nicht minder wichtig ist sie auch für Probleme geplanten sozialen Wandels, der mit Hilfe des Rechts vollzogen wird. Sie ist nämlich beim Erfassen des Mechanismus des Wandels behilflich, der sich in der Gesellschaft vollzieht. Der Begriff „Bezugsgruppe“ ist überaus brauchbar bei zivilisierten, polyzentrischen, mobilen Gesellschaften, dagegen ist er entbehrlich bei gesellschaftlichen Strukturen, wo es praktisch keine Alternative der Gruppenzugehörigkeit gibt und daher die Begriffe Eigengruppe und Fremdgruppe genügen. Ein Zustand gesellschaftlicher Kommunikation, der die Kenntnisnahme eines weiteren gesellschaftlichen Milieus ermöglicht, ist ebenfalls Voraussetzung des unerläßlichen Prozesses normativer und vergleichender Beziehungen[8].

Unabhängig vom Begriff der Mitgliedergruppe und der Bezugsgruppe kann man den in den Sozialwissenschaften gebräuchlichen Begriff „soziale Kategorie“ heranziehen. So können die Begriffe Alter, Geschlecht, Bildungsgrad und ökonomische Stellung die Grundlage für die Kennzeichnung von Personen zu Forschungszwecken und für Versuche bilden, Beziehungen und Abhängigkeiten im Bereich ihres Verhaltens und ihrer Anschauungen festzustellen[9].

Gemeinsame Merkmale und die daraus hervorgehende Vergleichbarkeit bestimmter Personen kann zur Grundlage der Bildung sozialer Gruppen werden. Ein Problem von wesentlicher Bedeutung ist die Feststellung, in welchem Grade soziale Kategorien und Mitgliedsgruppen auf einem bestimmten Gebiet zu Bezugsgruppen werden.

In dieser Auffassung ist die marxistische, objektive, ökonomische Bezeichnung der Klasse als Verhältnis zu den grundlegenden Produktionsmitteln eine bestimmte soziale Kategorie. Dagegen entspricht der Begriff der Klasse, wie ihn Marx im Achtzehnten Brumaire Ludwig Bonapartes gebraucht und dabei nicht nur auf ähnliche ökonomische Verhältnisse,

pen“ könne eine zweifache Funktion erfüllen: eine normative und eine komperative. Normative Gruppen sind eine Quelle von Anschauungen und Vorbildern, nach deren Anerkennung das Individuum strebt. Komperative Gruppen dienen lediglich als Bezugspunkt bei Vergleichen anderer mit sich selbst.

[8] J. Sowa, FN 6, S. 46.

[9] R. K. Merton, FN 7, S. 299; L. Broom, Ph. Selznik, Sociology, Evanston 1957, S. 281.

sondern auch auf eine bewußte Interessengemeinschaft und das dadurch bedingte Wirken der Klassen Nachdruck legt, dem soziologischen Begriff der sozialen Gruppe[10]. Hier tritt die „Grundsätzlichkeit“ dieses Faktors (oder dieser „sozialen Kategorie“) hervor: das Verhältnis zu den Produktionsmitteln und zu objektiven Interessen, sowohl in der Gestaltung der für das Gesamtbild der gesellschaftlichen Struktur wichtigsten Gruppen, wie es die gesellschaftlichen Klassen sind, als auch in der Bedeutung der Klassen als Bezugsgruppen. Es wäre natürlich eine sehr starke Vereinfachung, das ganze Problem des Verhaltens und der Bewertungen von Individuen oder Gruppen ausschließlich auf die Orientierung an normativen Systemen und Wertsystemen einer bestimmten Klasse zurückführen zu wollen.

Dieses Problem berührt hier das ungemein interessante Problem des Strebens von Individuen nach anderen Klassen als der, der sie mit Rücksicht auf objektive Merkmale angehören; sie berührt Fragen des „Wachsens von Klassenbewußtsein“ und der Fluktuation mittelbarer gesellschaftlicher Klassen.

Das Individuum orientiert sein Verhalten nicht immer an Gruppen, die — im Verhältnis zu den bestehenden — fortschrittlichere Wertsysteme vertreten. Die Bezugsgruppe kann für das Individuum eine Gruppe sein, die schon vergangene und veraltete Systeme von Verhaltensmustern vertritt, die als „rückschrittlich“ und „reaktionär“ bezeichnet werden. Deshalb wäre es ein Fehler, den Ausdruck „Bezugsgruppe“ nur mit dem Begriff einer fortschrittlichen Änderung, nur mit einer Form des gesellschaftlichen Radikalismus verbinden zu wollen.

Daher werden wir unter „Bezugsgruppe“ eine solche Gruppe verstehen, nach deren Werten und Verhaltensmustern sich das Individuum richtet, ohne Rücksicht darauf, ob es ihr Mitglied ist oder nicht. Falls sie keine Mitgliedsgruppe ist, so wird sie gewöhnlich eine Gruppe sein, zu der das Individuum strebt und dessen Mitglied es werden möchte. Hier tritt jedoch das Problem auf, in welchem Grad unsere Orientierung von der Gruppe geduldet wird, der wir angehören, und ob sie nicht zu einem Zerreißen der Bande mit ihr führt. Mit dieser Frage befassen wir uns ausführlicher in einem weiteren Teil dieses Abschnittes.

Die Bezugsgruppe ist dadurch gekennzeichnet, daß sie die für bestimmte Personen, seien es Mitglieder der Gruppe oder Nichtmitglieder, maßgebenden Verhaltensmuster prägt oder verstärkt. Dieser Begriff erlaubt uns, ähnlich wie die Theorie der Rolle das steife und nicht ausreichende Schema der Gruppenzugehörigkeit zu verlassen und nach den Faktoren des ständigen Wandels zu suchen, der in diesen Strukturen vor sich geht:

---

[10] K. Marx, F. Engels, Dzieła wybrane (Ausgewählte Werke), Warszawa 1949, Vol. I., S. 309.

Wandlungen in der personellen Zusammensetzung einzelner Gruppen, sachliche Änderungen in den Wertsystemen dieser Gruppen und endlich die in Wirklichkeit wohl am häufigsten vorkommenden Wandlungen der Einstellung und der Haltung in konkreten Fällen, ohne die Bande mit der Gruppe zu zerreißen.

Der Begriff der Bezugsgruppe ist sehr brauchbar bei geplantem sozialen Wandel durch den Normgeber. In einer Situation, in der der Normgeber zum **Initiator von Änderungen der bisherigen** Verhaltensmuster wird, hängt die Effektivität der von ihm erlassenen Norm in hohem Grade von der Anerkennung dieser Norm durch ihre Adressaten ab. Eine solche Anerkennung vollzieht sich durch Vermittlung der sozialen Gruppen, deren Mitglieder die Adressaten der Norm sind. Fehlende Anerkennung von seiten der Gruppe bringt den Adressaten in eine zwiespältige Situation, in der als Ergebnis entweder ein Konformismus im Verhältnis zur Gruppe siegt oder ein nonkonformistisches Verhalten, das jedoch eine Stütze in den Verhaltensmustern findet, die von „anderen" anerkannt und verwirklicht werden. Vom Grade des Einflusses dieser „anderen", von der Orientierung der Beurteilungen und des Verhaltens an ihrem Wertsystem, hängt es gewöhnlich ab, wie lange die Vorbereitungsphase dauert, die entweder zur Umgestaltung der Haltung von Gruppenmitgliedern führt, oder zu einer immer weiter fortschreitenden Lockerung der Beziehungen zu der bisherigen Gruppe, bis hin zum Abschluß an diejenige Gruppe, in der das Individuum vollständige Anerkennung seiner Bestrebungen und Beurteilungen findet. (Diese Situation kann natürlich auch einen umgekehrten Verlauf haben, d. h. die Anerkennung neuer Vorbilder durch die Gruppe kann zu einem Konflikt mit dem Individuum oder einem Teil der bisherigen Mitglieder führen[11].)

Das Streben nach fremden Gruppen und der Ortswechsel in der gesellschaftlichen Struktur bewirkt auch eine Änderung des Kulturstandes der gegebenen Gesellschaft, nämlich eine größere Dynamik, ein Vermischen der Wertsysteme und ihr gegenseitiges Einwirken aufeinander. Neue Gruppenmitglieder sind nämlich — wie J. Sowa[12] schreibt — nicht die gleichen Mitglieder, sie haben die ganze bisherige gesellschaftliche

[11] T. M. Newcomb (Social Psychology, New York 1950) führte gleichfalls den Begriff der „negativen Bezugsgruppe" ein, unter der er eine Gruppe versteht, zu der das Individuum in Opposition steht, von der es sich losreißen will. In einem solchen Fall wird das Verhalten des Individuums durch die Tatsache diktiert, daß die betreffende Norm zu einem generell verworfenen normativen System gehört oder daß sie von Mitgliedern einer bestimmten Gruppe beachtet wird, zu welcher das Individuum in Opposition steht. In polnischer Sprache: T. M. Newcomb, Kształtowanie się podstaw jako funkcja grup odniesienia (Die Gestaltung von Grundlagen als Funktion der Bezugsgruppe), in: Zagadnienia psychologii społecznej, hrsg. von A. Malewski, Warszawa 1962, S. 103; siehe auch J. Wiatr, Społeczeństwo (Die Gesellschaft), S. 112.

[12] J. Sowa, FN 6, S. 54.

und kulturelle Biographie hinter sich. Das bleibt in der Folge nicht ohne Einfluß auf eine Umgestaltung der Gruppenvorbilder selbst.

Jede Gruppe verfügt in ihrem normativen System über eine gewisse Dosis Toleranz hinsichtlich ihrer Verhaltensmuster, ähnlich wie übrigens jedes Individuum einen bestimmten Grad von Divergenz mit den Anschauungen der Gruppe zuläßt, soweit sie seine Zugehörigkeit und das Empfinden der Bindung an die Gruppe nicht untergraben. Deshalb muß ein allmähliches oder manchmal sogar radikales Zerreißen dieser dieser Bande seinen Grund in Divergenzen und Konflikten haben, die diese Toleranzgrenze überschreiten[13].

Bei Normen und Rechtsbeurteilungen wird das solche Situationen betreffen, in denen Widersprüche in der Beurteilung und insbesondere bei den Verhaltensentscheidungen zu solchen Dimensionen anwachsen, daß man sie nicht mehr kleine Divergenzen, sondern schon „konfliktbildend" nennt. Dann ist ein Zerreißen der Bindungen zwischen dem Individuum und der Gruppe viel wahrscheinlicher wegen eines Konfliktes, der z. B. Normen über die Ehescheidung, Änderungen des Eigentumsrechts, neue Formen der Genossenschaften oder grundlegende Prinzipien des Strafrechts betrifft, als wegen Prozeß- und Ordnungsnormen, die mit einem bedeutend höheren Grad von Wahrscheinlichkeit in den Toleranzgrenzen sowohl der Gruppe als auch des Individuums Platz finden.

Nicht jede Gruppe muß „als Ganzes" zu der bestimmten Rechtsnorm Stellung nehmen. Hinsichtlich einiger Normen kann die Übereinstimmung des Verhaltens der Gruppenmitglieder mit ihrem Inhalt wie auch das Fehlen einer solchen Übereinstimmung für die Gruppe gleichgültig sein. Das gleiche gilt für die Übereinstimmung oder Divergenz der Beurteilungen in diesem Bereich. Das hängt von dem Grade ab, in welchem der Inhalt dieser Vorschriften Probleme berührt, die für die Gruppe als Ganze erheblich sind. Bei Rechtsnormen kann jedoch von seiten der Gruppe eine Betätigung der legalen Haltung auftreten; dann wird jedes vom Inhalt der Rechtsnormen abweichende Verhalten gegen das normative System der Gruppe gerichtet sein.

Eine legale Haltung kann nicht nur aus der institutionalisierten sozialen Rolle des Bürgers, Richters oder Beamten hervorgehen, sondern z. B. auch aus der Rolle von Mitgliedern einer Organisation, die eine solche Haltung anerkennt; gerade in solchen Situationen begünstigt der Konformismus die Entstehung einer legalistischen Haltung. Eine konfliktbildende Situation entsteht dann, wenn die legale Haltung im Rahmen irgendeiner anderen, konkurrierenden Rolle keinen Platz findet.

[13] M. Sherif, Conformity-deviation and Group Relations, in: Conformity and Deviation, ed. I. A. Berg und B. M. Bass, New York 1961; R. T. La Piere, A Theory of Social Control, New York 1945, S. 122.

In ihrer schon zitierten Abhandlung weist J. Sowa auf den nur scheinbaren Widerspruch einer Verbindung der Bezugsgruppe, die auf eine spontane Wahl und die psychologische Identifizierung gestützt ist, zu einer Gruppe hin, die durch eine äußere Bedrohung entstanden ist, welche ihrerseits das Individuum in eine Zwangslage bringt. Gruppen, die über unbedingten Zwang verfügen, üben einen ungemein großen Einfluß auf menschliches Verhalten aus und ihre Anziehungskraft ist sehr stark. Als psychologische Begründung dieser Anziehungskraft führt die Verfasserin Faktoren an, wie Verminderung der Furcht vor Strafe, Verminderung der Erkenntnisdissonanz zwischen der Überzeugung vom eigenen Verhalten und den Überzeugungen von dem, was legal und ungefährlich ist sowie den Kampf um das Gefühl eigenen Wertes, welches einigen Personen Machthaber stets positiv erscheinen und sie zu einer moralischen Autorität werden läßt. Sogar in gänzlich durchschnittlichen sozialen Verhältnissen weisen Menschen von einem gewissen psychischen Typ die Neigung auf, sich nach den Normen der stärksten Gruppen zu richten (so eine Analyse von E. Fromm über die Art des Aufbaus der eigenen individuellen Persönlichkeit auf dem Wege völligen Konformismus' mit Vorbildern, hinter denen eine Macht steht)[14].

Je stärker die Identifizierung mit der Gruppe und das Streben nach einer Anerkennung durch die Gruppe ist, um so konformistischer ist das Verhalten ihrer Mitglieder. Je höher der Rang des Individuums in der Gruppe ist, um so kleiner die Furcht vor einem nonkonformistischen Verhalten. Daher werden auch diese Personen zum Leader, zum Anführer von Änderungen der Anschauungen und Verhaltensmuster. Andererseits wieder schätzen besonders diese Personen ihre Stellung in der Gruppe, und das führt sie oft zu einem konformistischen Verhalten — sogar entgegen den eigenen Überzeugungen.

Der Grad des Konformismus des Individuums in der Gruppe hängt auch von der Erwartung einer Belohnung oder einer Strafe für ein konformistisches Vorgehen oder dessen Fehlen ab. Die soziale Reaktion der Gruppe ist infolgedessen von vielen inneren und äußeren Faktoren abhängig: Kohäsion der Gruppe, äußere Aufforderungen der Gruppe hinsichtlich der Übereinstimmung von Anschauungen und schließlich Bedeutung einer bestimmten Norm für das Leben und den Erfolg der Gruppe. Das Gruppenmitglied verspürt einen starken Druck zum Konformismus je nach der Bedeutung der für das Leben der Gruppe maßgebenden Norm und je nachdem, wie die Norm durch die Gruppe und ihren formalen und informalen Apparat sozialer Kontrolle „überwacht" wird, in welchem Grade sie diskutiert und popularisiert wird sowie je nach Intensität und Qualität der den Konformismus fördernden Antriebe der Gruppe. Je größer die Übereinstimmung der Anschauungen unter den Mitgliedern

[14] J. Sowa, FN 6, S. 51.

ist, desto größer ist die Wahrscheinlichkeit, daß Abweichungen entdeckt und der Konformismus belohnt wird. Jedoch sowohl die „Theorie der Rolle" als auch die Konzeption der Bezugsgruppen weisen darauf hin, wie relativ der Begriff des „Konformismus" ist und wie notwendig es ist, diesen Begriff auf das System von Normen und Werten einer bestimmten, sozialen Gruppe zu beziehen. Ferner ist zu berücksichtigen, daß Konfliktsituationen das Ergebnis von Divergenzen zwischen Systemen verschiedener Gruppen sein können, zu denen der einzelne gehört oder die für ihn Bezugsgruppen bilden. Aus der Sicht einer Analyse des Entscheidungsprozesses ist es sehr wichtig zu wissen, welche von vielen Bezugsgruppen aktuell Einfluß auf die untersuchte Entscheidung eines Individuums ausübt[15].

Wir stehen hier also vor einem neuen Problem. Bisher analysierten wir soziales Verhalten, das durch die Gruppenzugehörigkeit sowie den Mechanismus der Einwirkung dieser Gruppen auf ihre Mitglieder bedingt war. Jetzt müssen wir dagegen eine andere soziale Situation erwägen, in der wir es mit einem Verhalten zu tun haben, das ein Abweichen von den Vorbildern der Gruppe darstellt, zu der das betreffende Individuum gehört, das aber gleichzeitig mit einem anderen System von Normen und Werten übereinstimmt, nach denen es sich richtet.

Das Problem der sozialen Funktion eines nonkonformistischen Verhaltens und einer positiven Orientierung an der Bezugsgruppe, die für uns keine Eigengruppe ist, behandelt R. K. Merton in seiner schon zitierten Arbeit Social Theory and Social Structure[16]. Merton weist auf die Notwendigkeit von Unterscheidungen im Rahmen des Ausdrucks „deviant behaviour" hin, d. h. eines vom Verhaltensmuster abweichenden Verhaltens. Ein kriminelles Verhalten liegt — nach Merton — dann vor, wenn ein bestimmtes Individuum weder öffentlich noch heimlich bestimmte Normen und die mit ihnen verbundenen Werte untergräbt und sein Verhalten nicht nach Änderung der Norm strebt, sondern das Ergebnis von rein individuellen Konflikten seiner Interessen und seines persönlichen Nutzens ist. Der Nonkonformist ist nicht — so wie der Verbrecher — bemüht, sein von den anerkannten Normen abweichendes Vorgehen zu verbergen, im Gegenteil, er bemüht sich, seiner Mißbilligung der Norm und der Nichtübereinstimmung seines Vorgehens möglichst großes Aufsehen zu verschaffen. Der Nonkonformist untergräbt

[15] Vgl. FN 6 — eine in der Untersuchung von L. Killian bestätigte These, daß in konfliktbildenden Situationen Bezugsgruppen eher zu Primärgruppen werden. Über das Thema der Wahl von Bezugsgruppen siehe S. N. Eisenstadt, Reference Group Behavior and Social Integration, in: American Sociological Review 1954, Vol. 19; P. M. Blau, Social Mobility and Interpersonal Relations, in: American Sociological Review 1956, Vol. 21; J. Kubin, Rola prasy, radia i telewizji (Die Rolle von Presse, Rundfunk und Fernsehen), Kraków 1963, S. 21.

[16] FN 7, S. 360 ff.

die Grundsätzlichkeit und Rechtmäßigkeit bestimmter oder wenigstens die Begründung ihrer Anwendung in bestimmten Situationen. Ein Verbrecher untergräbt gewöhnlich die Grundsätzlichkeit der Normen nicht. Er bringt keine Argumente vor, daß Diebstahl oder Verbrechen etwas Edles sein könnten, sondern er verletzt nur die Normen oder er umgeht sie. Ein Nonkonformist strebt nach einer Änderung der Norm, nach einer Ersetzung der beanstandeten Normen durch andere Normen. Der Verbrecher ist lediglich bemüht, den Folgen geltender Normen zu entfliehen. Der Nonkonformist beruft sich auf „höhere Werte", der Verbrecher auf mildernde Umstände. Auch wenn wir in Geschichte, Literatur und Publizistik von der historischen Rolle „großer Nonkonformisten" oder auch von revolutionärem Inhalt des Nonkonformismus progressiver sozialer Gruppen und Klassen gegenüber den angetroffenen normativen Systemen und der Hierarchie der Ziele und Werte sprechen, so trennen wir sehr deutlich den Begriff des Nonkonformismus von verbrecherischer Aktivität.

Es muß jedoch beachtet werden, daß eine Trennung des nonkonformistischen Verhaltens vom verbrecherischen Verhalten ohne Berücksichtigung derjenigen Motive unmöglich ist, die das Individuum zu einem bestimmten Verhalten führen und die in diesem Fall die Anerkennung dieser oder anderer Werte und ihrer Hierarchisierung sind. Eine solche Trennung ist also nur auf der Grundlage sozialer Haltungen möglich.

Mertons Unterscheidung des „nonkonformistischen Verhaltens" vom „verbrecherischen Verhalten" besitzt vor allem klassifizierenden Erkenntnischarakter. In der gesellschaftlichen Praxis werden die Motive, die über eine bestimmte gesellschaftliche Haltung entscheiden, im ganzen System informaler sozialer Kontrolle berücksichtigt. Diese Kontrolle wird durch Vermittlung sozialer Gruppen und ihrer Mitglieder unter Benutzung des Systems sozialer Sanktionen und Belohnungen durchgeführt; dieses System trifft jedoch auf große Schwierigkeiten beim Versuch seiner Übertragung auf das Recht. Diese Motive sind den Organen der Rechtspflege nicht immer zugänglich und bei einer Überwindung dieser Art von Schwierigkeiten können sie sowohl mildernde als auch belastende Umstände bilden. Wenn jemand mit völliger Aufrichtigkeit ein bestimmtes Rechtssystem oder einen Teil von ihm negiert, nach dessen Änderung strebt und infolgedessen die geltenden Rechtsnormen nicht beachtet, so wird der Richter sein Vorgehen — obwohl es Merkmale eines nonkonformistischen Verhaltens besitzt — als eine Verletzung des Rechts behandeln, analog zu allen anderen Abarten eines kriminellen Verhaltens. Das Bestehen von Strafmilderungsgründen für politische Verbrechen in einigen Rechtssystemen ändert jedoch nicht die Tatsache der Behandlung dieses Verhaltens als „Verbrechen".

Ein nonkonformistisches Verhalten sollte dagegen Gegenstand der Rechtspolitik sein, deren Aufgabe das Aufgreifen eines solchen Verhaltens und seine Analyse ist. Ein solches Verhalten kann auch ein Signal für ein fehlerhaftes Funktionieren einer Rechtsnorm sein und zur Änderung der Norm oder zur Stärkung der Einwirkung auf den Adressaten der Norm durch andere Mittel als das Recht führen[17].

Ohne die Problematik der historischen Rolle „großer Nonkonformisten“, den revolutionären Inhalt von Nonkonformismus fortschrittlicher Grupepn und Klassen gegenüber den angetroffenen normativen Systemen und der Hierarchie von Zielen und Werten zu berühren, wollen wir uns mit der Problematik befassen, die eng verbunden ist mit der sozialen Dynamik. Uns interessieren auch die Untersuchungen über die Funktion bestimmter Entscheidungen in Abhängigkeit von der Sozialstruktur, in der sie wirken, nämlich die Konsequenzen einer positiven Orientierung an den Werten einer anderen Gruppe als der, zu der das bestehende Individuum im Rahmen sozialer Integrations- und Desintegrationsbewegungen gehört.

Wir erwähnten schon, daß die Bezugsgruppe zu einem Faktor werden kann, der eine Änderung erleichtert. Das Übergehen von einer Gruppe in die andere und das Anpassen an die Gruppe, zu der das betreffende Individuum strebe, sind daher ein Element von großer Bedeutung im Hinblick auf die soziale Mobilität. Allerdings gilt dies nur für Gemeinschaften mit einer relativ offenen, elastischen Struktur. Bei starren, geschlossenen Strukturen wird dieselbe Orientierung für das Individuum disfunktional sein, da es in der Gruppe, nach der es strebt und an der es seine Bewertungen orientiert, keine Anerkennung und Aufnahme findet. Das Individuum wird hier zum Opfer seiner Wünsche, die es nicht erreichen, und seiner Hoffnungen, die es nicht erfüllen kann. Wenn gleichzeitig diese Orientierung an Werten und Normen, die von denen der bisherigen Gruppe abweichen, zum Zerreißen der Verbindungen mit ihr führt, so wird das Individuum zu einer Person ohne jeden Rückhalt.

Im Staat der Gegenwart der hier die Grundlage der Analyse bildet, fällt es natürlich schwer, von so starren Strukturen zu sprechen, wie es etwa die Kasten oder die mittelalterlichen Stände waren, also von irgendwelchen Hindernissen formaler Natur bei der Mobilität der Gesellschaft. Hier geht es eher um faktische Möglichkeiten oder Hindernisse der Verwirklichung der angestrebten Veränderungen. Geht es um das Austreten aus der Gruppe, zu denen das im Konflikt stehende Individuum gehört (Dorf, Kleinstadt, Kirchensprengel), so stellt das Fehlen von realen Bindungen das Individuum vor die Wahl völliger Verein-

[17] Über die Einwirkung von nonkonformistischem Verhalten auf Wandlungen des Rechtssystems schreibt A. Podgórecki in seiner Arbeit Socjologia prawa (Soziologie des Rechts), Warszawa 1962, S. 151.

samung und eines Zerreißens aller Gruppenbande, was oft durch Ausdrücke der Verdammung, des Boykotts oder durch absichtlich zugefügte Unannehmlichkeiten und Erschwerungen verstärkt wird, oder vor die Unterwerfung unter das System der Bewertungen und Verhaltensmuster der Gruppe bei gleichzeitiger völliger Mißbilligung.

Wenn, wie im Falle der Rechtsnormen, ihr Zwangscharakter im hohen Grade die freie Wahl des Verhaltens beschränkt, so wird die Übereinstimmung der Rechtsbeurteilungen zu einem Faktor, der die einzelnen Gruppen oder Individuen differenziert oder vereint. Nonkonformismus ist dann konstruktiv, wenn er zu keiner sozialen Desintegration führt und nicht bereits institutionalisierte Werte und Vorbilder vertritt, sondern auch solche, die neue Bedürfnisse ausdrücken und neuen Verhältnissen entsprechen und damit zu einer Beschleunigung des Wandels beitragen, dem die ganze Gesellschaft allmählich unterliegt.

Man kann in einem bestimmten gesellschaftlichen System oder einer gesellschaftlichen Struktur nicht die Quelle sowohl von Konformismus als auch von Nonkonformismus sehen[18]. Die Anerkennung eines solchen und keines anderen Systems sowie die Anordnung im gesellschaftlichen System durch die — im weitesten Sinne des Wortes verstandene — „Organisation" erleichtert die Entspannung des Gefühls der Identifikation mit der Gruppe. Sie begünstigt auch Formen des Druckes zur Übereinstimmung des Verhaltens mit der Gruppe und im Außenverhältnis Isolation und Abgeschlossenheit der Gruppe. Sie kann aber auch die Mobilität zwischen Gruppen erleichtern, wobei sie sich aber einem Austausch von Anschauungen widersetzt. In Gemeinschaften, die auf zahlreiche und dazu rasche gesellschaftliche Änderungen eingestellt sind, kann eine starre, geschlossene Sozialstruktur zu gefährlichen Erscheinungen gesellschaftlicher Desintegration, Frustration und Anomie führen. Die Verwendung von Mitteln, die in elastischen, offenen Strukturen Nonkonformismus begünstigen, bedarf jedoch noch der Lenkung in eine Richtung, die mit der allgemeinen Politik sozialen Wandels übereinstimmt.

Eine der Fragen bei Bezugsgruppen ist das Problem, in welchem Grade diese Gruppen uns bei der Darstellung von Prozessen der Meinungsänderungen, der sozialen Mobilität, des Bruches mit Tradition, Vorurteilen und Voreingenommenheit behilflich sind. Wenn wir die Bezugsgruppe von der Sozialtechnik her betrachten, so können wir in ihr einen möglichen Träger, Übermittler und Verwirklicher dieser Änderungen sehen. Ein weiterer Aspekt betrifft die Frage, in welchem Grade der Normgeber durch Vermittlung des Rechts und bei Verwendung der

[18] R. M. Merton, FN 6, S. 384; S. N. Eisenstadt, Studies in Reference Group Behavior, in: Human Relations 7/1954, S. 191 ff.

Rechtsnorm als Instrument sozialer Steuerung auf die Elastizität oder Starre der Sozialstruktur Einfluß haben oder Bedingungen schaffen kann, die die Entstehung oder den Zerfall bestimmter Gruppen begünstigen (z. B. die Illegal-Erklärung der Kasten im zeitgenössischen Indien). Fraglich ist auch, inwieweit der Normgeber Organisationen ins Leben rufen kann, die gerade als Bezugsgruppen für andere eine wichtige Rolle spielen können (z. B. die Berufung von Arbeiter-Selbstverwaltungen, landwirtschaftlichen Kreisen und Gesellschaftsgerichten).

Neunter Abschnitt

Die gesellschaftliche Meinung

Dem Problem der sogenannten „gesellschaftlichen Meinung" wurde schon sehr viel Aufmerksamkeit gewidmet, und es besteht eine ausführliche Spezialliteratur über dieses Thema. Deshalb beschränke ich mich in meiner Arbeit lediglich auf einen Hinweis auf jene Probleme der gesellschaftlichen Meinung, die mit Untersuchungen über das Recht, insbesondere über den Prozeß sozialer Anerkennung von Rechtsnormen verbunden sind.

Die Frage nach der gesellschaftlichen Meinung kann unter drei Aspekten untersucht werden:

1. als Untersuchungstechnik, die das Vordringen zu den Anschauungen der Allgemeinheit ermöglicht,
2. als Ausdrucksmittel der öffentlichen Meinung,
3. als Mittel zur Einwirkung auf die öffentliche Meinung und ihre Gestaltung.

Die Erforschung der öffentlichen Meinung ist eine der von den Sozialwissenschaften allgemein anerkannten und angewandten Techniken der Materialsammlung[1]. Meinungsforschungsinstitute erfüllen nicht nur

[1] Eine ausführliche Bibliographie in: Reader in Public Opinion and Communication, ed. B. Berelson, M. Janowitz, Glencoe 1953, S. 603 - 611. In der polnischen Literatur Abhandlungen von M. Borucka, Badania opinii publicznej (Untersuchungen der öffentlichen Meinung), in: Zycie Nauki 37/1949, S. 47 ff., und 40 - 42/1949, S. 462 ff.; Z. Gostowski, Kształtowanie i badanie opinii publicznej w St. Zjednoczonych A. P. (Gestaltung und Untersuchungen über die öffentliche Meinung in den Vereinigten Staaten von Nordamerika), in: Kultura i Społeczeństwo 1/1957; A. Matejko, Badania opinii publicznej metodą reprezentatywna (Untersuchungen über die öffentliche Meinung mittels der Repräsentativ-Methode), in: Przegląd Socjologiczny Vol. X, 1948, S. 301 ff.; A. Pawelczyńska, O badaniach opinii publicznej w Polsce (Über Untersuchungen der öffentlichen Meinung in Polen), in: Państwo i Prawo 8 - 9/1958, S. 303 ff.; J. Wiatr, Niektóre zagadnienia opinii publicznej w świetle wyborów 1957 i 1958 (Einige Probleme der öffentlichen Meinung im Lichte der Wahlen 1957 und 1958), in: Studia Socjologiczno-Polityczne 4/1959.

Dienstleistungen, die auf die Bereitstellung von Kenntnissen über ein beliebig gewähltes Problem der Anschauungen, Neigungen und Gewohnheiten der Bevölkerung gerichtet sind. In Verbindung mit wissenschaftlicher Forschung erweitern sie auch erheblich die Möglichkeit, Motive menschlicher Überzeugungen, Meinungsbildungen und ihre Entwicklung zu erforschen. In Untersuchungen über das Recht liefert die Anwendung der Meinungsforschung wertvolles Material sowohl für den Normgeber als auch für den Rechtstheoretiker. Diese Technik erlaubt nämlich, bestimmte Aspekte einer positiven Wirkung des Rechts kennenzulernen, die bisher nicht erfaßbar waren.

Das bisher zugängliche Material, das das Verhalten der menschlichen Gemeinschaft in dem durch Rechtsvorschriften geregelten Bereich schildert (z. B. allgemeine Statistiken, Gerichtsstatistiken, Gerichtsakten usw.), betrifft vor allem Fälle von Rechtsverletzungen. Die Schwierigkeit der Materialsammlung bei Untersuchungen über die positive Wirkung des Rechts liegt vor allem darin, daß — wie wir es schon eingangs erwähnten — die Übereinstimmung des Verhaltens mit dem in der Rechtsnorm enthaltenen Vorbild noch nicht gleichbedeutend ist mit der positiven Wirkung des Rechts, und zwar wegen der fehlenden Angaben über Motive oder über Faktoren, die ein solches Verhalten lenken. Bei Versuchen der Aussonderung von „gesunden" Gruppen, d. h. solchen, in denen die Zahl von Rechtsverletzungen verhältnismäßig niedrig ist, muß auch beachtet werden, ob die Mitglieder dieser Gruppen auf Situationen treffen, die eine Anwendung der betreffenden Normen begünstigen oder sogar erfordern, d. h. auf die Möglichkeit, sich ihrer als Verhaltensmuster zu bedienen.

Diese Umstände entscheiden im voraus im hohen Maße über die Notwendigkeit einer Erweiterung unserer Untersuchungen auf Rechtsbeurteilungen, die entweder spontan geäußerte Anschauungen sein können oder die Folgen von bestimmten künstlich und absichtlich geschaffenen Situationen sind, wie z. B. Experimente, Fragebogen oder Interviews. Anschauungen, die niedergelegt werden in Gestalt von protokollierten Diskussionen oder Beratungen, Artikeln, offenen Briefen oder Büchern, sind ein leicht zugängliches Material für jeden, der davon für seine Untersuchungen Gebrauch machen will.

Für Untersuchungen über die positive Wirkung des Rechts besitzen jedoch auch nicht kundgemachte oder lediglich in einer nicht festgehaltenen Form geäußerte Beurteilungen große Bedeutung. Indem sie sich der Methode des Interviews bedient, ermöglicht die Technik der Meinungsforschung, zu diesen nicht kundgemachten Beurteilungen vorzudringen — und das bei der Untersuchung von Massenerscheinungen — und bewirkt, daß diese bekannt werden[2]. Das ist ein sehr wesentliches Problem; denn die wachsende Demokratisierung politischer Verfassungen erweiterte und komplizierte ungemein das Problem von Bewertungen von gesellschaftlich und politisch wichtigen Anschauungen. Solange nämlich Gegenstand des Interesses lediglich Anschauungen jener nicht zahlreichen Schichten und Gruppen waren, die irgendwelche Bedeutung und Einfluß auf das politische und kulturelle Leben und die Gestaltung von Wertsystemen hatten, wurde das Problem der „öffentlichen Meinung" in einem völlig anderen Maßstab untersucht.

Der moderne Normgeber beruft sich immer öfter auf die Hilfe von zeitweilig oder dauernd durchgeführten Meinungserhebungen. Er stützt sich auf die von ihnen erarbeiteten Erkenntnisse sowohl bei Vorarbeiten, die der Regelung eines bestimmten Bereiches des gesellschaftlichen Lebens vorausgehen, wie auch bei Untersuchungen über die Wirkung bereits erlassener Normen und beim Vergleich der Wirkung der Norm vor und nach ihrer Novellierung[3].

Die bei diesen Untersuchungen angewendete Methode der „Repräsentativbefragung" gibt uns ein Bild der Anschauungen der „Allgemeinheit" der Bevölkerung zu einer bestimmten Zeit zu dem uns interessierenden Problem. Eben diese erste Phase der Untersuchungen wird gewöhnlich mit dem populären Begriff „öffentliche Meinung" verbunden. Die bisherige Praxis zeigt jedoch eine beschränkte Brauchbarkeit durch eine Erhebung in einzelnen Klassen, Berufsgruppen, Milieus, Bezirken und Gebieten. Insbesondere unterstreicht sie die ungemein große Bedeutung ständig wiederholter Untersuchungen von bestimmten Gruppen oder bestimmten Problemen; denn nur fortlaufende Untersuchungen können uns Entwicklungslinien der Gestaltung und Änderung von Meinungen, die Abhängigkeit der Meinungen von bestimmten Faktoren und den Grad ihres Einflusses aufzeigen. Vor allem aber erlauben sie den Einfluß derjenigen Faktoren zu erfassen, die von uns bewußt als bestimmte Steuerungsinstrumente verwendet wurden[4].

Untersuchungen über die öffentliche Meinung sollen nicht nur die Feststellung ermöglichen, wieviel Personen eine solche und keine andere Überzeugung haben, sondern sollen auch schildern, welche Gruppen in der gegebenen Gesellschaft eine deutliche Neigung zu einem charakteristischen Standpunkte haben. Sie sollen auch zeigen, ob die Zugehörig-

---

[2] Vergleiche die Untersuchungen, die von der Stelle zur Erforschung öffentlicher Meinung beim Polnischen Rundfunk und Fernsehen durchgeführt wurden: „Wie denke ich über Ehescheidungen?" und „Eltern, Kinder und das Recht": A. Podgórecki, Zjawiska prawne w opinii publicznej (Erscheinungen des Rechts in der öffentlichen Meinung), Warszawa 1964, S. 27 ff.

[3] Siehe S. 41 f. und 75 f.

[4] P. F. Lazarsfeld, B. Berelson, H. Gaudet, The Peoples Choice, New York 1948; P. F. Lazarsfeld, The Use of Panels in Social Research, in: „The Proceedings of the American Philosophical Society" 92/1948, S. 405 ff.; M. Jahoda, M. Deutsch, S. W. Cook, Research Methods in Social Relations, Vol. II, New York 1953, S. 287 ff.

keit zu einer Gruppe einen größeren Einfluß auf die Gestaltung der Meinung hat, als die Zugehörigkeit zu einer anderen Gruppe und welche der Bezugsgruppen von größtem Einfluß auf bestimmte Kreise ist. Deshalb werden wir uns auch im weiteren Teil dieses Abschnittes nicht des Ausdrucks „öffentliche Meinung" bedienen, der gewöhnlich mit dem Begriff irgendeines „Durchschnitts" von Anschauungen der Allgemeinheit verbunden ist, sondern den Ausdruck „gesellschaftliche Meinung" verwenden, der von uns als ein Meinungsbestandteil einzelner gesellschaftlicher Gruppen behandelt wird[5].

Untersuchungen dieser Art können zum Ausgangspunkt werden für konkrete Behandlungen des Problems des gesellschaftlichen Bewußtseins, der Korrelation zwischen dem Bewußtsein bestimmter gesellschaftlicher Klassen und seinem sichtbaren Ausdruck in Gestalt von herrschenden Ideologien und ethischen Systemen. Besonders zu untersuchen aber ist das Verhältnis dieser Klassen zu den geltenden Rechtsnormen.

Nur eine Unterscheidung zwischen der gesellschaftlichen Meinung und den Meinungen einzelner Gruppen kann ein sehr wesentliches Problem deutlich machen: die Quelle von Konflikten zwischen der Meinung von Primärgruppen und gesellschaftlichen Organisationen. Dieser gefährliche Konflikt nimmt insbesondere dort an Stärke zu, wo zum Fürsprecher der Meinung von gesellschaftlichen Organisationen eine der Allgemeinheit der Mitglieder entfremdete „Macht" oder bürokratische Faktoren werden. Dort haben gewöhnlich Mitglieder keinen wirklichen Einfluß auf die Gestaltung der nach außen kundgemachten Meinung der Organisation, der sie angehören. Gefährlich sind auch Situationen, wo die Individuen je nachdem, in welchen Rollen sie auftreten, verschiedene Meinungen äußern, z. B. eine als Vater, eine andere als Parteimitglied, wieder eine andere als Richter und endlich eine andere als Mitglied eines Freundeskreises.

Die Meinungsbildung vollzieht sich vor allem in Kleingruppen, was natürlich die Rolle formaler Organisationen sowie umfassender Strukturen nicht verringert, sondern lediglich auf ihre mittelbare Wirkung durch Kleingruppen bei der Meinungsbildung hinweist.

Dagegen werden förmlich-fixierte Meinungen hauptsächlich von Organisationen in der Öffentlichkeit abgegeben[6]. Bei den uns hier interessierenden Rechtsbeurteilungen betreffen „geäußerte Meinungen" Forderungen an den Normgeber, Vorschläge für Reformen bestehender Vorschriften, ihre kritische Beurteilung, Grundsätze der Rechtspflege und

[5] P. A. Palmer, The Concept of Public Opinion in Political Theory, in: Reader in Public Opinion and Communication (FN 1), S. 11.

[6] M. Sobolewski, Representacja w ustroju współczesnych demokracji burżuazyjnych (Die Repräsentation in der Verfassung moderner bürgerlicher Verfassungen), Kraków 1962, Abschn. IX.

das Verhalten von Beamten und Bürgern. Diese Meinungsäußerungen treten teils als offizielle Kundmachungen, Memoranden oder auch Petitionen auf, teils als Äußerungen in Presse, Rundfunk, Fernsehen, Vorträgen oder öffentlichen Diskussionen. Dieser zweite Typ von Äußerungen oder Publikationen ist nicht immer die offizielle Meinung bestimmter Institutionen oder Organisationen. Sehr oft ist er die Meinung der Publizisten, Journalisten oder auch besonders zu diesem Zweck ausgewählter Personen, mit deren Anschauungen wir uns bekannt machen wollen. Oft ist er einfach die Stimme von Pressekorrespondenten, Lesern oder Rundfunkhörern.

Sehr oft kann man auf die Behauptung treffen, daß die Presse die „öffentliche Meinung" ausdrückt. Kann man die in der Presse enthaltenen Äußerungen über ein mit dem Recht zusammenhängendes Thema wirklich als Ausdruck einer öffentlichen Meinung anerkennen? Verfügen wir über konkrete Hinweise, die uns den Grad der Übereinstimmung zwischen den veröffentlichten Artikeln und der Meinung der Leser zeigen?

Die Popularität einer bestimmten Zeitschrift oder ihre Auflage sagen uns noch nichts über das Verhältnis der Leser zu konkreten Problemen. Diese Popularität kann auf recht verschiedenen Faktoren beruhen wie z. B. die Art der Bekanntmachung von Informationen, ein gut geführter Sportteil, eine interessante Erzählung in Fortsetzungen. Dazu kommen rein technische Probleme wie die Stunde, zu der die Zeitschrift in den Zeitungsständen aufliegt, ihr Preis usw. Das Interesse an bestimmten meinungsbildenden oder informierenden Artikeln über das Recht bedeutet noch lange nicht eine Übereinstimmung des Standpunktes zwischen dem Verfasser und dem Leser. In weit größerem Maße werden die Äußerungen von Lesern ein Ausdruck der gesellschaftlichen Meinung sein: ob im Rahmen einer von der Redaktion angeregten Polemik (kurze Aussagen über das Thema des Familienrechts, über Wirtschaftsvergehen, über die Todesstrafe), oder auch in Gestalt von Leserbriefen. Sie bilden jedoch gewöhnlich einen geringen Bruchteil der Meinung der Allgemeinheit der Leser und oft verwischt ihre Anonymität die gesellschaftliche Stellung der sich äußernden Personen. Es besteht eine große Wahrscheinlichkeit, daß sich in einer solchen Form bestimmte Leser äußern, die über mehr freie Zeit verfügen, an der gegebenen Problematik besonders interessiert sind oder auch keine Möglichkeit zu einer Äußerung ihrer Meinungen auf einem anderen, ihnen näheren und für sie konkreten Gebiet haben. Deshalb auch konfrontieren Institutionen wie Presse oder Rundfunk immer öfter die Anschauungen und Beurteilungen ihrer Leser oder Hörer mit dem Standpunkt der veröffentlichten oder gesendeten Publikationen mit Hilfe der Meinungsforschung.

Je nach der „Presse-" oder „Programm-Politik" kann man natürlich bemüht sein, die Veröffentlichungen weitmöglichst dem Geschmack und den Anschauungen der Leser oder Hörer anzupassen (vor allem bei rein „kommerziellem" Handeln der Institution, die die betreffende Zeitschrift oder das Rundfunkprogramm finanziert, oder bei deren enger finanzieller Abhängigkeit von der Unterstützung, die ihr von den Lesern oder Hörern zuteil wird). Man kann auch das erlangte Material lediglich als Informationsangaben behandeln, die zur Beeinflussung von Neigungen und Anschauungen mit Hilfe von Presse und Funk als Steuerungsinstrumente benutzt werden. Die Richtung dieser Beeinflussung ist durch eine bestimmte Personengruppe abgesteckt, die die allgemeine Linie der Staatspolitik oder eine bestimmte andere Politik verwirklichen, die ein Abbild bestimmter ideologischer Anschauungen irgendeiner politischen Partei, Gewerkschaft oder einer Gruppierung ist, welche ein bestimmtes kulturelles, gesellschaftliches oder religiöses Programm repräsentieren. Auch hier bildet wenigstens die Anerkennung durch die Adressaten ein wesentliches Moment bei der Verwirklichung der Voraussetzung ihres Programms.

Äußerungen, die in der Presse veröffentlicht oder durch Rundfunk- oder Fernsehprogramm verbreitet werden und Rechtsbeurteilungen enthalten, bedürfen daher einer sehr eingehenden Analyse. Je nach Charakter der Veröffentlichung oder der Sendung kann man sie als Ausdruck von Anschauungen bestimmter Institutionen, Organisationen oder Gruppierungen anerkennen oder als Ausdruck einer privaten Meinung (die jedoch immer durch gesellschaftliches Milieu bedingt ist, das Ausdruck der Bindung des Individuums an bestimmte gesellschaftliche Gruppen und wenigstens an einen Teil ihrer Anschauungen ist). Auf jeden Fall sind solche Aussagen einerseits Ausdruck von Rechtsbeurteilungen, die bestimmte Institutionen, Vorschriften und Verhaltensweisen betreffen, also ein Phänomen der Einwirkung des Rechts auf die Gesellschaft, andererseits wieder werden sie „Übermittler" von Informationen über die Norm und ein Faktor sein, der die Beurteilung anderer gestaltet. Eben diese aktive, gestaltende Rolle, die oft dazu anregt, daß man sich mit einem bestimmten Problem befaßt, weil man bemerkt, daß es beim Leser oder Hörer Interesse erweckt, nimmt den ersten Platz ein bei einer Analyse derjenigen Funktionen, die die Massenkommunikationsmittel im Prozeß der gesellschaftlichen Einwirkung des Rechts erfüllen.

Das Problem der öffentlichen Meinung — sowohl hinsichtlich ihrer Äußerungsarten als auch hinsichtlich der auf sie einwirkenden Mittel — bildet heute einen Gegenstand großen, und zwar nicht nur theoretisch-wissenschaftlichen, sondern auch praktisch-politischen Interesses in fast allen Staaten der Gegenwart unabhängig von ihrer Verfassung. In der westlichen Literatur kann man den Standpunkt antreffen, daß das Interesse von faschistischen Regierungen an Problemen der öffentlichen Meinung seine Quelle im Wunsch einer größtmöglichen Einwirkung auf diese Meinung und auf ihre Gestaltung hat. Aus diesen Gründen und zu diesen Zwecken würde das heute schon ungemein präzise Propogandasystem weiter entwickelt und ausgebaut, während in demokratischen Verfassungen, die zu einer Unterwerfung unter die öffentliche Meinung neigen, die Bemühungen der Forschung sich auf die Arten der Meinungsäußerung konzentrieren[7]. Diese Anschauung, die von politischer Bedeutung ist, ist jedoch vom wissenschaftlichen Standpunkt eine zu große Simplifizierung.

Erstens kann ein moderner Staat der — ohne Rücksicht auf seinen Typ, die Form der Regierung und das politische Regime — Initiator einer ganzen Reihe von gesellschaftlichen Änderungen sein muß, in keinem Falle auf die Einwirkung auf die öffentliche Meinung verzichten. Diese Einwirkung ist nämlich eines der unerläßlichen Elemente zur Verwirklichung bestimmter Ziele, also eines der Instrumente gesellschaftlicher Politik.

Theoretisch können in demokratischen Staaten die angeregten Änderungen ein Ausdruck allgemeinen „Bedarfes" sein und sich auf allgemeine Anerkennung stützen. Der Grad der Demokratisierung soll dann darüber entscheiden, wie weite Kreise der Bevölkerung einen tatsächlichen Einfluß auf politische Entscheidungen haben sollen. Da aber politische Entscheidungen immer von den Regierenden getroffen werden, drückt sich das demokratische Element einer Verfassung in der tatsächlichen Einwirkung der Bevölkerung auf die Wahl der Regierenden aus, in einer freien „Zirkulation" im Bereich der die Macht ausübenden Gruppe und in der Möglichkeit der Kontrolle ihrer Tätigkeit durch Interpellationen, Kabinettsänderungen und Abberufung von verantwortlichen Politikern.

Das bedeutet jedoch nicht, daß Meinungen von den politischen Kräften bei ihren Entscheidungen nicht berücksichtigt werden und mindert auch nicht die Bedeutung der Untersuchungen über die Arten der Meinungsäußerungen. Unsere Feststellung hebt dagegen die Tatsache hervor, daß politische Kräfte sich auch für Untersuchungen interessieren müssen, die die Einwirkung auf die gesellschaftliche Meinung betreffen und die manchmal auf eine zu vereinfachte Art mit einem faschistischen Regime verknüpft werden.

Andererseits wieder bedarf auch in einem extrem faschistischen Staat die nachhaltige Verwirklichung der Sozialpolitik und die mit ihr verbundene Propaganda der Kenntnis bestehender Anschauungen und

---

[7] J. Lambert, Structure sociale et opinion publique, in: Opinion publique, Centre de Sciences Politiques de l'Institut d'Études Juridiques de Nice, Paris 1957, S. 73 ff.

der damit verbundenen Untersuchungen über verschiedene Arten der Kundmachung dieser Anschauungen. Diese Angaben sind nämlich eine unerläßliche Bedingung für eine effektive Anpassung des ganzen Propagandasystems an konkrete Verhältnisse und Situationen. Dagegen müssen solche Untersuchungen ohne Zweifel auf eine andere Art durchgeführt werden und sich auf anderes Material stützen, besonders bei bestimmten Problemen, weil hier die in Presse, Rundfunk oder Interviews geäußerten Meinungen wegen der Furcht vor den Konsequenzen wegen der Äußerung von Anschauungen, die mit der politischen Richtung des Staates nicht übereinstimmen, nicht verwertet werden können.

Es unterliegt auch keinem Zweifel, daß ein faschistischer Staat an der Entwicklung neuer Wege und Arten der Meinungsäußerung nicht so interessiert ist, wie es in demokratischen Staaten der Fall ist, was jedoch in der Praxis gleichfalls durch taktische Rücksichten begrenzt werden kann und seinen Ausdruck in der „Auslüftung" der Anschauungen von zu radikalen Klassen oder politisch gefährlichen Gruppierungen findet.

Die Wirksamkeit der Massenmedien bei der Popularisierung von Rechtsvorschriften, ihrer Beurteilung sowie der Umgestaltung oder Schaffung bestimmter gesellschaftlicher Haltungen hängt von vielen Faktoren ab, wie z. B. von dem rein technischen Einwirkungsbereich dieser Mittel, von ihrer Monopolisierung, von der Ausschaltung von Gegenpropaganda, wie auch davon, ob ihr Einfluß durch die unmittelbare Einwirkung von Kleingruppen verstärkt wird. Dann nämlich werden diese Gruppen nicht nur zu „Übermittlern", sondern auch zu „Realisatoren" des Inhalts der Mitteilungen. Die Wirksamkeit kann auch davon abhängen, ob es sich um eine Stärkung einer schon geltenden und wenigstens in einem bestimmten Maße anerkannten Norm handelt oder um die Einführung einer neuen Norm. Fraglich ist also, ob die ein bestimmtes Verhalten lenkende, propagierte Rechtsnorm ein anerkanntes und vorher festgelegtes Verhalten lediglich verstärkt und modifiziert, oder ob sie ein völlig neues Vorbild einführt, das in der gesellschaftlichen Praxis ein „entstehendes", „beginnendes" Vorbild ist[8].

Wenn die neue Rechtsnorm mit dem Moment ihres Erlasses nicht ein ihr aktuell entsprechendes, tatsächliches soziales Verhalten vorfindet, sei es auch nur in Gestalt eines im Entstehen begriffenen Verhaltensmusters, so ist sie ein Ausdruck von Bestrebungen und Plänen, die nach einer Änderung der bestehenden gesellschaftlichen Vorbilder streben. Sie ist also ein Ergebnis von Bewertungen, die ein bestimmtes Verhalten betreffen und auf soziale Werte gestützt sind, die wenigstens von einigen gesellschaftlichen Kreisen anerkannt und bejaht werden, und zwar insbesondere von jenen Kreisen, die einen entscheidenden Einfluß

---

[8] A. Kłosowska, Modele społeczne i kultura masowa (Gesellschaftliche Modelle und Massenkultur), in: Przegląd Socjologizny 2/1959, Vol. XIII, S. 48.

auf den Erlaß der neuen Rechtsnorm haben. Mit anderen Worten könnte man es so ausdrücken, daß — wenn die Rechtsnorm sich nicht wenigstens auf im Entstehen begriffene Verhaltensmuster stützt, die wenigstens von einem Teil der Gesellschaft tatsächlich verwirklicht oder anerkannt werden — sie auf jeden Fall ein Ausdruck des Rechtsbewußtseins des Normgebers ist. Der Übereinstimmungsgrad zwischen dem Bewußtsein des Normgebers und dem Adressaten der Norm verbindet sich, wie wir schon erwähnten, mit einer ganzen Reihe von Problemen verfassungstheoretischer und praktisch-politischer Natur.

Die Massenmedien spielen in einer solchen Situation nicht nur die Rolle eines den Inhalt der Norm übermittelnden Informators, sondern auch eines Propagandisten, und das in sehr verschiedener Gestalt. Außer den hier schon angeführten Formen muß auch die Rolle erwähnt werden, die in der Massenkultur moderner Gesellschaften verschiedene Erziehungs- und Propaganda-Modelle spielen, die zu praktischen, gesellschaftlichen Zwecken konstruiert wurden. Ihre Aufgabe ist es, bestimmte Verhaltensarten hervorzurufen und das Kriterium für die Beurteilung menschlichen Verhaltens zu liefern (z. B. das Modell der Familie, des guten Bürgers, des Beamten).

In einer diesem Problem[9] gewidmeten Abhandlung unterscheidet A. Kłosowska von der angestrebten praktischen Funktion und dem Verhältnis bisheriger Vorbilder her drei Arten von Modellen: Modelle von konservativem Charakter (wenn sie positivierten Vorbildern entsprechen), neuartige Modelle (wenn sie im Entstehen begriffenen Vorbildern entsprechen) und „reine" Modelle (für die man nichts Entsprechendes in den gegenwärtig verwirklichten Vorbildern finden kann, die sich jedoch in der Regel auf soziale Werte stützen, die wenigstens in einigen gesellschaftlichen Kreisen bejaht und anerkannt werden). Neuartige und „reine" Modelle haben eine besondere Bedeutung für die Einführung neuer Vorbilder. Daher bildet auch das sachverständige Handhaben dieser Modelle ein wesentliches Moment sozialer und politischer Technik. Ein bewußtes Benutzen solcher Modelle in einer für breite Massen bestimmten kulturellen Schöpfung hängt von dem Grade ab, in dem eine Schöpfung dieser Art einer bestimmten Kulturpolitik untergeordnet ist.

Dieses Problem überschreitet zweifellos sowohl den Rahmen der Rechtspolitik als auch den der gesellschaftlichen Wirkung des Rechts, weist jedoch auf die große Rolle außerrechtlicher Faktoren bei der Gestaltung neuer gesellschaftlicher Haltungen hin, die mit dem Inhalt der neuen Rechtsnormen übereinstimmen. Ferner zeigt es die Notwendigkeit der Zusammenarbeit der verschiedenen Zweige der allgemeinen Gesellschaftspolitik.

---

[9] Ebd., S. 51.

Schlußbemerkungen

Das hier dargestellte Thema der positiven Wirkung des Rechts sowie der Versuch einer Systematisierung der mit dieser Frage verbundenen Probleme sind das Ergebnis einer Betrachtung des Rechts als soziale Erscheinung. Eine derartige Problemstellung ist die konsequente Verwirklichung des Postulats multidimensionaler Untersuchungen über das Recht, eines Postulats, das von den Vertretern der Staats- und Rechtstheorie in Polen allgemein akzeptiert wird[1]. Ein offenes und weiterer Diskussionen bedürftiges Problem ist dagegen die genaue Präzisierung dessen, was wir unter „Untersuchungsebenen" verstehen (den überzeugenden Vorschlag eines zweifachen Verständnisses des Ausdrucks „Untersuchungsebene", kurz ontologisches Verstehen und methodologisches Verstehen genannt, machte J. Wróblewski in seiner Abhandlung O naukowóści prawoznawstwa[2]. Untersucht werden muß auch die Frage, welche Ebenen der Untersuchung über das Recht wir auf Grund des gegenwärtigen Standes der Wissenschaft und des Entwicklungsgrades der einzelnen wissenschaftlichen Disziplinen unterscheiden können; ob die allgemein akzeptierten Ebenen — die logisch-sprachliche, die soziologische und die psychologische — die Untersuchungen über das Recht völlig erschöpfen, oder ob sie durch zusätzliche Untersuchungsebenen ergänzt werden müssen, wie z. B. durch die axiologische und kybernetische Ebene.

Das multidimensionale Verständnis der Rechtswissenschaft und das Verständnis des Rechts als einer bestimmten normalen Äußerung, als eines sozialen Phänomens, eines psychischen Erlebens oder eines Wertes (bei Einbeziehung der axiologischen Ebene) beseitigt jedoch nicht Unruhe

---

[1] Vgl. S. Ehrlich, Kilka uwag w sprawie metodologii nauk prawnych (Einige Bemerkungen über die Methodologie der Rechtswissenschaften), in: Państwo i Prawo 11/1964; J. Wróblewski, O naukowości prawoznawstwa (Über die Wissenschaftlichkeit der Rechtswissenschaft), in: Panśtwo i Prawo 8 - 9/1965; J. Kowalski, Funkcjonalizm w prawie amerykańskim (Funktionalismus im amerikanischen Recht), Warszawa 1960, S. 236 ff.; W. Lang, Obowiązywanie prawa (Die Verpflichtung des Rechts), Warszawa 1962, S. 26 ff.; K. Opałek, Metodologiczne problemy nauki prawa (Methodologische Probleme der Rechtslehre), Warszawa 1962, S. 96 ff.; K. Opałek und J. Wróblewski, Współczesna teoria i socjologia prawa w Stanach Zjednoczonych (Moderne Theorie und Soziologie des Rechts in den Vereinigten Staaten), Warszawa 1963, S. 199; S. Zawadzki, Z problematyki badań empirycznych w naukach prawnych (Aus der Problematik empirischer Untersuchungen in den Rechtswissenschaften), in: Państwo i Prawo 3/1966, S. 564.

[2] FN 1, S. 201.

und Zweifel. Verlieren wir bei Untersuchungen über das Recht unter einem bestimmten Blickwinkel und bei Benutzung anderer Zweige der Wissenschaft nicht die Besonderheit der Rechtswissenschaften aus den Augen? Diese Zweifel zeigen sich in mündlichen Äußerungen in Diskussionen mit Vertretern der einzelnen Zweige der Rechtswissenschaft, aber auch in Veröffentlichungen der Staats- und Rechtstheoretiker selbst[3]. Meiner Meinung nach geht es hier hauptsächlich um die Beibehaltung entsprechender Proportionen bei der Übertragung und Verwertung der Ergebnisse anderer Wissenschaften sowie darum, daß man nicht das aus dem Gesichtsfeld verliert, was eine spezifische Problematik der Rechtswissenschaft ist. Dabei kann keine Vertreter einer anderen wissenschaftlichen Disziplin den Juristen ersetzen, weil die Behandlung der Problematik außer Kenntnissen aus dieser Disziplin auch spezifische Rechtskenntnisse erfordert[4].

In meiner Arbeit, die der gesellschaftlichen Wirkung des Rechts gewidmet ist, konzentriere ich mich auf die soziologische und teilweise auch psychologische Ebene (weil meiner Meinung nach eine genaue Abgrenzung nicht möglich ist). In einem Teil des dritten Abschnitts, welcher die Rolle der Prognose in Untersuchungen über das Recht behandelt, gehe ich zur logisch-sprachkundlichen Ebene über.

Je nach dem Aspekt, unter dem das Recht untersucht wird, können verschiedene Untersuchungsmethoden und Techniken benutzt werden. Hilfreich sind auch Begriffsapparate und Lehrsätze, die durch jene Zweige der Wissenschaft formuliert wurden, die sich mit diesen Erscheinungen befassen. Das bedeutet jedoch nicht, daß die auf irgendeiner dieser Ebenen durchgeführten Untersuchungen sich völlig an die ihnen entsprechenden Disziplinen angleichen sollen, denn dabei könnten sie die Besonderheit von Untersuchungen verlieren. Die Eigenständigkeit der Rechtswissenschaft liegt darin, daß sie eine besondere Art von Normen und das mit ihnen verbundene Erleben und Verhalten untersucht. Das bewirkt, daß wir bei einer Analyse der Rechtsvorschriften als normative Äußerungen und bei ihrer Untersuchung auf der logisch-sprachkundlichen Ebene die ganze komplizierte Problematik dieser Art von Äußerungen gegenüber theoretischen oder sonst normierenden Äußerungen berücksichtigen müssen. Wichtig ist auch ihre Verschiedenheit von

[3] K. Opałek, Swoistość prawoznawstwa a problem integracji (Die Besonderheit der Rechtswissenschaft und das Problem der Integration), in: Państwo i Prawo 4 - 5/1966, S. 628 ff.

[4] Vgl. A. Peczenik, Kierunki badania wykładni prawa (Untersuchungen der Rechtsauslegung), in Państwo i Prawo 2/1966, S. 261 ff.; er weist auf die Ursachen hin, weshalb die Besonderheit der einzelnen Untersuchungsrichtungen der Rechtsauslegung, verbunden mit ihrer Abhängigkeit von verschiedenen „Muster"-Wissenschaften, nicht zu einer Einteilung der Lehre über die Auslegung nach außerrechtlichen Wissenschaften, vor allem zur Einteilung in Logik und Soziologie, führt.

Äußerungen der Ethik und der Ästhetik. Wenn wir die Einwirkung des Rechts auf Bürger untersuchen, können wir die Kenntnis eines Verhaltens unter dem Einfluß der Norm, oder besser eines sozialen Verhaltens „mit Rücksicht" auf die Norm, nicht übergehen. Jede Norm dieser Art erfüllt eine bestimmte Informations-, Motivations-, Kontroll- und gleichzeitig auch eine bewertende Funktion. Daher kann man bei Untersuchungen über die gesellschaftliche Wirkung des Rechts die bisherigen Erkenntnisse der Verhaltenslehre, der Informationstheorie, der Lerntheorie und anderer Theorien anwenden. Gleichzeitig besitzt jedoch die Rechtsnorm besondere Merkmale, die sie von anderen Normen unterscheidet. Daher auch die „Besonderheit" ihres Einwirkens und die Veränderlichkeit der Schemas und der Modelle ihres Funktionierens.

Die Informationsfunktion der Rechtsnorm verbindet sich mit Problemen, die nur Normen dieser Art eigen und für sie charakteristisch sind. Nur die Information über die Rechtsnorm wird mit Mitteln unternommen, wie Gesetz- und Verordnungsblättern. Bei der mittelbaren Information fällt bestimmten „qualifizierten" Spezialisten oder auch „Laien", die bestimmte gesellschaftliche Funktionen erfüllen, eine besondere Rolle zu. Ein Spezifikum ist das Problem der Verbreitung des Wissens über das Recht und seine Popularisierung im Hinblick darauf, daß Unkenntnis des Rechts mit einer Reihe sowohl rechtlicher als auch gesellschaftlicher Konsequenzen verbunden ist, anders als bei Unkenntnis irgendwelcher Normen. Ein spezifisches Problem bleibt auch die Sprache, derer sich der Normgeber bedient.

Bei der Motivationswirkung der Rechtsnorm berücksichtigen wir die Unterscheidung zwischen „Motiven/Zielen" und „Gründen" (reasons), die vom Adressaten der Rechtsnorm in Betracht gezogen werden. Infolgedessen betonen wir die „lenkende" Wirkung der Rechtsnorm und behandeln sie gesondert. Wir müssen ferner den Einfluß berücksichtigen, den das Verhalten anderer Personen in rechtlich geregelten Verhältnissen ausübt. Hervorzuheben sind die Personen, die zum Erlaß „bindender Entscheidungen" berechtigt sind. Wichtig sind auch die Rolle des Rechts bei der Sozialisation des Individuums und der Platz, den die Rechtsnorm unter den Voraussetzungen einnimmt, die eine rationale Wahl ermöglichen.

Ein Versuch, die Rechtskontrolle auf Grund anderer Formen sozialer Kontrolle zu erfassen, zeigt deutlich die Besonderheit dieser Kontrolle: Unterschiede bei der Entscheidung im Falle „bindender Entscheidungen" (Entscheidungen mit wichtigen Konsequenzen für andere Personen); Unterschiede in der Kontrolle durch berufsmäßige, offizielle Kontrolleure, durch „Laien", die die Funktion offizieller Kontrolleure erfüllen (eine ergänzende oder vertretende Handlung), und schließlich durch gewöhnliche Bürger. Deutlich wird auch die Besonderheit der Rechtskontrolle bei der Umgestaltung von Bewertungen und Haltungen gegenüber dem Recht, ihr Einfluß auf das künftige Verhalten des Individuums und schließlich der Stellenwert der legalen Haltung auf Grund anderer gesellschaftlicher Haltungen, welche bewirkt, daß Rechtsnormen akzeptiert werden, und zwar unabhängig von ihrer materiellen Bewertung oder dem Grad der Autorität, deren sich der Normgeber oder eine andere, zum Erlaß von bindenden Entscheidungen berechtigte Person erfreut.

Das Interesse am Einfluß der gesellschaftlichen Struktur auf den Prozeß der Einwirkung des Rechts auf die Bürger konzentriert sich auf den „Vermittler" bei Information über die Norm, auf den „Regler" des Verhaltens durch Einbeziehung oder Umgehung der Rechtsnorm im eigenen System normativer Vorbilder, auf den „informalen Kontrolleur", der über ein eigenes System von Sanktionen und Gratifikationen verfügt, und endlich auf den „Arbieter", dessen Beurteilungen zu einem Kriterium der Bewertungen für die Gruppenmitglieder werden. Interessant für den Rechtspolitiker ist ferner das Problem, in welchem Grade Elastizität oder Starre der gesellschaftlichen Struktur die Einführung neuer Rechtsnormen und die Verwirklichung der Voraussetzung „schnellen sozialen Wandels" unter dem Einfluß des Rechts erleichtern.

Es ist verständlich, daß bei bestimmten rechtssoziologischen Untersuchungen oder in bestimmten Phasen oder Fragmenten der vorliegenden Untersuchungen der soziologische oder der juristische Aspekt Übergewicht erlangen kann. Entscheidend ist jedoch immer das „instrumentale", „erfinderische" Moment, das die Verwertung der gewonnenen Erkenntnisse (mit engeren oder weiteren Erkenntniswerten) für ein rationales Vorgehen der Rechtspolitik erlaubt. Damit wird das Wirken des Normgebers durch allgemeine Kenntnisse des Funktionierens bestimmter Normen und Rechtsinstitute korrigiert und bereichert und kann in hohem Maße zu einer Verwirklichung rationaler gesellschaftlicher Umgestaltungen beitragen.

Kolibri 360 GmbH
Ferdinand-Jühlke-Straße 7
99095 Erfurt, Deutschland
produktsicherheit@kolibri360.de

Druck:
CPI Druckdienstleistungen GmbH
im Auftrag der
Kolibri 360 GmbH
Ferdinand-Jühlke-Str. 7
99095 Erfurt